MITHRAS PLATONICUS

ÉTUDES PRÉLIMINAIRES AUX RELIGIONS ORIENTALES DANS L'EMPIRE ROMAIN

PUBLIÉES PAR

M. J. VERMASEREN

TOME QUARANTE-SEPTIÈME

ROBERT TURCAN

MITHRAS PLATONICUS

LEIDEN

E. J. BRILL

1975

ROBERT TURCAN

MITHRAS PLATONICUS:
RECHERCHES SUR L'HELLÉNISATION
PHILOSOPHIQUE DE MITHRA

AVEC 5 PLANCHES

LEIDEN
E. J. BRILL
1975

ISBN   90 04 04353 5

PETRO BOYANCÉ,
DOCTISSIMO VIRO,
OPTIMO MAGISTRO.

TABLE DES MATIÈRES

PRÉFACE

Mon projet initial se limitait à quelques observations sur les textes de Porphyre relatifs à Mithra et au mithriacisme. En fait, ces textes sont des citations — plus ou moins fidèlement transcrites — d'Eubule et de Pallas, de Numénius et de Cronius. Les deux premiers pouvaient n'être connus de Porphyre que par l'intermédiaire des deux derniers. Or, les exégèses des uns et des autres relèvent d'une idéologie néopythagorisante à laquelle ne sont pas étrangères non plus les explications (trop allusivement traitées par Origène) du polémiste Celse sur l'échelle mithriaque. Aussi fallait-il revoir les citations du *Discours véridique* en relation avec ce que Porphyre impute à Eubule ou à Numénius dans *L'antre des Nymphes*. D'autre part, la conception étrange d'un Mithra démiurge posait un problème qui dépassait Numénius. Le philosophe d'Apamée n'en a pas eu l'idée *ex nihilo*. Ne s'agit-il pas d'une interprétation liée à son propre système, mais tributaire aussi de théories antérieures sur les dieux mitoyens ou médiateurs?

Certains aspects de ce Mithra démiurge semblent annoncer les spéculations de l'empereur Julien sur le Soleil, dans un hymne en prose où l'on a voulu déceler l'empreinte de la religion persique. Il y avait donc lieu de revenir sur les témoignages invoqués en faveur du mithriacisme de ce néoplatonicien diadémé.

Entre Porphyre et Julien s'intercalait chronologiquement le très curieux texte de Firmicus Maternus sur la déesse-feu des Perses, espèce de triple Hécate décrite en des termes où l'on a soupçonné l'influence des derniers philosophes grecs. Là encore surgissait tout un faisceau de questions dont il importait de présenter le dossier, sinon de proposer une solution. Aucun problème de détail ne s'approfondit tant soit peu sans déboucher sur beaucoup d'autres.

Le présent ouvrage ne traite qu'une partie de ceux qui se rapportent de près ou de loin à l'hellénisation de Mithra. Son titre — *Mithras Platonicus* — ne veut pas majorer l'importance du platonisme et des philosophes platoniciens (ou néoplatoniciens) dans cette hellénisation. Dans un article brillant, mais unilatéral, de l'*Eranos-Jahrbuch*, R. Merkelbach[1] est sans doute allé beaucoup

---

[1] *Die Kosmogonie der Mithrasmysterien, Eranos-Jahrbuch 1965* (Form als Aufgabe des Geistes), Zurich, 1966, p. 219-257.

trop loin en soutenant que les mystères gréco-romains de Mithra étaient l'œuvre d'un ou de plusieurs hommes imbus d'idées platoniciennes et notamment du *Timée*; ces fondateurs du mithriacisme auraient compris, repensé Platon à la lumière des rites et des mythes persiques; inversement, ils auraient interprété ceux-ci à la lumière de Platon[2]. C'est préjuger indûment des origines d'après telles adaptations secondaires ou telles interférences marginales. Le livre, à certains égards remarquable, de Leroy A. Campbell sur l'idéologie mithriaque ne fait pas toujours non plus les rigoureuses distinctions qui s'imposent. *Mithras Platonicus* implique ici seulement que, parmi les grands courants de la pensée grecque, celui qui se réclamait de Platon a compté plusieurs commentateurs du mithriacisme, que des platoniciens s'y sont intéressés, voire qu'ici et là un phénomène d'osmose a pu se développer dans les milieux intellectuels. Mais le fait qu'on ait trouvé un bas-relief d'Eros et Psyché dans le *spelaeum* de Capoue[3] ne prouve évidemment pas que le *Phèdre* était la Bible des premiers mithriastes.

Certaines doctrines de source iranienne avaient-elles déjà pénétré dans l'ancienne Académie? Cette influence est-elle déchiffrable dans le mythe d'Er ou dans les *Lois*? On peut en débattre encore, malgré les passionnants travaux de J. Bidez et de F. Cumont. Mais il reste vrai que le prestige des Mages de Zoroastre et de la religion perse a toujours peu ou prou hanté l'Académie. Ce prestige ne risquait pas de baisser, à l'époque même où le mithriacisme entrait dans l'histoire, quand, au Ier siècle avant J.-C., la théologie éclectique prenait le pas sur la dialectique probabiliste des néo-académiciens. Ce fut encore plus vrai au IIème siècle de notre ère, lorsque le platonisme tournait à la théosophie et que les *Mithraea* se multipliaient dans l'Orient grec, comme dans les provinces latines d'Occident.

Comment les platoniciens qui se sont occupés du mithriacisme l'ont-ils intégré à leurs schèmes de pensée? L'ont-ils seulement transcrit ou traduit? Expliqué ou interpolé, voire interprété à contresens? On me reprochera sans doute de prétendre élucider *obscurum per obscurius*: connaît-on assez bien le mithriacisme pour le confronter avec le peu que nous savons des exégèses platoniciennes ou néopythagoriciennes? Beaucoup de brume enveloppe encore pour

---

[2] *Ibid.*, p. 249.
[3] R. Reitzenstein, *Noch einmal Eros und Psyche*, ARW, 28, 1930, p. 42 ss., fig. 15; *CIMRM*, I, p. 108, n° 186, fig. 56; M. J. Vermaseren, *Mithriaca I* (*ÉPRO*, 16), Leyde, 1971, p. 22 s., pl. XX; V. Tran Tam Tinh, *Le culte des divinités orientales en Campanie* (*ÉPRO*, 27), Leyde, 1972, p. 193, P).

nous les croyances qui soutenaient le «Bon Espoir» des mithriastes. Nous n'avons pas retrouvé leurs livres sacrés. Mais l'analyse des documents connus peut au moins contribuer à dissiper les confusions, ambiguïtés, malentendus qui continuent d'hypothéquer la question mithriaque. Tel est le propos des sept recherches réunies ici.

Elles sont dédiées à Monsieur Pierre Boyancé qui a tant fait pour que nous comprenions mieux la pensée et la psychologie religieuses du monde gréco-romain. Puisse cet hommage n'être point trop indigne de son enseignement et de son exemple.

Craponne-Le Tourillon, décembre 1974

ABRÉVIATIONS

AA	*Archäologischer Anzeiger*
ARW	*Archiv für Religionswissenschaft*
Bidez-Cumont, *Mages hell.*	J. Bidez et F. Cumont, *Les Mages hellénisés. Zoroastre, Ostanès et Hystaspe d'après la tradition grecque*, I-II, Paris, 1938.
BMC	*Catalogue of the coins in the British Museum*
CIMRM	*Corpus inscriptionum et monumentorum religionis Mithriacae* (M. J. Vermaseren), I-II, La Haye, 1956 et 1960.
CRAI	*Académie des Inscriptions et Belles Lettres, Comptes rendus des séances*
CSEL	*Corpus scriptorum ecclesiasticorum Latinorum* (dit *Corpus* de Vienne)
ÉPRO	Études préliminaires aux *Religions orientales dans l'Empire romain*
F. Cumont,	F. Cumont, *Textes et monuments figurés relatifs aux mystères de Mithra*, I-II, Bruxelles, 1896-1899
FGH	*Die Fragmente der griechischen Historiker* (F. Jacoby)
FHG	*Fragmenta historicorum Graecorum* (Ch. et Th. Müller)
JA	*Journal Asiatique*
JRS	*Journal of Roman Studies*
PG	J.-P. Migne, *Patrologiae cursus completus, Series Graeca.*
RA	*Revue Archéologique*
RE	*Real-Encyclopädie der klassischen Altertumswissenschaft*
RÉA	*Revue des Etudes Anciennes*
RÉG	*Revue des Etudes Grecques*
RÉL	*Revue des Etudes Latines*
RGVV	*Religionsgeschichtliche Versuche und Vorarbeiten*
RHR	*Revue de l'Histoire des Religions*

N.B. Le chiffre inscrit en exposant après le titre ou la tomaison d'un ouvrage correspond au tirage de l'édition.

POSIDONIUS ET LES PIRATES

Deux vers de Stace (*Theb.*, I, 719 s.)[1] constituent, comme on sait, le plus ancien témoignage connu dans la littérature classique sur le mithriacisme. Mais Plutarque est le premier qui nous précise les circonstances historiques dans lesquelles le monde grec eut la révélation du culte persique. Avant d'être neutralisés par Pompée, les pirates ciliciens «pratiquaient, écrit-il, des sacrifices étranges à Olympos; ils célébraient certains mystères occultes dont ceux de Mithra fidèlement conservés jusqu'à nos jours et qu'ils ont les premiers fait connaître»[2]. Olympos[3] est une localité de Lycie située au

---

[1] ... *seu* (sc. *praestat te vocari*) *Persei sub rupibus antri/Indignata sequi torquentem cornua Mithram.*

Sur ce texte, cf. D. Vessey, *Statius and the Thebaid*, Cambridge, 1973, p. 135 s.; 313 (Mithra personnifie, comme Hercule, la victoire du Bien sur le Mal et le désordre).

Il est significatif que cette invocation assimile Apollon à Osiris (v. 718 s.: *seu praestat Osirim / Frugiferum*) en même temps qu'à Mithra. Au chant IV (v. 516), Stace fera d'Apollon «le dieu suprême du triple monde» (*et triplicis mundi summum*), c'est-à-dire un Soleil-Roi, maître du ciel, de la terre et des enfers: cf. Bidez-Cumont, *Mages hell.*, I, p. 229. Le scoliaste Lactantius Placidus (*ibid.*, p. 226 s.) l'identifie avec le dieu créateur: *Dicit autem deum demiurgon ... id est summum cujus scire non licet.* Stace a-t-il été effleuré par les premières conceptions d'un Mithra démiurge qui préfigureraient curieusement l'exégèse de Numénius (*infra* p. 77 ss.)? Cette exégèse postule la confusion préalable de Mithra avec Hélios-Apollon, à qui les stoïciens conféraient un rôle géniteur: *infra*, p. 79.

La *Thébaïde* fut écrite (au rythme d'un livre par an) en douze ans (XII, 811 s.: *O mihi bissenos multum vigilata per annos / Thebai*). Si l'épopée ne fut publiée qu'en 94, le chant I pourrait dater de 82-83, à moins que les derniers vers précités ne résultent d'une addition ou d'un remaniement ultérieur. Mais la plupart des critiques estiment que la *Thébaïde* parut au plus tard en 92: la rédaction du 1er livre remonterait donc aux années 80-81: L. Legras, *Les dernières années de Stace*, *RÉA*, 9, 1907, p. 338; M. Schanz-C. Hosius, *Geschichte der römischen Literatur*[4], Munich, 1935, p. 536; H. Frère, éd.-trad. de Stace, *Silves*, dans la Coll. G. Budé, I, Paris, 1961, p. XVI; E. Paratore, *La letteratura latina dell'età imperiale*, Florence-Milan, 1969, p. 163; D. Vessey, *op. cit.*, p. 55 (la *Thébaïde* était achevée en 90 ou 91); p. 60 (la publication de l'épopée est antérieure à 92-93).

[2] Plut., *Pomp.*, 24, 7: Ξένας δὲ θυσίας ἔθυον αὐτοὶ τὰς ἐν Ὀλύμπῳ καὶ τελετάς τινας ἀπορρήτους ἐτέλουν, ὧν ἡ τοῦ Μίθρου καὶ μέχρι δεῦρο διασῴζεται καταδειχθεῖσα πρῶτον ὑπ' ἐκείνων. Sur ce texte, cf. M. J. Vermaseren, *De Mithrasdienst in Rome*, Nimègue, 1951, p. 18 ss., 141 s.; E. Will, *Le relief cultuel gréco-romain*, Paris, 1955, p. 156, 164 ss.; J. Hani, *Plutarque en face du dualisme iranien*, *RÉG*, 77, 1964, p. 524 s.

[3] E. Ziebarth, *Beiträge zur Geschichte des Seeraubs und Seehandels im alten*

sommet d'une montagne qui porte le même nom. Ses monnaies de l'époque impériale représentent Héphaistos, déité en rapport avec des émanations ignées (mais non volcaniques)[4] et un culte du feu[5] auquel n'est sans doute pas étranger le mithriacisme des corsaires ciliciens. Strabon[6] y situe le quartier général de Zénikétès. De ce repaire (φρούριον), les pirates pouvaient contrôler la Lycie, la Pamphylie et la Pisidie[7]. Il est significatif aussi que de ce poste de guerre ils aient fait un centre religieux. Parmi les éléments qui les encadraient se trouvaient les «desperados» de Mithridate VI Eupator[8], qui peuvent leur avoir inculqué quelque chose de la foi mithriaque.

L'accomplissement de sacrifices au sommet des montagnes est un trait authentiquement iranien[9]. Hérodote (I, 131) atteste que les Perses ont coutume d'en offrir ἐπὶ τὰ ὑψηλότατα τῶν ὀρέων ἀναβαίνοντες. Suivant Strabon[10], ils sacrifiaient ἐν ὑψηλῷ τόπῳ. On sait qu'à Zéla Mithridate Eupator fit célébrer en l'honneur de Zeus Stratios[11] un grand sacrifice ἐπὶ ὄρους ὑψηλοῦ: les offrandes de lait, de miel et

---

Griechenland, Hambourg, 1929, p. 113; E. Oberhummer, dans *RE*, 18[1], col. 315, *s.v. Olympos*, n° 21; E. Will, *op. cit.*, p. 166, n. 1; R. Flacelière-É. Chambry, éd.-trad. de Plutarque, *Vies parallèles*, dans la Coll. G. Budé, VIII, Paris, 1973, p. 294.

[4] Max. Tyr., *Diss.*, VIII, 8: de la montagne sortait du feu, ἀλλ'εἰρηνικὸν καὶ σύμμετρον.

[5] *Ibid.*: καὶ ἐστὶν αὐτοῖς τὸ πῦρ τοῦτο καὶ ἱερὸν καὶ ἄγαλμα. Sur les monnaies, cf. B. V. Head, *Historia numorum*[2], Oxford, 1911, p. 696; *RE*, 18[1], col. 316 s., 318 s. On connaît d'autres exemples orientaux de cultes sacralisant des phénomènes analogues. A Démétrias, près d'Arbèles, celui d'Anâhitâ était lié à des feux jaillis du sol, sans doute par l'embrasement spontané du naphte: Strab., *Geogr.*, XVI, 1, 4, 738 (III, p. 1028, 19 s., Meineke); S. Wikander, *Feuerpriester in Kleinasien und Iran*, Acta Reg. Soc. Human. Litt. Lundensis, 40, Lund, 1946, p. 77.

[6] *Geogr.*, XIV, 5, 7, 671 (III, p. 936, 24 ss., M.).

[7] *Ibid.* (26 s.): ἀφ'οὗ κατοπτεύεται πᾶσα Λυκία καὶ Παμφυλία καὶ Πισιδία ... κτλ.

[8] M. J. Vermaseren, *De Mithrasdienst in Rome*, p. 18 et 141; Id., *Mithra, ce dieu mystérieux*, Paris-Bruxelles, 1960, p. 23; G. Widengren, *Les religions de l'Iran*, trad. fr., Paris, 1968, p. 253. Sur les connivences de Mithridate avec les pirates, cf. Appian., *Mithr.*, 92, 416 ss. (p. 501, 20 ss., Viereck-Roos). Parmi eux se trouvaient des Syriens, des Chypriotes, des Pamphyliens, des gens du Pont, σχεδὸν ἁπάντων τῶν ἑῴων ἐθνῶν (*ibid.*, 420/1, p. 502, 24 ss., V.-R.). Sur le culte de Mithra dans le Pont, cf. M. J. Vermaseren, *De Mithrasdienst in Rome*, p. 20 s.; E. Will, *op. cit.*, p. 155, 159.

[9] G. Widengren, *op. cit.*, p. 148, 208.

[10] *Geogr.*, XV, 3, 13, 732 (III, p. 1021, 6 s., M.).

[11] Appian., *Mithr.*, 66, 276/8 (p. 477, 18 ss., V.-R.). Cf. G. Widengren, *op. cit.*, p. 207 ss. Le culte d'Anâhitâ est bien attesté à Zéla, notamment par les monnaies: S. Wikander, *Feuerpriester*, p. 86.

de vin qui accompagnaient la cérémonie[12] et le repas en commun prévu pour les participants[13] offrent quelque analogie avec les liturgies mithriaques. C'est Zeus-Oromasdès qui était honoré sur les sommets. Mais Mithra est étroitement lié à Ahura Mazda dans la plus ancienne religion iranienne; à l'époque achéménide, ils sont nommés ensemble et le *Mésoromasdès* dont parle ailleurs Plutarque[14] est un composé de leurs deux noms transcrit en grec[15]. Que les liturgies d'Olympos eussent ou non un rapport avec le sacrifice de Mithridate, elles pouvaient en avoir un avec la légende qui faisait de Zoroastre l'initiateur du culte mithriaque ἐν τοῖς ὄρεσι, d'après Eubule cité par Porphyre[16]. Le Yasht 10 (à Mithra) nous transporte en pays montagnard en disant que ce dieu de l'aurore se lève sur les hauteurs de l'Harâ[17]. Mais le lieu du mont Olympos répondait aussi et primairement aux impératifs de la guérilla. Plutarque souligne le caractère étrange et occulte des offices initiatiques auxquels participaient les pirates. «Sacrifices étranges» par esprit de résistance nationaliste, pour marquer leur différence, leur opposition au monde gréco-romain; cérémonies «occultes», car il s'agit d'un mouvement d'origine clandestine, où la solidarité des combattants est scellée par le *sacramentum* redoutable des mystères[18]. Le mithriacisme restera dans le monde romain une religion de soldats assermentés et gardera plusieurs aspects typiques des sociétés secrètes à caractère militaire (grade du *miles*, exclusion des femmes)[19]. Plus tard, certains *Mithraea* rupestres conserveront l'aspect des grottes où se retranchaient les terroristes.

Il n'est pas d'entreprise humaine de masse ou de quelque envergure qui n'ait besoin du ferment religieux pour galvaniser les énergies. Pour fanatiser, il faut prophétiser et proclamer «Dieu avec nous!». Le charisme des chefs puise sa force aux mêmes sources. Dans l'Antiquité, les guerres serviles et les mouvements indigènes

---

[12] Appian., *Mithr.*, 66, 277 (p. 477, 21 s., V.-R.). Cf. G. Widengren, *op. cit.*, p. 209.

[13] Appian., *loc. cit.* (23 s.).

[14] *Ad princ. inerud.*, 3, 2, 780 c.

[15] S. Wikander, dans *Orientalia Suecana*, I, 1952, p. 66; *infra*, p. 18.

[16] *De antro Nymph.*, 6 (p. 60, 5 s., Nauck²); cf. Bidez-Cumont, *Mages hell.*, I, p. 25. Dion Chrysostome (*ibid.*, II, p. 28, B 17 = *Or.*, 36, 40; II, p. 11, von Arnim) écrit que Zoroastre fit retraite pour vivre solitairement ἐν ὄρει τινί.

[17] I. Gershevitch, *The Avestan Hymn to Mithra*, with an introd., transl. a. comment., Cambridge, 1959, p. 204 s.

[18] F. Cumont, *Die Mysterien des Mithra*⁴, Stuttgart, 1963, p. 143.

[19] E. Will, *op. cit.*, p. 166, n. 1; G. Widengren, *op. cit.*, p. 254.

«de libération» avaient leurs garants divins[20]. On comprend fort bien qu'une organisation de résistance armée à l'impérialisme romain ait voulu lier ses membres par un rituel mystérique qui les engageait sous la foi du serment: des épreuves destinées à vérifier et à tremper leur endurance les consacraient comme «soldats» de Mithra.

En de pareilles circonstances, les cultes nationaux contribuent singulièrement à l'union sacrée. On sait qu'en Bretagne, comme en Gaule, le druidisme a puissamment animé et entretenu l'esprit d'indépendance. J. Vogt[21] a montré, avant G. Gallini[22], que l'exaltation religieuse avait joué un rôle important dans les révoltes d'esclaves. Eunous soufflait le feu dans sa coque de noix en se réclamant de la Déesse Syrienne[23]. Salvius Tryphon, d'abord attaché comme flûtiste à un culte mystérique féminin, vaticinait sur les entrailles des victimes[24]. Athénion — un Cilicien, comme les corsaires mithraïstes — faisait l'astrologue[25]. Spartacus était inspiré par Sabazios[26], sa femme par Bacchus[27]. Dans les pays grecs, Mithridate mettait le dionysisme au service de sa propagande anti-romaine. Du côté romain également, Marius[28] et Sulla[29] fondaient sur le sentiment religieux une bonne part de leur action psychologique. Plus tard encore, Pompée et César auront chacun leur Vénus — Victrix et Genetrix — pour sainte patronne. Dans les soubresauts consécutifs à la décomposition du monde hellénistique, l'excitation et l'inquiétude des esprits offraient un terrain propice à l'emprise du surnaturel. Mais dans la lutte inégale que les masses serviles ou les commandos ciliciens engageaient contre les légions, il fallait aussi aux rebelles une ardeur qui dépassât la mesure ordinaire et le rapport physique des potentiels militaires. Or, la religion indigène donnait à la fois une raison et la force de se battre.

---

[20] Cf. *RHR*, 181, 1972, p. 10 s.

[21] *Struktur der antiken Sklavenkriege, Akad. d. Wiss. u. d. Literatur zu Mainz, Abhandl. d. Geistes- u. Sozialwiss.*, 1957, 1, p. 14 s., 27 ss.

[22] *Protesta e integrazione nella Roma antica*, Bari, 1970, p. 123 ss.

[23] Posid. *ap.* Diod. Sic., 34, 2, 5-7 (=F. Jacoby, *FGH*, 2 A, n° 87, fr. 108, p. 288); J. Vogt, *op. cit.*, p. 31 ss.; C. Gallini, *op. cit.*, p. 129.

[24] Diod. Sic., 36, 4, 4; J. Vogt, *op. cit.*, p. 31; C. Gallini, *op. cit.*, p. 130.

[25] J. Vogt, *op. cit.*, p. 30; C. Gallini, *op. cit.*, p. 130, 135. Cf. M. Laffranque, *Poseidonios d'Apamée*, Paris, 1964, p. 142 s.; H. Strasburger, *Poseidonios on the problems of the Roman Empire, JRS*, 55, 1965, p. 43.

[26] C. Gallini, *op. cit.*, p. 131; *RHR*, 181, 1972, p. 10 et n. 8.

[27] Plut., *Crass.*, 8, 3 s.

[28] Plut., *Mar.*, 17, 2-4.

[29] Plut., *Sull.*, 6, 8; 27, 11. Cf. J. Carcopino, *Sylla ou la monarchie manquée*[6], Paris, 1942, p. 99 ss., 104 ss.

Un historien philosophe a narré les événements de cette période en tenant le plus grand compte de toutes ces implications psychologiques et de leurs incidences: c'est Posidonius[30]. Ses Ἰστορίαι continuaient celles de Polybe (depuis −145). Rien ne prouve qu'elles n'aient compté que cinquante-deux livres, ni que le récit prît fin avec la mort de Sulla[31]. On sait que Posidonius a raconté les campagnes de Pompée[32]. Du fait que Magnus était au centre des livres concernant les années 70-60, Strabon et d'autres après lui en ont fait une *Histoire de Pompée*, qui peut avoir été publiée après une première parution des *Histoires*, mais qui, en tout cas, leur faisait suite. Quoi qu'il en soit, les recherches d'H. Strasburger[33] ont démontré que les informations de Plutarque et d'Appien relatives à la guerre des Pirates sont de source posidonienne. Le philosophe d'Apamée paraît avoir traité ce sujet avec un intérêt particulier, en connaissance de cause, en expliquant les causes. Les indications de Strabon concernant les corsaires ciliciens procèdent à peu près sûrement de Posidonius, comme beaucoup d'autres passages de la *Géographie*[34]. Posidonius est probablement le premier historien qui ait analysé avec acuité l'interaction du politique, du social, de l'économique et du religieux. Dans le cas du mithriacisme, religion de pirates révoltés contre l'ordre romain, le témoignage de l'Apaméen serait éminemment significatif et rejoindrait certains points de vue très modernes sur les mouvements révolutionnaires marginaux.

Que, dans sa notice sur les origines du mithriacisme occidental, Plutarque dépende bien de Posidonius, c'est ce qu'on peut vérifier par comparaison avec certains fragments dont la paternité posidonienne est reconnue et certaine.

D'abord, nous savons qu'au nom du principe de l'égale dignité des hommes, Posidonius parlait avec une certaine sympathie des «Barbares» et des indigènes réfractaires à la domination romaine, qu'il s'agît des Gaulois ou des Ibères, par exemple[35]. N'étaient-ils pas plus

---

[30] H. Strasburger, *art. cit.*, p. 40-53, en particulier p. 43 sur la guerre des pirates; A. Momigliano, *Polibio, Posidonio e l'imperialismo romano*, Atti d. Accad. d. Sc. di Torino, Sc. Mor., Stor. e Filol., 107, 1973, p. 699 ss.

[31] H. Strasburger, *art. cit.*, p. 44 s.

[32] K. Reinhardt, dans *RE*, 22¹, col. 638 s., *s.v. Poseidonios*; M. Laffranque, *op. cit.*, p. 96; H. Strasburger, *art. cit.*, p. 44 s.

[33] *Ibid.*, p. 43, 46, 49 ss.

[34] *Ibid.*, p. 42 s.

[35] *Ibid.*, p. 47. Posidonius s'intéressait à la religion des druides: Diod. Sic., 5, 31, 2 (= F. Jacoby, *FGH*, 2 A, n° 87, fr. 116, p. 305, 2 ss.); J.-J. Hatt, *Essai sur l'évolution de la religion gauloise*, RÉA, 67, 1965, p. 84. Cf. P.-M. Duval, *La Gaule jusqu'au Ve Siècle*, Paris, 1971, I, p. 242 ss., n° 60.

proches que les «civilisés» de l'état de nature dont Posidonius avait
disserté et que prônait l'authentique doctrine de la Stoa? Sur le
rebelle Viriathe, Posidonius avait une appréciation «positive» et plus
objective que celle des historiens romains[36]. L'attachement des Barbares à leur liberté et au sol natal lui paraissait tout à fait légitime.
Sur la violence des révoltés, sa position était presque celle d'un
libéral «progressiste»: l'homme devient brutal quand on le traite
brutalement[37]. Ainsi s'explique le développement posidonien transcrit (ou paraphrasé) par Plutarque au chapitre 28 de la *Vie de Pompée*: «Considérant que l'homme n'est pas congénitalement un être
farouche et insociable, mais que, si la pratique du vice le fait dégé-
nérer contre son naturel, il peut aussi être adouci par des mœurs
nouvelles et par un changement de lieu et d'existence .. il résolut de
transférer ces hommes de la mer sur le continent et de leur faire
goûter une vie normale en les habituant à vivre dans des villes et à
cultiver la terre»[38].

Dans sa problématique de l'impérialisme romain, la question so-
ciale comptait de façon telle que Posidonius apparaît comme un
précurseur. Il analysait le processus de la décadence romaine en
dénonçant l'action des chevaliers, des *mercatores*, des affairistes et
leur responsabilité dans les mouvements de révolte[39]. Mais les aspects psychologiques n'étaient pas négligés pour autant. Il soulignait
le rôle du prophétisme dans son récit des guerres serviles. Notons
qu'Eunous, le grand meneur du soulèvement sicilien qui se disait
inspiré par la *Dea Syria*, était originaire d'Apamée[40], comme l'historien. Ce que nous savons d'Athénion l'astrologue vient aussi vraisemblablement de Posidonius, que la pseudo-science des Chaldéens
intéressait au premier chef[41]. L'auteur des *Histoires* marquait également l'action des prophéties dans la guerre psychologique menée par
Mithridate contre Rome et ses partisans[42].

[36] H. Strasburger, *art. cit.*, p. 43, 48.

[37] *Ibid.*, p. 48 (d'après le fr. 108 c).

[38] *Ibid.*, p. 43, n. 37, et 50 s. Cf. Appian., *Mithr.*, 96, 444 (p. 507, 1 ss.,
V.-R.). Sur la place de Posidonius dans l'œuvre historique de Plutarque, voir
D. Babut, *Plutarque et le stoïcisme*, Paris, 1969, p. 214 s.

[39] H. Strasburger, *art. cit.*, p. 47 s. Cf. K. Reinhardt, dans *RE*, 22¹, col.
632 ss.

[40] Diod. Sic., 34, 2, 5 = F. Jacoby, *FGH*, 2 A, n° 87, fr. 108, p. 288, 9.

[41] A. Bouché-Leclercq, *L'astrologie grecque*, Paris, 1899 (réimpr. anast.,
Bruxelles, 1963), p. 337 s., 545; W. u. H. G. Gundel, *Astrologumena*, *Sudhoffs
Archiv*, 6, Wiesbaden, 1966, p. 102 s.; K. Reinhardt, dans *RE*, 22¹, col.
823 s.; sur Athénion: *ibid.*, col. 636.

[42] M. Laffranque, *op. cit.*, p. 143.

D'une façon générale, les Orientaux et les religions orientales, y compris celle des Juifs, ont fortement retenu l'attention de Posidonius[43] qui attachait, on le sait, une grande importance à l'étude des tempéraments nationaux. Une cité populeuse et cosmopolite comme Apamée[44], où se croisaient et se coudoyaient, si j'ose dire, les courants de la pensée grecque, les influences mésopotamiennes ou même indo-parthes, était pour la curiosité d'un historien ethnologue un excellent poste d'observation. Du reste, la ville n'était guère éloignée, en somme, ni de la Cilicie, ni de la Commagène où déjà le culte officiel et dynastique de Mithra commençait à s'helléniser[45]. Compte tenu de toutes ces données comparatives, on ne saurait s'étonner que Posidonius ait souligné l'intérêt historique du mithriacisme qui soutenait l'ardeur des pirates ciliciens. On n'est pas surpris non plus que son exposé ait mis en évidence la connexion étroite, dans ce conflit, des réalités politico-sociales et religieuses.

C'est Posidonius qui nous apprend aussi, et corrélativement, les conditions dans lesquelles le mithriacisme s'est implanté en Occident. Ces rebelles qui ont fait connaître les mystères, tels qu'on les célèbre au temps de Plutarque (μέχρι δεῦρο), sont naturellement les terroristes récupérés par la *philanthropia* du Grand Pompée[46]. Il y a un lien évident et indiscutable entre la réflexion posidonienne sur l'homme révolté qu'une vie plus douce dépouille de sa férocité et le rôle historique de ces missionnaires du mithriacisme que deviendront, grâce à Pompée, les bandits coryciens.

Ouvrons une parenthèse.

J. Bidez et F. Cumont ont été frappés par certains échos virgiliens aux littératures mazdéenne et zoroastrienne. Qu'il s'agisse du règne d'Apollon[47] et du sourire de l'Enfant à sa mère (dans la IVe Eclo-

[43] *Ibid.*, p. 144 s., 150.
[44] *Ibid.*, p. 50. Les fouilles belges menées actuellement par J.-Ch. Balty ont démontré l'importance de la ville et sa forte densité de population à l'époque romaine impériale: cf. J. et J.-Ch. Balty, *Colloque Apamée de Syrie, 29-30 avril 1969* (Musées Royaux d'Art et d'Histoire, Bruxelles): *Le cadre topographique et historique.* p. 29 ss.; J.-Ch. Balty, dans *AA*, 1972, p. 728 ss.
[45] H. Waldmann, *Die kommagenischen Kultreformen unter König Mithradates I. Kallinikos und seinem Sohne Antiochos I.* (ÉPRO, 34), Leyde, 1973.
[46] H. Strasburger, *art. cit.*, p. 51 s., souligne l'influence que Posidonius a pu exercer sur Pompée dans cette politique humanitaire d'intégration, mais ne dit rien du mithriacisme, qui paraît avoir retenu l'attention de l'historien-philosophe.
[47] F. Cumont, *La fin du monde selon les Mages occidentaux*, RHR, 103, 1931, p. 44 s.; Bidez-Cumont, *Mages hell.*, I, p. 218 s.

gue)[48], ou des singulières doctrines concernant les *ahôroi* (dans *Aen.*,
VI, 426 ss.)[49], on s'est demandé si Virgile n'avait pas été informé de
croyances persiques par le canal du néopythagorisme et notamment
par Nigidius Figulus[50]. Le thème de l'hymen du Ciel et de la Terre
auquel Virgile enchaîne l'évocation du premier printemps cosmique[51] est de ceux que, d'après J. Bidez et F. Cumont, les Maguséens
d'Asie Mineure avaient peut-être amalgamés avec l'orphisme[52]. Cette
naissance du monde au printemps (Verg., *G.*, II, 336 ss.) correspond
à une croyance iranienne, peut-être annexée par les pythagoriciens[53]
et consacrée par l'autorité de Posidonius[54]. N'y a-t-il pas lieu aussi
de comparer la *bougonia* des *Géorgiques* (IV, 549 ss.) avec la théorie
platonico-mithriaque des âmes «nées du taureau», telle que l'exposera Porphyre dans *L'antre des Nymphes*[55]? On trouve chez Virgile
de ces troublants reflets qui gardent le secret de leur origine.

    On a cru déceler dans le Chant VI de l'*Enéide* la marque de Posi-
donius[56], si tant est que le discours d'Anchise procède d'un stoïcisme
platonisant plutôt que d'un platonisme stoïcisant, comme celui d'Antiochus d'Ascalon[57]. Mais pourquoi Virgile n'aurait-il pas connu
quelqu'un de ces mithriastes transplantés en Italie par Pompée?

    L'apiculteur de Tarente qu'il dit avoir vu «là où le noir Galèse
abreuve les cultures blondissantes», ce vieillard corycien (*Cory-*

---

[48] *Ibid.*, II, p. 26 s.

[49] *Ibid.*, I, p. 180 ss.

[50] Deut.-Serv., *Ad Buc.*, IV, 10 (p. 46, 3 ss., Thilo): *Nigidius de diis lib.
IV ... nonnulli etiam, ut magi, aiunt Apollinis fore regnum: in quo videndum
est, ne ardorem, sive illa ecpyrosis appellanda est, dicant.* Cette dernière interprétation prouve que certains philosophes du Portique décryptaient leur
propre doctrine dans l'eschatologie iranienne. Cf. F. Cumont, *La fin du
monde ...*, p. 45: «Nigidius a bien pu l'obtenir (sc. l'information concernant
le règne final d'Apollon) directement de la bouche des prêtres de Mithra dont
les adorateurs fondaient précisément à son époque leur première communauté
à Rome». En fait, il faut bien reconnaître que, jusqu'à présent, aucun document littéraire ou archéologique n'atteste la présence de mithriastes à Rome
même avant la deuxième moitié du 1er siècle après J.-C.

[51] *Georg.*, II, 325 ss.

[52] Bidez-Cumont, *Mages hell.*, I, p. 97.

[53] *Infra*, p. 86.

[54] A. Bouché-Leclercq, *L'astrologie grecque*, p. 129, n. 1: «A partir de Posidonius, le Bélier occupe définitivement la première place», ce qui implique
la géniture vernale du Kosmos.

[55] *Infra*, p. 72ss.

[56] E. Norden, *P. Vergilius Maro, Aeneis Buch VI*[4], Stuttgart, 1957, p. 40-
48.

[57] P. Boyancé, *Sur le discours d'Anchise, Hommages à G. Dumézil*, Coll.
Latomus, 45, Bruxelles, 1960, p. 60-76; Id., *La religion de Virgile*, Paris, 1963,
p. 151 ss.

cium .. senem)[58] était — si l'on en croit Servius[59] — l'un de ces pirates que Magnus avait installés en Apulie. Est-il impensable qu'à l'occasion d'un voyage à Brindes Virgile ait eu de la bouche même du fameux «vieillard de Tarente» certaines révélations sur la religion iranienne? Selon J. Carcopino[60], la IVe Eclogue chanterait les espoirs consécutifs à la paix de Brindes en 40. La *Satire* I, 5 d'Horace, où Virgile est du voyage, et les négociations dont il y est question dateraient de −37[61]. Mais rien n'interdit de penser que Virgile était déjà du voyage en −40 ou, inversement, que la publication de l'Eclogue est postérieure aux accords de −37, quoique le consulat de Pollion soit de −40. En tout état de cause, Virgile a pu deviser à l'ombre des remparts avec un des Ciliciens mithriastes déportés dans les Pouilles. Après tout, pourquoi toujours conjecturer une transmission purement livresque des doctrines? Compte tenu surtout de l'importance qu'avait dans l'Antiquité la tradition orale! Virgile qu'on imagine si sensible aux contacts intimes et discrets d'homme à homme n'a-t-il pas trouvé ailleurs que dans les Livres Sibyllins ou les grimoires néopythagoriciens l'inspiration originale de sa IVe Eclogue?

Que le vieillard corycien ait ou non abordé avec le poète un autre sujet que celui des légumes ou des mouches à miel, il semble bien en tout cas, que Posidonius ait eu la curiosité de s'informer sur Mithra et le mithriacisme, l'un des premiers, le premier peut-être parmi les philosophes grecs.

L. François dans son *Essai sur Dion Chrysostome* a défendu, comme on sait, l'hypothèse que le *Borysthénique* et son fameux hymne des Mages dépendraient de Posidonius[62]. L. François croyait débusquer cette influence dans la théorie des éléments transmués en feu et l'exégèse du mythe de Phaéthon, comme dans l'emploi du mot

[58] *Georg.*, IV, 125 ss.: ... *memini* ... / *Corycium vidisse senem* ...
[59] *Ad loc.*, 127 (p. 329, 22 ss., Thilo): *Corycos enim civitas est Ciliciae ... et per transitum tangit historiam memoratam a Suetonio. Pompeius enim victis piratis Cilicibus partim ibidem in Graecia, partim in Calabria agros dedit.* Ni Plutarque, ni Appien ne font allusion à l'implantation de pirates repentis en Italie méridionale. Mais la référence à Suétone offre la garantie d'un historien soucieux de colliger des faits. Cf., sur cette affaire, J. van Ooteghem, *Pompée le Grand bâtisseur d'empire*, Bibl. de la Fac. de Philos. et Lettres de Namur, 19, Namur, 1954, p. 180 s.
[60] *Virgile et le mystère de la IVe Eglogue*[7], Paris, 1943, p. 111 ss.
[61] C'est du moins l'opinion courante, mais elle ne repose que sur des vraisemblances.
[62] L. Francois, *Essai sur Dion Chrysostome, philosophe et moraliste cynique et stoïcien*, Paris, 1921, p. 33 ss.

pathos, «terme technique et typiquement posidonien pour les acci-
dents du monde»[63]. F. Cumont, de son côté, écrit à propos du cheval
de Zeus, qu'on voit tout en haut, que le roi des dieux est, «conformément à une doctrine adoptée par Posidonius, le feu qui se meut à la
périphérie du monde», c'est-à-dire «l'éther d'où les astres tirent leur
clarté»[64]. Rien de décisif n'autorise à suivre L. François. Mais R.
Hirzel[65] avait probablement tort de penser que le «mithriacisme» du
Borysthénique se ramène à tels souvenirs d'Hérodote (VII, 40) et de
Xénophon (*Cyrop.*, VII, 3, 12). Le fait que d'authentiques idées
stoïciennes y soient combinées avec l'image platonicienne de l'atte-
lage qui rappelle le mythe du *Phèdre*[66] n'est pas un argument diri-
mant en faveur de la thèse posidonienne. Outre que Posidonius ne
fut pas seul à concilier Platon avec la *Stoa*, on a fait remarquer que
le quadrige évoqué dans l'hymne pouvait n'être pas étranger au
culte iranien des chevaux[67]. On sait que dans le Yasht qui lui est
dédié Anâhitâ apparaît sur un char traîné par quatre chevaux
blancs[68]. Telle réminiscence verbale du *Phèdre* ne prouve pas que le
mythe soit d'inspiration uniquement platonicienne. Au demeurant
— et quoi qu'en ait écrit F. Cumont[69] — on n'a pas démontré que
l'expression ἐν ἀπορρήτοις τελεταῖς concerne allusivement les mystères de Mithra, dont le nom ne se trouve nulle part dans le *Borysthénique*[70] : il peut s'agir de cérémonies liées au culte du feu, comme
celles que pratiquaient les Mages de Cappadoce[71]. Il est vrai que
Plutarque, dans le passage précité de la *Vie de Pompée*, use d'une
formule analogue (τελετάς τινας ἀπορρήτους). Mais il précise aussitôt :
ὧν ἡ τοῦ Μίθρου, preuve que τελετάς τινας ἀπορρήτους est une expression générique dont la portée a besoin d'être spécifiée[72].

Est-il inconcevable que d'autres raisons — d'ordre philosophi-

---

[63] *Ibid.*, p. 40 ss. Sur la transmutation des éléments (*Or.*, 36, 51 = Bidez-
Cumont, *Mages hell.*, II, p. 146, 2 ss.), cf. H. Strohm, *Theophrast und Poseidonios*, *Hermes*, 81, 1953, p. 284 s.

[64] Bidez-Cumont, *Mages hell.*, II, p. 145, n. 1.

[65] *Der Dialog*, II, Leipzig, 1895, p. 110 s.

[66] Bidez-Cumont, *Mages hell.*, II, p. 143, l. 4, et n. 1.

[67] *Ibid.*, p. 142, n. 4; 144, n. 2 et 3; J. Duchesne-Guillemin, *La religion de
l'Iran ancien*, Paris, 1962, p. 344.

[68] *Yasht 5*, 11 et 120 (II, p. 369 et 394 de la trad. J. Darmesteter).

[69] *Mages hell.*, I, p. 91, 98; II, p. 142, n. 2.

[70] E. Will, *Le relief cultuel gréco-romain*, p. 154; M. P. Nilsson, *Geschichte
der griechischen Religion*, II², Munich, 1961, p. 677, n. 1.

[71] Strab., *Geogr.*, XV, 3, 15, 733 (III, p. 1022, 4 ss., Meineke). Cf. S. Wikander, *Feuerpriester*, p. 90; G. Widengren, *op. cit.*, p. 202.

[72] Le texte de Plutarque implique ainsi que le culte de Mithra faisait partie

que — aient renforcé l'intérêt de Posidonius pour la religion de
Mithra? On a certes beaucoup trop généreusement crédité sa théologie solaire d'idées soutenues avant lui par Cléanthe[73], mais l'importance de cette théologie et son influence ne doivent pas être
minimisées pour autant. Préfigurait-elle certaines spéculations que
Julien délaiera fumeusement sur la démiurgie héliaque dans son
hymne *Au Soleil-Roi*[74]? On peut en douter. Cléanthe avait fait de
l'astre vivifiant l'*hégémonikon* et la raison du monde, peut-être même
le cœur du monde[75]. Mais l'idée que tout se forme à partir du cœur
était probablement pythagoricienne[76]. Anaxagore qualifiait déjà
Hélios de «père»[77], Sophocle l'appelait «générateur des dieux» et
«père de toutes choses»[78] — titre que méritera le démiurge du *Timée*[79]
et que Numénius donnera même à Mithra[80], en citant l'historien
Eubule, et dans un contexte néopythagorique!

En admettant l'ordre chaldéen des planètes[81] — conception que
Théon de Smyrne impute à certains pythagoriciens[82] — Posidonius
reconnaissait corrélativement au chorège des astres errants, en raison même de sa place médiane, une fonction directrice, celle d'un
pouvoir central dans la marche du Kosmos. Le Soleil jouait alors
dans l'heptacorde céleste le rôle de la mèse[83], c'est-à-dire un rôle de
lien, σύνδεσμος, terme posidonien d'après H. Dörrie[84], mais d'origine

de liturgies où prévalait une religion du feu, localement prééminente, mais
facile à solidariser avec le culte persique.

[73] P. Boyancé, *Études sur le Songe de Scipion*, Limoges, 1936, p. 87 ss.;
Id., *L'Apollon solaire*, *Mélanges J. Carcopino*, Paris, 1966, p. 166.

[74] K. Reinhardt, *Kosmos und Sympathie*, Munich, 1926, p. 372 s. (d'après
Diod. Sic., 2, 52, 6-7), et dans *RE*, 22¹, col. 697.

[75] Eus., *P.E.*, XV, 15, 7; R. M. Jones, *Posidonius and solar eschatology*,
Class. Philol., 27, 1932, p. 126; P. Boyancé, *Études sur le Songe de Scipion*,
p. 88 ss. et 101 s.; Id., *L'Apollon solaire*, p. 166.

[76] *Ibid.*, p. 167 et n. 3.

[77] Ps.-Aristot., *De plantis*, 817 a 23. Cf. R. M. Jones, *art. cit.*, p. 127;
P. Boyancé, *Études sur le Songe de Scipion*, p. 93.

[78] *Ibid.*, p. 94 (fr. 1017, Nauck): γεννήτην θεῶν πατέρα τε πάντων.

[79] *Tim.*, 28 c: πατέρα τοῦδε τοῦ παντός.

[80] Porph., *De antro Nymph.*, 6 (p. 60, 7, Nauck²): τοῦ πάντων ποιητοῦ καὶ
πατρὸς Μίθρου; *infra*, p. 26.

[81] A. Bouché-Leclercq, *L'astrologie grecque*, p. 108; P. Boyancé, *Études sur
le Songe de Scipion*, p. 63 s.; Id., *L'Apollon solaire*, p. 169, n. 1. Cf. aussi
F. Cumont, *Lux perpetua*, Paris, 1949, p. 179. *Contra*: M. Laffranque, *Poseidonios d'Apamée*, p. 302 (Posidonius serait resté, sur ce point, «dans une
expectative prudente et vraiment scientifique ... etc.»).

[82] Theon Smyrn., *Inst. math.*, 3, 15 (p. 138, 11, Hiller; p. 227, 18, Dupuis);
P. Boyancé, *Études sur le Songe de Scipion*, p. 61, 63.

[83] *Ibid.*, p. 97 s., 100.

[84] *Le platonisme de Plutarque*, *Assoc. G. Budé*, *Actes du VIIIe Congrès*

incontestablement pythagoricienne[85]. En tant que μέσος, Hélios apparaissait déjà comme un médiateur cosmique — ce que sera précisément chez Plutarque le Mithra du *De Iside*. Enfin, on a voulu attribuer à Posidonius[86] une théorie développée par le même Plutarque dans le *De facie in orbe Lunae*: fécondée par le Soleil qui confère aux hommes l'intelligence (νοῦς), la Lune enfante les âmes[87]. C'est une idée que Porphyre exposera dans le contexte «mithraïste» du *De antro Nympharum*[88]. Mithra fait naître les âmes au monde en sacrifiant le taureau, dont la semence, suivant le *Bundahishn*, passe dans la Lune afin d'y être purifiée[89].

Plusieurs des conceptions précitées ont une hérédité pythagoricienne. Or ce sont des platoniciens néopythagorisants comme Eubule et Pallas qui contribueront (à leur manière) à helléniser l'image de marque du mithriacisme. Mais Posidonius leur a peut-être ouvert la voie. Même si le *Borysthénique* de Dion Chrysostome ne doit rien au philosophe polygraphe et «polymathe» d'Apamée, l'idéologie solaire des Stoïciens était devenue telle que pourrait s'y mouler le mithriacisme platonisé d'un Numénius ou d'un Porphyre. Posidonius identifiait-il Hélios avec Mithra, comme le fera Strabon[90] qui dépend si souvent de lui? En tout cas, cette identification est déjà bien attes-

---

(Paris, 5-10 avril 1968), Paris, 1969, p. 527 s.; L. Edelstein-I. G. Kidd, *Posidonius*, I, *The Fragments*, Cambridge, 1972, fr. 45, 192; *infra*, p. 87.
Les spéculations de Julien sur le Soleil-Roi sont en germe dans la comparaison typiquement pythagoricienne d'Hélios-Apollon à la mèse «qui est l'ἄρχων et l'ἡγεμών de l'accord» (P. Boyancé, *op. cit.*, p. 100). Que le soleil posidonien ait eu cette fonction hégémonique, on en trouverait la preuve dans le fait que Cléanthe *et Posidonius* assimilaient l'astre roi à Zeus (Macr., *Sat.*, I, 23, 1-2; cf. K. Reinhardt, dans *RE*, 22¹, col. 695). Hélios étant selon Posidonius «un feu pur» (M. Laffranque, *op. cit.*, p. 301), il jouait nécessairement, du point de vue stoïcien, un rôle d'*hégémonikon*.
[85] P. Boyancé, *op. cit.*, p. 99; Id., *L'Apollon solaire*, p. 162.
[86] K. Reinhardt, *Kosmos und Sympathie*, p. 313 ss. Cf. M. P. Nilsson, *op. cit.*, p. 264. Discuté par R. M. Jones, *art. cit.*, p. 116 ss.; P. Boyancé, *Études sur le Songe de Scipion*, p. 81; M. Laffranque, *op. cit.*, p. 523, 525 s. Cf. aussi, en général, sur les sources posidoniennes du *De facie*, D. Babut, *op. cit.*, p. 126 s. et 219 s.
[87] *De facie in orbe Lunae*, 28, 943 a; 30, 945 c (p. 44 et 48 de l'éd.-trad. P. Raingeard); *infra*, p. 74.
[88] *Infra*, p. 72 ss.
[89] B. T. Anklesaria, *Zand-Akâsîh, Iranian or greater Bundahishn*, Bombay, 1956, p. 81. Cf. J. Duchesne-Guillemin, *Ormazd et Ahriman*, Paris, 1953, p. 39, 45; *La religion de l'Iran ancien*, p. 323; R. Merkelbach, *Die Kosmogonie der Mithrasmysterien*, p. 229; L. A. Campbell, *Mithraic iconography and ideology* (*ÉPRO*, 11), Leyde, 1968, p. 59, 63 et *passim*; *infra*, p. 74.
[90] *Geogr.*, XV, 3, 13, 732 (III, p. 1021, 8, Meineke): ἥλιον, ὃν καλοῦσι Μίθρην. Cf. G. Widengren, *Les religions de l'Iran*, p. 143.

tée au Ier siècle avant notre ère. Le mithriacisme ne pouvait dès lors rester tout à fait indifférent à la théologie solaire des Grecs.

A l'époque où, grâce à Posidonius, cette religion de pirates faisait son entrée dans la littérature hellénique, Antiochus Ier, roi de Commagène (70-35 av. J.-C.) allait officialiser une théologie de syncrèse gréco-iranienne[91]. L'équation Apollon-Mithras-Hélios-Hermès[92], consacrée notamment au Nemroud Dagh, suppose toute une réflexion antérieurement élaborée et dont la conscience personnelle d'Antiochus Ier n'avait pas le monopole. Dans ce royaume dont les dynastes se réclamaient d'une double ascendance (macédonienne et achéménide), dans cet état-tampon où interféraient les influences grecques et persiques, la religion ne pouvait pas rester étrangère aux courants de croyance et de pensée de l'Asie antérieure, ni manquer de s'y réverbérer quelque peu. Les recherches axées dans cette direction n'ont pas encore abouti à des résultats probants et décisifs, mais ont lieu d'être poursuivies. Le problème existe. Il est de ceux dont la solution devrait jeter quelque lumière sur les origines du mithriacisme gréco-romain.

[91] H. Waldmann, *op. cit.*, p. 145 ss.
[92] *Ibid.*, p. 148 s., 165 ss.

LE TÉMOIGNAGE DE PLUTARQUE

Témoignage curieux — et combien discuté! — que celui du *De Iside*, 46, 369 e[1]. Il appartient à un assez long développement sur le dualisme mazdéen que Plutarque invoque à l'appui du dualisme platonicien. Contre l'atomisme aveugle des Epicuriens et le monisme fataliste du Portique, le philosophe de Chéronée vient en effet de rappeler l'antique doctrine communiquée tant aux Barbares qu'aux Grecs dans les cérémonies sacrificielles et initiatiques. Le Kosmos n'est pas livré aux vents du hasard: il y a une Providence. Mais en ce monde des hommes les maux et les biens sont mêlés: deux forces contraires nous y poussent à hue et à dia. C'est la doctrine du «mage» Zoroastre, qui appelait Oromazès le principe du Bien, Areimanios celui du Mal, disant que le premier ressemblait à la lumière, le second à l'ignorance et aux ténèbres, et qu'au milieu, entre les deux, était Mithra (μέσον δ'ἀμφοῖν τὸν Μίθρην εἶναι): «aussi les Perses donnent-ils à Mithra le nom de Médiateur» (διὸ καὶ Μίθρην Πέρσαι τὸν Μεσίτην ὀνομάζουσιν). Puis Plutarque revient à Zoroastre: «Or il prescrivit en l'honneur de l'un (Oromazès) des sacrifices de vœux et d'actions de grâces .. etc.».

Il faut tout de suite remarquer que la phrase διὸ καὶ .. ὀνομάζουσιν est comme une parenthèse confirmative qui, entre les deux propositions infinitives dépendant respectivement de προσεφαίνετο et de l'aoriste ἐδίδαξε, interrompt l'exposé de l'enseignement zoroastrien. Plutarque n'impute pas à Zoroastre nommément, mais aux Perses, l'invocation de Mithra sous l'épiclèse fonctionnelle de *Mésitès*. D'ailleurs, le présent ὀνομάζουσιν tranche nettement sur les deux formes verbales du passé entre lesquelles cette note est insérée.

Le problème de la source ou des sources de Plutarque dans ce passage a beaucoup intrigué et divisé les commentateurs. Théopompe n'est cité expressément qu'à la fin du chapitre 47, 370 b, à propos des trimillénaires alternés qui marquent les étapes du salut.

---

[1] Voir l'éd.-trad. de J. G. Griffiths, Cambridge, 1970, p. 190, 26 s., et le commentaire p. 474 s. Cf. Bidez-Cumont, *Mages hell.*, II, p. 70-79; J. Hani, *Plutarque en face du dualisme iranien*, *RÉG*, 77, 1964, p. 489 ss., en part. p. 493 ss.; Id., *La religion égyptienne dans la pensée de Plutarque*, Lille, 1972, p. 341; G. Widengren, *op. cit.*, p. 244-248; E. D. Philipps, *Plutarque interprète de Zoroastre*, Assoc. G. Budé, *Actes du VIIIe Congrès*, Paris, 1969, p. 507 ss.

Mais Fr. Windischmann[2] a supposé que tout l'excursus mazdéen procédait de Théopompe. Inversement, P. de Lagarde[3] a refusé d'admettre cette dépendance, même en ce qui regarde l'eschatologie mazdéenne. En fait, le développement est composite. Un examen tant soit peu attentif du texte décèle la juxtaposition d'éléments hétérogènes, qui ne fait plus aucun doute pour les spécialistes. On a pensé à Eudoxe de Cnide[4], à Eudème de Rhodes[5], à des écrits alexandrins[6]. Il n'y a aucune raison d'éliminer catégoriquement Théopompe; mais la courte incise sur Mithra *Mésitès* n'a, en tout cas, rien à voir avec lui. On ne saurait arguer du nom de cet historien pour affirmer que la conception d'un Mithra médiateur est anciennement connue dans le monde grec et antérieure à l'époque hellénistique[7].

Que le développement remonte ou non, en tout ou en partie, à Théopompe, cette référence d'apparence marginale, mais d'un intérêt capital pour l'histoire du mithriacisme, est hétérogène et propre à Plutarque. Elle embarrasse de toute façon les orientalistes, car, pour reprendre les termes mêmes de J. Bidez et F. Cumont, «aucune épithète qui réponde à ce nom de Μεσίτης n'est donnée à Mithra dans la littérature sacrée du mazdéisme, et nous ne pouvons l'interpréter que par conjecture»[8]. Naturellement, on a cru trouver des explications, qui ne sont que des approximations. Mithra étant le dieu du contrat, garant de la justice, C. Clemen[9] attachait à l'épi-

---

[2] F. Windischmann, *Mithra, Abhandl. d. deut. morgenl. Gesellsch.*, Leipzig, 1857, p. 56. Cf. aussi H. S. Nyberg, *Die Religionen des alten Iran*, Leipzig, 1938, p. 393. Personne aujourd'hui ne soutient plus ce point de vue: J. Hani, *Plutarque en face du dualisme iranien*, p. 512; G. Widengren, *op. cit.*, p. 245, n. 2.

[3] *Gesammelte Abhandl.*, Leipzig, 1866, p. 150.

[4] Cf. J. Hani, *loc. cit.* Mais l'époque assignée par Plutarque à Zoroastre ne correspond pas à la chronologie d'Eudoxe: Bidez-Cumont, *Mages hell.*, II, p. 73, n. 4.

[5] E. Benveniste, *Un rite zervanite chez Plutarque*, *JA*, 215, 1929, p. 287 ss. Cf. les observations de F. Cumont, dans *Mages hell.*, I, p. 65 s., et de J. Hani, *art. cit.*, p. 512 s.

[6] F. Cumont, *MMM*, II, p. 33 ss.; Bidez-Cumont, *Mages hell.*, I, p. 65 s.; cf. p. 56 s.: «Les données sommaires que nous offrent les auteurs de l'époque impériale sont des renseignements de deuxième ou de troisième main». Au contraire, suivant K. Ziegler (dans *RE*, 21, col. 924, *s.v. Plutarchos von Chaironeia*), Plutarque lisait directement Théopompe.

[7] Cf. J. Hani, *art. cit.*, p. 513, n. 96.

[8] Bidez-Cumont, *Mages hell.*, II, p. 73, n. 6.

[9] *Die griech. und latein. Nachrichten über die persische Religion*, *RGVV*, XVII, 1, Giessen, 1920, p. 157 ss. Sur Mithra en tant que dieu du contrat, cf. J. Duchesne-Guillemin, *La religion de l'Iran ancien*, p. 172 s.; G. Widengren,

thète une signification juridique. Partant de ce point de vue, on pouvait considérer qu'en somme le grec *Mésitès* traduit le sens fonctionnel du nom même de Mithra, le «lien» qui engage réciproquement les contractants[10], qui les «médiatise» en quelque sorte. Pour E. Benvéniste[11], Mithra est le garant-médiateur du traité qui règle les règnes alternés d'Oromazès et d'Areimanios, dans une perspective zervaniste. De fait, Eznik raconte qu'Ahriman invitant Ormuzd à un festin, celui-ci accepte à condition que leurs fils se battent. Le fils d'Ahriman terrasse le fils d'Ormuzd. Mais il faut un juge pour arbitrer; c'est alors que les deux adversaires créent le soleil[12]. Et H. S. Nyberg de commenter: «le soleil est ici évidemment la traduction de Mithra»[13]. Observons cependant que le nom de Mithra n'apparaît pas dans ce récit. Dans les mystères gréco-romains de Mithra, le dieu tend à s'identifier avec *Sol*, mais dans des conditions et suivant des modalités encore mal éclaircies[14]. Il faut noter aussi que Plutarque ne donne pas de *Mésitès* une explication juridique ou morale, et que rien même ne l'implique dans le contexte. Suggérée à la fois par l'acception de «négociateur, arbitre, garant des traités» qu'a souvent le grec μεσίτης, et par l'étymologie du nom Mithra («le contrat»), cette interprétation n'en reste pas moins étrangère au texte du *De Iside*.

En réalité, le διὸ καὶ de Plutarque porte sur μέσον δ'ἀμφοῖν. Le «surnom» de Mithra ne s'élucide précisément qu'en fonction de sa position médiane, intermédiaire dans l'espace cosmique. Aussi Th. Hopfner[15] estimait-il objectivement que cette médiation de Mithra

---

Les religions de l'Iran, p. 31, 143, 246: «par nature donc, il a une position d'intermédiaire». H. Humbach (*Der iranische Mithra als daiva, Festgabe für H. Lommel*, Wiesbaden, 1960, p. 77) considère ce titre de *Mésitès* comme une traduction littérale du nom même de Mithra et déchiffre dans la définition plutarchéenne du dieu l'indice d'un affaiblissement du dualisme (p. 79); ce deuxième point aurait besoin d'être démontré. Cf. J. Duchesne-Guillemin, *op. cit.*, p. 257.

[10] H. Lommel, *Les anciens Aryens*, trad. fr., Paris, 1943, p. 79, 107.

[11] *The Persian religion according to the chief Greek texts*, Paris, 1929, p. 89 ss.

[12] Eznik, *De Deo*, II, 9; trad. de L. Mariès-Ch. Mercier dans *Patrol. Orientalis*, 38, Paris, 1959, p. 610. Cf. G. Widengren, *op. cit.*, p. 246.

[13] *Questions de cosmogonie et de cosmologie mazdéennes, JA*, 219, 1931, p. 225.

[14] M. J. Vermaseren, *Mithra, ce dieu mystérieux*, p. 79 ss. Les premiers témoignages connus d'un Hélios-Mithra ne sont pas antérieurs au 1er siècle avant J.-C. (monuments de Commagène; Strab., *Geogr.*, XV, 3, 13). Cf. cependant G. Widengren, *op. cit.*, p. 143.

[15] *Plutarch über Isis und Osiris*, II, Prague, 1941 (réimpr., Darmstadt, 1967), p. 205.

correspond à sa position dans l'univers. J. Bidez et F. Cumont[16] reconnaissaient aussi que «le mot eut probablement d'abord une signification physique». Dans le *Boundahishn*, le monde se répartit entre trois zones: la région intermédiaire, celle de l'espace vide ou de l'atmosphère (la *Vâyu*) coïncide avec l'air lumineux[17], et Mithra est justement un Génie de l'air lumineux[18]. Mais chez Plutarque, c'est Oromazès et non pas Mithra qui personnifie la lumière, et d'ailleurs Mithra n'est pas nommé dans la cosmologie du *Boundahishn*; seule la tripartition de l'univers est commune à Plutarque et aux livres avestiques. R. C. Zaehner[19] a soupçonné que le statut intermédiaire de Mithra *Mésitès* avait un rapport avec la doctrine des mystères gréco-romains. Effectivement, l'épithète n'ayant rien d'authentiquement mazdéen, on est en droit de se demander s'il ne s'agit pas tout simplement d'une interprétation grecque. Mais la relation de cette donnée au mithriacisme des *spelaea* ne s'impose pas non plus, à première vue du moins, car médiation implique neutralité, arbitrage entre la lumière et les ténèbres: or Mithra tauroctone n'a évidemment rien de «neutraliste» et n'apparaît pas comme un dieu du compromis entre Bien et Mal[20]. Il est vrai aussi que dans la mesure où le sacrifice du taureau force les âmes à s'incarner, à animer le monde[21], Mithra médiatise la relation du monde supérieur au monde inférieur. D'autre part, Plutarque évoque ensuite un rituel apotropaïque propre à apaiser Areimanios-Hadès et qui nous fait penser aux dédicaces *Deo Arimanio* retrouvées dans certains *Mithraea*. Cependant l'épigraphie mithriaque ignore l'épiclèse de *Mésitès*.

Il faut peut-être repartir d'une donnée qui n'est pas sans relation avec la parenthèse du *De Iside*. Le même Plutarque[22] rapporte qu'un

---

[16] *Mages hell.*, II, p. 73, n. 6.

[17] H. S. Nyberg, *art. cit.*, p. 221 ss., 242; J. Hani, *art. cit.*, p. 495.

[18] F. Cumont, *Die Mysterien des Mithra*[4], p. 3 s. Cf. J. Duchesne-Guillemin, *op. cit.*, p. 173: les Brâhmanas «opposent Mitra à Varuna comme le jour à la nuit». Mais pour G. Widengren (*op. cit.*, p. 32) Mithra est un dieu du ciel «à la fois nocturne et diurne».

[19] *The dawn and twilight of Zoroastrianism*, 1961, p. 125: «reminiscent of the essentially earthly role of the hero-god Mithras as he appears in the Roman mysteries».

[20] Ni comme un médiateur entre Dieu et les hommes, au sens où le Christ est μεσίτης dans *I Tim.*, 2, 5.

[21] *Infra*, p. 86ss.

[22] *Ad princ. inerud.*, 3, 2, 780 c: Ἀνάστα, ὦ βασιλεῦ, καὶ φρόντιζε πραγμάτων ὧν σε φροντίζειν ὁ Μεσορομάσδης ἠθέλησε. Dans son édition parue chez Teubner en 1957, C. Hubert retient encore (Plutarchus, *Moralia*, V, 1, p. 13, 14) la leçon inutilement arbitraire μέγας Ὠρομάσδης. Pour J. Hani (*art. cit.*, p. 496), «il est évident … que Plutarque a dû rester étranger à la donnée théologique»

des camériers du Grand Roi l'exhortait chaque matin en ces termes: «Lève-toi, ô Roi, et prends soin des affaires dont Mésoromasdès t'a confié le souci». On sait que S. Wikander[23] a déchiffré dans le grec Μεσορομάσδης — corrigé à tort en μέγας Ὠρομάσδης — les deux noms associés de Mithra et d'Ormazd, *Miça-Ahuramazda*. Il serait aventureux d'affirmer que Plutarque avait conscience de cette association. Mais nier que l'auteur d'où il tire (ou d'où procède indirectement) l'information ait su que Mithra se cachait dans *Més-* n'est pas moins arbitraire. Connaissant le nom de Mithra, les Grecs ont dû prendre *Méso-* pour un surnom du dieu, *Mésos*, le «médian», l'intermédiaire, μέσον δ'ἀμφοῖν. D'où l'épiclèse prétendument persique de *Mésitès* qui, dans le *De Iside*, ne fait que gloser μέσον. De qui Plutarque tient-il la précieuse mention de *Mésoromasdès*? De Ctésias? De Dinon? Le fait que, dans l'inscription persépolitaine d'Artaxerxès III, Ahura Mazdâ et Mithra sont nommés ensemble[24] inciterait à supposer que l'indication concerne ce règne, ce qui exclut Ctésias des hypothèses plausibles. La question, à vrai dire, est secondaire et importe beaucoup moins que les exégèses déduites ultérieurement de cette information.

Dans la religion gréco-romaine, il y a un dieu qui, tout comme le Mithra du *De Iside*, fait office d'intermédiaire entre le monde lumineux d'En-Haut et l'enfer ténébreux d'En-Bas: c'est Mercure-Hermès, *deus ille superum et inferum commeator*, écrit Apulée[25] un demi-siècle après Plutarque. Mais deux siècles plus tôt, Varron invoquait la doctrine stoïcienne d'Hermès-Logos en commentant: *Nam ideo Mercurius quasi medius currens dicitur appellatus, quod sermo currat inter homines medius*[26]. On connaît plusieurs exemples d'équations

impliquée dans ce texte; ce n'est pas évident du tout, même si, dans le *De Iside*, Plutarque ne cite pas le nom de *Mésoromasdès*. C'est gratuitement, et presque toujours à tort, qu'on sous-estime la réflexion ou l'information des Anciens.

[23] Dans *Orientalia Suecana*, I, 1952, p. 66. Approuvé par J. Duchesne-Guillemin, *Ormazd et Ahriman*, p. 22; *La religion de l'Iran ancien*, p. 159 et 175. Cf. J. Kuiper, dans *Indo-Iranian Journal*, 1960, p. 188: il s'agirait d'un composé déjà ancien et antérieur à Artaxerxès II (405-359 av. J.-C.); G. Widengren, *op. cit.*, p. 141, n. 3.

[24] R. G. Kent, *Old Persian, Grammar, texts, lexicon*[2], New Haven, Connect., 1953, p. 156 (A³ Pa); *CIMRM*, I, p. 47, n° 9.

[25] *Apol.*, 64, 1; A. Abt, *Die Apologie des Apuleius von Madaura und die antike Zauberei*, *RGVV*, IV, 2, Giessen, 1908, p. 303 s. Cf. Apul., *Metam.*, XI, 11, 1, à propos d'Hermès-Anubis: *superum commeator et inferum*.

[26] Varr. *ap.* Aug., *CD*, VII, 14. Cf. A.-J. Festugière, *La révélation d'Hermès Trismégiste*, I², Paris, 1950, p. 72.

épigraphiques Mithra-Mercure, qu'illustrent d'ailleurs certains monuments figurés[27]. Cette interprétation gréco-romaine liée à la conception d'un Mithra *Mésos-Mésitès* est attestée à l'époque même de Varron par les inscriptions d'Antiochus Ier, roi de Commagène, qui identifient ou du moins égalent le dieu persique à Hélios-Apollon-Hermès[28].

Hélios-Apollon est aussi *mésos* dans le chœur des planètes selon l'ordre chaldéen qui, depuis Hipparque, s'imposait à l'astronomie grecque et que Posidonius avait adopté[29]. Mais certains pythagoriciens l'avaient adopté avant lui[30] (on les retrouve presque toujours dans les questions relatives à l'hellénisation de Mithra). De même aussi que le Soleil diffuse l'énergie bio-cosmique, Mithra, en égorgeant le taureau, répand les âmes et la vie dans l'univers[31].

Mésitès, Mithra le sera à un autre titre, quoique toujours en relation avec la tauroctonie cosmogonique, dans les mystères gréco-romains. Sa position équinoxiale[32] entre la lumière et les ténèbres, quand le jour et la nuit sont à égalité — entre Cautès et Cautopatès — faisait de lui un dieu «médian». Sur ce point aussi, la cosmologie de Posidonius convergeait étonnamment avec l'exégèse platonicienne du mithriacisme, telle que l'exposera *L'antre des Nymphes*, s'il est vrai qu'à partir de Posidonius, «le Bélier occupe définitivement la première place»[33] dans l'horoscope du monde, à l'équinoxe de printemps. Nous y reviendrons.

La théorie d'Hermès-Logos, que Plutarque[34] a reprise à son compte, remonte en fait à Platon[35]. Logos-démiurge, Logos incarné et répandu à travers le Kosmos, dieu de la raison et de la génération, l'Hermès des stoïciens correspondait très exactement au dieu intermédiaire entre le Bien suprême et le monde matériel que les platoniciens ont légué aux gnostiques.

---

[27] R. Turcan, *Les religions de l'Asie dans la vallée du Rhône* (*ÉPRO*, 25), Leyde, 1972, p. 34 s.

[28] H. Waldmann, *op. cit.*, p. 110 s., 148 et *passim*.

[29] *Supra*, p. 11.

[30] P. Boyancé, *Études sur le Songe de Scipion*, p. 62; Id., *L'Apollon solaire*, p. 169.

[31] *Infra*, p. 86 ss.

[32] *Infra*, p. 77, 83 s.

[33] A. Bouché-Leclercq, *L'astrologie grecque*, p. 129, n. 1.

[34] *De Is. et Os.*, 41, 367 d (p. 182, 26 s., Griffiths); 54, 373 b (p. 204, 19 s., G.; commentaire, p. 505).

[35] *Crat.*, 407 e s.; A.-J. Festugière, *op. cit.*, p. 71. Mais Platon ne fait pas d'Hermès un Logos démiurge et générateur, tel que le concevront plus tard stoïciens et néoplatoniciens: Plot., *Enn.*, III, 6, 19; Porph., *De imag.*, 9, p. 17*, 15-18, Bidez.

On est frappé de retrouver le schéma «zoroastrien» du *De Iside*
dans la *Lettre à Flora* du valentinien Ptolémée. Entre le Bien parfait,
ou «Dieu bon», et l'Adversaire, ou Diable corrupteur, Ptolémée situe
le démiurge, «créateur de ce monde tout entier»[36]. Or, «du fait qu'il
se tient au milieu d'eux, entre les deux (μέσος τούτων), on pourrait
l'appeler à bon droit l'Intermédiaire» (τὸ τῆς μεσότητος ὄνομα)[37]. Ce
dieu «médian» n'est ni bon, ni mauvais: il est juste (δίκαιος), «arbitre
de la justice qui dépend de lui»[38], comme Mithra, dieu «juste» par
excellence[39]. Ce schéma s'apparente à celui de la théologie marcio-
nite qu'Irénée[40] et Hippolyte[41] font dériver de Cerdon, gnostique
syrien disciple de Simon le Mage. J. Bidez et F. Cumont[42] y ont vu
la transformation de «croyances mazdéo-judaïques», et l'on a cher-
ché précisément dans le dualisme iranien les premiers germes du
gnosticisme. Le parallèle de Plutarque et de Ptolémée leur donnerait
raison (quoiqu'ils ne citent pas la *Lettre à Flora*), si le *De Iside*
transcrivait une doctrine authentiquement mazdéenne. Mais l'exposé de Plutarque est tributaire d'une tradition philosophique et
syncrétique foncièrement platonicienne en définitive. Le maître de
Ptolémée, Valentin, se réclamait de Platon, aussi bien que Numénius dont le système théologique présente avec la Gnose des analogies remarquables. Mais le monde est le mal pour les Gnostiques,
comme il était l'enfer pour les Orphico-pythagoriciens, un lieu d'expiation pour les platoniciens. Il y a un dualisme platonicien qui, en
dernière analyse, porte peut-être la marque d'influences orientales,
comme on l'a cru et le croit encore; mais le platonisme a servi de
moule et d'expression à ces influences.

[36] *Ep. Flor.*, 7, 4 (p. 64 de l'éd.-trad. G. Quispel, dans la Coll. «Sources
Chrétiennes»): δημιουργὸς καὶ ποιητὴς τοῦδε τοῦ παντός ἐστιν κόσμου. Cf. Plat.,
Tim., 28 c: τὸν μὲν οὖν ποιητὴν καὶ πατέρα τοῦδε τοῦ παντός. La grande différence,
c'est que le démiurge de Ptolémée n'est pas un «père». Ce point est considérable.
[37] *Loc. cit.* Cf. F.-L. Sagnard, *La gnose valentinienne*, Paris, 1947, p. 469.
D'origine pythagoricienne (P. Boyancé, *L'Apollon solaire*, p. 162 s.), la notion
de *mésotès* porte la marque du platonisme: J. Souilhé, *La notion platonicienne
d'intermédiaire dans la philosophie des dialogues*, Paris, 1919.
[38] *Ep. Flor.*, 7, 5 (p. 67, Quispel). Cf. F.-L. Sagnard, *op. cit.*, p. 469 s. Pour
Apellès (Hippol., *Ref.*, VI, 38, 1, p. 224, 3, Wendland), le démiurge est essen-
tiellement un dieu «juste»: τὸν δὲ πάντα κτίσαντα εἶναι δίκαιον, ὃς τὰ γενόμενα
ἐδημιούργησε.
[39] F. Cumont, *Die Mysterien des Mithra*[4], p. 127; *CIMRM*, I, p. 49, n° 18.
Sur la fonction juridique de Mithra, cf. G. Widengren, *op. cit.*, p. 31, 143.
Cet aspect du dieu a été fortement souligné par G. Dumézil.
[40] *Adv. haer.*, I, 27, 1.
[41] *Ref.*, VII, 37, 2 (p. 223, 16 ss., Wendland).
[42] *Mages hell.*, I, p. 231.

Le traité *Ad principem ineruditum*[43], où Plutarque cite le nom de *Mésoromasdès*, est placé d'entrée sous l'autorité de Platon que le Chéronéen cite à nouveau plus bas[44]. Il commente en platonicien l'exhortation du camérier au Grand Roi, avant de citer le platonicien Polémon[45]; plus loin, il assimile le souverain, «image du dieu qui règle tout dans l'univers»[46], au Soleil[47], symbole visible du Bien, suivant la célèbre comparaison de *République*, VI, 508 b-e. La référence à l'exemple perse peut donc être empruntée aussi à quelque source d'inspiration platonicienne.

Dans le *De Iside*, le contexte de la note sur Mithra «Médiateur» est également dominé par le platonisme. Trop frappé, sans doute, par cette coloration philosophique sensible même dans le vocabulaire, F. Cumont[48] voulait d'abord lire en 370 a, dans la définition du troisième dieu créé par Oromaze, «l'auteur des plaisirs qui s'attachent aux belles actions» (ἐπὶ τοῖς καλοῖς ἡδέων δημιουργόν), ἰδεῶν au lieu de ἡδέων, du seul fait que δημιουργός est un mot platonicien. Conjecture insoutenable depuis qu'H. S. Nyberg a reconnu dans cette troisième déité *Ameretât* qui correspond bien au bonheur des Justes[49].

Qu'approximativement à l'époque où, en Commagène, Mithra portait les noms d'Hermès et d'Hélios, un stoïcien platonisant comme Posidonius ait souligné la place médiane du Soleil et son rôle démiurgique, c'est un fait qui peut expliquer en partie l'idéologie ultérieurement formulée d'un Mithra médiateur et créateur. Chez Plutarque il n'est encore que *Mésitès*: pas un seul mot du *De Iside* n'autorise l'hypothèse d'un Mithra démiurge — pas plus d'ailleurs que les Ecritures mazdéennes. Mais la réflexion gnostique élaborée sur un schème tripartite analogue à celui du *De Iside* fait du dieu médiateur un démiurge. Nous ignorons presque tout de la doctrine mithriaque enseignée dans les mystères gréco-romains ou impliquée dans les rites au temps de Plutarque. Elle ne pouvait pas n'être pas contaminée peu ou prou par les idées grecques et n'avait sans doute plus grand-chose de commun avec l'authentique religion perse. La

---

[43] I, I, 779 d.
[44] *Ibid.*, 5, I, 781 f: ᾗ φησι Πλάτων.
[45] *Ibid.*, 3, 3, 780 d.
[46] *Ibid.*, 3, 6, 780 e: εἰκὼν θεοῦ τοῦ πάντα κοσμοῦντος (cf. *Ep. Flor.*, 7, 7 à propos du démiurge: τοῦ κρείττονός ἐστιν εἰκών).
[47] *Ibid.*, 3, 7, 780 f.
[48] *MMM*, II, p. 34. Cf. J. Hani, *art. cit.*, p. 497, n. 30.
[49] *Questions de cosmogonie et de cosmologie mazdéennes*, *JA*, 219, 1931, p. 224.

notion d'un Mithra *Mésitès* est une étape majeure de cette hellénisation qui devait conduire à faire du dieu ce qu'il n'avait jamais été
dans la théo-cosmologie iranienne: un démiurge.

EUBULE ET PALLAS

A partir de Plutarque, aux IIe et IIIe siècles après J.-C., on s'intéresse toujours davantage à Mithra et au mithriacisme. Justin — un platonicien converti au christianisme — Celse, Cronius, Numénius d'Apamée, Porphyre s'y réfèrent et — fait notable — en relation le plus souvent, pour ne pas dire constamment, avec les doctrines de Platon ou de l'école platonicienne. Ils le font en passant ou avec insistance, pour étayer leurs exégèses ou renforcer l'arsenal de leurs polémiques. Mais ils ne pouvaient le faire que parce que d'autres avaient précédemment consacré à la religion mithriaque des études plus ou moins approfondies.

De la «Bible» mithriaque, nous ne conservons guère, jusqu'à présent, que les illustrations et quelques vers griffonnés sur les parois d'un *Mithraeum* romain[1]. Nous ignorons presque tout de la théologie enseignée dans les antres persiques. Les fragments de *hieros logos* que constituent les inscriptions de S. Prisca ne comblent pas l'énorme lacune de notre information sur la cosmologie et l'eschatologie mithriaques, quoique des ouvrages considérables (mais considérablement hypothétiques aussi) aient été publiés sur la question. Mais faute de pouvoir lire les livres sacrés du mithriacisme, on aimerait au moins savoir la façon dont les Occidentaux ont assimilé cette religion de pirates. Deux écrivains grecs avaient voué à Mithra des recherches spécifiques: Eubule et Pallas, les seuls dont nous sachions pertinemment qu'ils proposaient du culte persique une interprétation philosophique. Cette interprétation était pythagorisante, à en juger par le témoignage de Porphyre, qui est d'ailleurs seul à en faire état.

Eubule[2] était l'auteur d'un ouvrage en plusieurs livres (ἐν πολλοῖς βιβλίοις), où il exposait en détail (ἀναγράψας) les données d'une enquête (ἱστορίαν) sur Mithra, περὶ τοῦ Μίθρα. Les termes que lui applique Porphyre concernent une somme importante et dont l'ampleur dépassait vraisemblablement les quatre livres qu'on lui attribue par conjecture[3].

[1] M. J. Vermaseren-C. C. van Essen, *The excavations in the Mithraeum of the Church of Santa Prisca in Rome*, Leyde, 1965, p. 179 ss.

[2] *De abst.*, IV, 16 (p. 253, 19 s., Nauck[2]).

[3] F. Buffière, *Les mythes d'Homère et la pensée grecque*, Paris, 1956, p. 429, n. 42.

Des deux citations qu'en fait Porphyre, la première (dans *L'antre des Nymphes*)[4] rapporte à l'initiative de Zoroastre l'institution de la liturgie mithriaque. En voici une traduction:

«C'est pourquoi aussi les Perses consacrent l'initié en lui enseignant mystériquement la descente des âmes dans le monde inférieur et leur retour d'ici-bas, donnant au lieu le nom de «grotte». Car d'une part, ainsi que l'affirme Eubule, Zoroastre a le premier sacralisé dans les proches montagnes de la Perside une grotte naturelle, fleurie et pourvue de sources, en l'honneur de Mithra, créateur et père de toutes choses (or la grotte offre l'image du monde dont Mithra est le démiurge); d'autre part, à l'intérieur [du *Mithraeum*] figurent les symboles des éléments célestes et des zones suivant des intervalles calculés en fonction d'une mesure commune. Après Zoroastre s'imposa également chez les autres peuples cette façon de conférer les initiations dans des antres et des grottes naturelles ou artificielles».

Il faut prendre garde que cette citation se décompose en trois propositions participiales au génitif absolu qui dépendent d'une proposition principale que Porphyre ne met pas nommément au compte d'Eubule, mais qui appartient au même contexte du Περὶ τοῦ Μίθρα. Syntaxiquement et idéologiquement, cette série de génitifs (ἀνιερώσαντος, φέροντος, φερόντων, κρατήσαντος) est solidaire de la phrase qui fait de la grotte mithriaque le théâtre d'une «mystagogie» relative au drame cyclique de l'âme.

Ce texte appelle plusieurs remarques.

D'abord, on est surpris de voir Zoroastre présenté comme le fondateur des mystères mithriaques, quand on sait — à en juger par les Gâthâs — que le zoroastrisme veut ignorer Mithra[5]: seul Ahura Mazda est digne d'adoration. Le Mithra d'Eubule, à en croire Porphyre (et à première lecture), est père et créateur universel: or, selon les Gâthâs, Ahura Mazda a seul créé ciel et terre, lumière et ténèbres. La notion d'un Mithra démiurge est étrangère au zoroastrisme. Ajoutons que Zoroastre proscrit les sacrifices sanglants, no-

---

[4] *De antro Nymph.*, 6 (p. 60, 1-14, N.) = Bidez-Cumont, *Mages hell.*, II, p. 29, B 18: οὕτω καὶ Πέρσαι τὴν εἰς κάτω κάθοδον τῶν ψυχῶν καὶ πάλιν ἔξοδον μυσταγωγοῦντες τελοῦσι τὸν μύστην, ἐπονομάσαντες σπήλαιον <τὸν> τόπον· πρῶτα μὲν, ὥς φησιν Εὔβουλος, Ζωροάστρου αὐτοφυὲς σπήλαιον ἐν τοῖς πλησίον ὄρεσι τῆς Περσίδος ἀνθηρὸν καὶ πηγὰς ἔχον ἀνιερώσαντος εἰς τιμὴν τοῦ πάντων ποιητοῦ καὶ πατρὸς Μίθρου, εἰκόνα φέροντος τοῦ σπηλαίου τοῦ κόσμου, ὃν ὁ Μίθρας ἐδημιούργησε ... μετὰ δὲ τοῦτον τὸν Ζωροάστρην κρατήσαντος καὶ παρὰ τοῖς ἄλλοις, δι'ἄντρων καὶ σπηλαίων ... τὰς τελετὰς ἀποδιδόναι. Sur la portée du dernier membre de phrase, voir les observations de P. Boyancé, *L'antre dans les mystères de Dionysos*, Rend. d. Pont. Accad. Rom. di Archeol., 33, 1961, p. 124 s.
[5] J. Duchesne-Guillemin, *La religion de l'Iran ancien*, p. 145. Cf. pourtant G. Widengren, *op. cit.*, p. 121 s.

tamment celui du bœuf[6]. Mais le nom du grand réformateur iranien est invoqué aussi à côté des Mages par Dion Chrysostome[7], dans un développement qui n'a rien non plus d'authentiquement zoroastrien. Il n'y a pas lieu d'imputer à un confusionnisme arbitraire et nommément à Eubule cette histoire du premier *Mithraeum*, qui ressemble à un mythe de fondation. F. Cumont s'est demandé si les deux Mages peints à Doura[8], sur les piliers de l'*arcosolium* encadrant Mithra tauroctone, ne représentaient pas Zoroastre et Ostanès. Que les mithriastes gréco-romains se soient réclamés de Zoroastre, qu'ils aient voulu par là rehausser le prestige des origines et légitimer légendairement un ancien culte de pirates, cette hypothèse n'est pas à exclure d'emblée et le témoignage d'Eubule tendrait à l'autoriser.

Mais, telle que la présente Porphyre, la citation donnerait à penser que, selon Eubule, la liturgie mithriaque illustrait la doctrine de Platon. On aurait expliqué au candidat sous une forme mystérique (μυσταγωγοῦντες)[9] les conditions dans lesquelles l'âme déchoit dans le monde terrestre pour s'y incarner, avant de regagner le ciel au terme de ses épreuves expiatoires. Qu'est-ce à dire? Ou bien on commentait au myste des représentations symboliques (comme l'échelle dont parle Celse)[10], ou bien on lui faisait accomplir fictivement les étapes correspondant aux tribulations de l'âme à travers les sphères et les «zones» du monde. On songe au récit allusif que Lucius fait de son initiation aux mystères d'Isis au livre XI des *Métamorphoses*: *per omnia vectus elementa remeavi*[11]. Les «éléments célestes» (στοιχεῖα) du texte porphyrien représentent probablement les astres. Les deux noms κάθοδον et ἔξοδον nous réfèrent plus précisément aux deux portes du ciel que l'âme franchit pour descendre dans la génération (Cancer) ou pour remonter dans l'Empyrée (Capricorne)[12]. Cette doctrine des deux portes zodiacales ne se lit dans aucun texte de Platon. Typiquement platonicienne en revanche est celle de l'âme

---

[6] J. Duchesne-Guillemin, *op. cit.*, p. 145; G. Widengren, *op. cit.*, p. 85.

[7] Bidez-Cumont, *Mages hell.*, I, p. 91 s.; II, p. 143, 5-6.

[8] *Ibid.*, I, p. 39 et pl. I.

[9] Pour l'expression, cf. Plut., *An seni ger. resp.*, 24, 2, 795 d: διδάσκων καὶ μυσταγωγῶν.

[10] Orig., *C. Cels.*, VI, 22; *infra*, p. 47ss.

[11] Apul., *Metam.*, XI, 23, 7; P. Collomp, dans *Rev. Philol.*, 38, 1912, p. 196. Il ne s'agit pas d'une purification par les éléments comme le croyait R. Reitzenstein, *Die hellenistischen Mysterienreligionen*[3], Stuttgart, 1927 (réimpr. anast., Darmstadt, 1966), p. 221. Cf. aussi M. P. Nilsson, *Geschichte der griech. Religion*, II[2], p. 634 s. Sur les astres-éléments, voir encore F. Cumont, *Les religions orientales dans le paganisme romain*[4], Paris, 1929, p. 298, n. 18.

[12] *Infra*, p. 60,63.

déchue, emprisonnée dans un corps, et du salut par la désincarna-
tion posthume. L'identification du monde avec la caverne l'est aussi[13] et, comme la doctrine de l'âme, d'origine pythagoricienne[14].
Quant à Mithra, il est explicitement assimilé au démiurge du *Timée*
car l'expression τοῦ πάντων ποιητοῦ καὶ πατρός fait écho, de toute
évidence, à celle de Platon: τὸν μὲν οὖν ποιητὴν καὶ πατέρα τοῦδε τοῦ
παντός (*Tim.*, 28 c)[15].

Est-ce que cette *interpretatio Platonica* est le fait d'Eubule? Faut-
il supposer qu'elle est antérieure ou postérieure à l'*Enquête sur
Mithra*? Porphyre lisait-il directement l'ouvrage d'Eubule, ou à
travers Numénius?

Les auteurs grecs citent d'ordinaire (et de préférence) le témoignage le plus ancien, très souvent de seconde main, plutôt que leur
source intermédiaire. On peut donc conjecturer que Porphyre ferait
valoir telle autorité antérieure à Eubule, s'il en existait ou s'il en
connaissait une.

Restent deux hypothèses: ou bien Eubule a platonisé le mithriacisme, ou bien cette exégèse est imputable à la source qu'utilisait
Porphyre. F. Cumont a noté que l'expression εἰκόνα φέρειν se lit plus
loin (*De antro Nymph.*, 17, p. 69, 1 s., N.), ainsi que dans un passage
(*ibid.*, 21, p. 70, 25, N.) où le philosophe néoplatonicien se réfère
expressément à Numénius et à son ami Cronius[16]; on la retrouve
aussi dans une citation que Théodore fait du même Numénius[17].
Σύμβολα φερόντων[18] appliqué aux représentations cosmologiques du
Mithraeum transcrit pareillement cette conception des choses visi-
bles comme supports d'une signification qui les dépasse. Le nom
ποιητής attribué à Mithra en tant que démiurge porte également
l'empreinte du néopythagoricien d'Apamée[19]. Il est notable, enfin,
qu'Eubule et Pallas emploient le génitif τοῦ Μίθρα. Or dans le chapitre 6 du *De antro*, on ne lit que le génitif τοῦ Μίθρου, preuve que
Porphyre n'y recopie pas textuellement Eubule, ni même une cita-

---

[13] *Infra*, p. 65.
[14] Cf. par exemple «l'antre voûté» d'Empédocle (fr. 120, Diels): P. Faure,
Fonctions des cavernes crétoises, Paris, 1964, p. 249; G. Zuntz, *Persephone*,
Oxford, 1971, p. 254 s.
[15] R. Merkelbach, *Die Kosmogonie der Mithrasmysterien*, p. 248.
[16] Bidez-Cumont, *Mages hell.*, II, p. 29 s., n. 2.
[17] *Ap.* Procl., *In Tim.*, II, p. 275, 19, Diehl.
[18] Porph., *De antro Nymph.*, 6 (p. 60, 10, N.) = E. des Places, éd.-trad. de
Numénius dans la Coll. G. Budé, p. 81, fr. 31.
[19] E. des Places, *ibid.*, p. 60, fr. 21: πατέρα μὲν καλεῖ τὸν πρῶτον, ποιητὴν δὲ
τὸν δεύτερον.

tion d'Eubule exploitée par Pallas. Du premier historien de Mithra, Porphyre ne nous ferait donc lire qu'un extrait présenté, interprété, voire récrit par Numénius.

Certes, le principe même de ce mithriacisme platonisant ou pythagorisant ne date pas de Numénius, comme en témoigne, je crois, le *Discours véridique* de Celse[20]. Entre *L'antre des Nymphes* et les considérations de Celse sur le «symbole» des mystères mithriaques, on discerne des correspondances qui suggèrent l'hypothèse d'une source commune. Mais ni Celse, ni Origène ne citent le nom d'Eubule. Quoi qu'il en soit, dans *L'antre des Nymphes* on a du mal à isoler la référence authentique de son emballage numénien.

Le second extrait d'Eubule[21] concerne les Mages. Au livre IV de son *De abstinentia*, Porphyre veut montrer que le végétarisme garantit l'équilibre moral des individus et des cités, dans la mesure même où l'abstinence des chairs animales est corrélative à la piété envers les dieux. Il traite successivement de différents peuples orientaux chez qui le végétarisme est ou fut pratiqué, partiellement ou intégralement: les Egyptiens, les Juifs (et notamment les Esséniens), les Syriens, enfin les Perses:

«Chez les Perses, ceux qui vouent leur science et leur culte au divin portent le nom de «Mages» (car tel est le sens du mot «Mage» dans la langue indigène). Cette caste jouit parmi les Perses d'une si grande et si respectueuse considération que même Darius, le fils d'Hystaspe, fit inscrire sur son tombeau entre autres titres qu'il était aussi «maître ès sciences magiques». Ces Mages se divisaient en trois classes, comme l'affirme Eubule qui a rédigé l'*Enquête sur Mithra*, ouvrage qui compte plusieurs livres. Les premiers et les plus sages ne mangent ni n'immolent aucun être vivant: ils persévèrent dans l'antique abstinence des chairs animales. Les Mages de la seconde catégorie mangent de la viande, mais ne tuent aucun des animaux domestiques. Même ceux de la troisième catégorie, pareillement, ne touchent pas à toutes les espèces. Car le premier de tous les dogmes est pour eux la métempsychose, dont l'évidence est démontrée, semble-t-il, dans les mystères de Mithra».

L'explication que Porphyre (ou Eubule) donne du mot «Mage» est traditionnelle. Déjà le *Premier Alcibiade* faisait du mage un σοφώτατος et de la μαγεῖα «le culte des dieux»[22]. Dion Chrysostome définit

[20] *Infra*, p. 47 ss.

[21] Porph., *De abst.*, IV, 16 (p. 253, 12 ss., N.). J'adopte la conjecture de Nauck (p. 254, 2 s.): τὸ πρῶτον, au lieu de τῶν πρώτων.

[22] Bidez-Cumont, *Mages hell.*, I, p. 93 s.; II, p. 22, 4-6 (B 10 a): Ὧν ὁ μέν (sc. ὁ σοφώτατος) μαγείαν τε διδάσκει τὴν Ζωροάστρου τοῦ Ὡρομάζου· ἔστι δὲ τοῦτο θεῶν θεραπεία. Sur l'authenticité platonicienne du *Premier Alcibiade*, cf. P. Boyancé, *Cicéron et le «Premier Alcibiade»*, RÉL, 41, 1963, p. 223.

les Mages comme «ceux qui savent honorer le divin»[23]. C'était l'explication de Clitarque: les Mages «se consacrent au service des dieux, aux sacrifices, aux prières et prétendent avoir seuls l'oreille des dieux»[24]. Dinon en ses *Persica* les disculpait de sorcellerie au nom de la même définition[25]. Hésychius glose μαγεύειν par θεραπεύειν θεούς[26]. D'après F. Cumont, les mots de Porphyre dériveraient de la même source que ceux de Dion Chrysostome et d'Hésychius, «source qui est probablement Théophraste, Περὶ εὐσεβείας»[27].

Selon M. Molé[28], *maga* aurait signifié «don, offrande, sacrifice». Dans l'inscription si discutée de Rhodandros[29], ἐμάγευσε Μίθρᾳ devrait donc être traduit tout simplement: «il sacrifia à Mithra». La tradition grecque fait des Mages des espèces de théologiens liturgistes qui détiennent la science des relations cultuelles avec le divin. Eubule peut avoir insisté sur cette idée, car on a vu qu'il exposait toute une théosophie du rituel mithriaque sur laquelle Numénius et Cronius renchériront à l'envi. La force et l'originalité des cultes orientaux dans le monde romain étaient de fonder la liturgie sur une gnose du monde et de l'âme. On avait l'impression de renouer ainsi avec certaines traditions orphico-pythagoriciennes. Pythagore passait justement pour un disciple de Zoroastre et des Mages[30]: or Eubule fait des Mages «les plus sages» d'authentiques pythagoriciens. Il n'y a donc pas lieu d'imputer à Théophraste le passage qui précède immédiatement la mention expresse d'Eubule: tout le développement pourrait bien procéder de l'*Enquête sur Mithra*.

La précision concernant Darius est doublement surprenante, car on ne voit pas ni que sur son tombeau de Naqsh-i-Rustam[31], près de Persépolis, Darius se dise «maître ès sciences magiques», ni que cet

[23] Dion Chr., *Or.*, 36, 41 = Bidez-Cumont, *Mages hell.*, II, p. 144, 4: ἐπισταμένους θεραπεύειν τὸ δαιμόνιον.
[24] *Ibid.*, p. 67, 7-9 (D 2): περί τε θεραπείας θεῶν διατρίβειν ... κτλ.
[25] *Ibid.*, I, p. 10 s.
[26] *Ibid.*, p. 94, n. 1.
[27] *Ibid.* On sait, au demeurant, tout ce que le *De abstinentia* doit à Théophraste: cf. W. Pötscher, *Theophrastos Περὶ εὐσεβείας*, Leyde, 1964.
[28] *Culte, mythe et cosmologie dans l'Iran ancien. Le problème zoroastrien et la tradition mazdéenne* (*Ann. du Musée Guimet*, 69), Paris, 1963, p. 79. C'était déjà l'interprétation de G. Messina. Voir un rapide état de la question dans G. Widengren, *Les religions de l'Iran*, p. 111 s.
[29] *CIMRM*, I, p. 50, n° 19.
[30] Bidez-Cumont, *Mages hell.*, I, p. 33, 38, 103 s.; F. Cumont, *Lux perpetua*, p. 145; R. Cuccioli Melloni, *Ricerche sul Pitagorismo*, I, *Biografia di Pitagora* (*Studi di Filol. Class.*, 25), Bologne, 1969, p. 17 ss., 95 ss., 105.
[31] R. G. Kent, *Old Persian*, p. 138 (D n a).

ennemi des Mages ait éprouvé le besoin de s'en réclamer. On a beaucoup controversé sur la religion de Darius[32], mais cette curieuse information du *De abstinentia* ne paraît pas avoir assez retenu l'attention. Elle peut remonter à une époque où les Mages avaient récupéré
le monopole sacerdotal, c'est-à-dire au règne d'Artaxerxès Ier Lon-
guemain (465-425), et où l'on se souciait de concilier leur prestige
officiel avec la religion dynastique. Cette tendance s'est confirmée
sous Artaxerxès II Mnémôn, au temps où Mithra et Anâhitâ apparaissent dans les inscriptions à côté d'Ahura Mazda[33]. Si Eubule a
fait état de Darius, c'était pour démontrer que les Mages ne constituaient pas une secte marginale, mais un corps reconnu et hautement
considéré par le pouvoir royal. L'argument pouvait valoir contre
ceux qui dépréciaient les néopythagoriciens comme des ascètes iso-
lés, et le mithriacisme comme une religion de petits groupes spora-
diques.

Mais Eubule n'est nommé qu'ensuite, avec l'énumération des trois
classes de Mages. J. Bidez et F. Cumont[34] notent à propos de ce
passage les divergences qui l'opposent à tout ce que nous savons (ou
croyons savoir) de la religion perse aux temps achéménides et sassanides: «Le mazdéisme, s'il est obsédé par le souci de la pureté, ne
prêche pas le renoncement; il n'érige pas en vertus la continence et
l'abstinence», et les savants belges ajoutent en note que «le végétarisme ne pouvait être prêché par une religion qui pratiquait les sacrifices sanglants, où la chair des victimes était consommée»[35]. Au sur-
plus, on ne voit pas la relation de ce végétarisme au culte de Mithra
dont traitait Eubule, car outre l'iconographie du dieu tauroctone
qui (douloureusement ou non) immole sa victime pour sauver l'humanité, les restes d'ossements divers trouvés dans l'aire des *Mithraea* prouvent bien que les fidèles ne s'abstenaient pas de verser le
sang animal.

Pour lever commodément cette dernière difficulté, ne faut-il pas
interpréter l'indication de Porphyre ὁ τὴν περὶ τοῦ Μίθρα ἱστορίαν . .
ἀναγράψας comme accessoire, au sens de «celui même qui a rédigé
l'*Enquête sur Mithra*», sans en inférer pour autant que la notice sur

[32] J. Duchesne-Guillemin, *La religion de l'Iran ancien*, p. 155; G. Widengren, *op. cit.*, p. 140 et 142.

[33] *CIMRM*, I, p. 46 s., n°s 7-8. Mais cf. G. Widengren, *op. cit.*, p. 140 s.:
«Mithra jouissait en Perse, dès le règne de Darius I, d'un culte non négli-
geable».

[34] *Mages hell.*, I, p. 26.

[35] *Ibid.*, n. 5.

les Mages est extraite de l'ouvrage en question? Porphyre préciserait
alors tout simplement que cet Eubule est l'auteur d'un traité sérieux
sur le culte persique, et qu'en tant que tel il mérite créance; mais
l'exposé sur les Mages serait emprunté à un autre ouvrage. Toutefois, cette explication ne s'imposerait que si l'article grec était suivi
d'un καί. Il faut donc bien admettre qu'Eubule rattachait de près ou
de loin le mithriacisme à l'enseignement des Mages. De fait, on a vu
dans *L'antre des Nymphes* que le même Eubule attribuait à Zoroastre l'institution du rituel mithriaque[36]. Toute la littérature gréco-
romaine fait de Zoroastre un Mage, et c'est en costume de Mage
qu'il figure peut-être dans le *Mithraeum* de Doura-Europos[37]. Sur
ce point, les deux citations que fait Porphyre de l'historien Eubule
concordent entre elles aussi bien qu'avec la tradition occidentale.

Cependant, on ne doit pas faire dire à Eubule plus que n'en transcrit Porphyre. Il n'écrit pas, ni ne donne à entendre, que les mithriastes aient été d'authentiques et fidèles végétariens comme les Mages
de la première catégorie. Mais comme, à l'en croire, il existait deux
autres catégories dont les membres consommaient de la viande et
donc immolaient ou faisaient immoler des animaux, Eubule pouvait
relier à l'enseignement des Mages la liturgie pratiquée dans les antres
mithriaques, dont Zoroastre aurait consacré l'archétype. Sur le végétarisme plus ou moins rigoureux des pythagoriciens, on sait que les
traditions divergeaient[38]. D'aucuns affirmaient que le Maître avait
sacrifié des coqs et des chevreaux, qu'il permettait même de manger
toutes sortes de viandes, sauf celle du bœuf et du mouton. Chez les
Mages aussi, qu'Eubule semble avoir considérés comme des sortes de
pythagoriciens, la pratique variait, mais tous selon lui croyaient au
principe de la métempsychose[39]. Zoroastre, exemple parfait du Mage
aux yeux des Grecs, était une sorte de pythagoricien, qui avait d'ailleurs endoctriné Pythagore. On racontait qu'il avait subi un stage
de mutisme, comme les novices des conventicules pythagoriciens[40],
et qu'il avait fait dans les bois une retraite solitaire pour y recevoir

---

[36] *De antro Nymph.*, 6 (p. 60, 4-8, N.): πρῶτα μέν, ὡς φησὶν Εὔβουλος,
Ζωροάστρου αὐτοφυὲς σπήλαιον ... ἀνιερώσαντος εἰς τιμὴν τοῦ ... Μίθρου.

[37] Bidez-Cumont, *Mages hell.*, I, p. 39; M. J. Vermaseren, *Mithra, ce dieu
mystérieux*, p. 19.

[38] Diog. Laert., VIII, 1, 20.

[39] *De abst.*, IV, 16 (p. 254, 2 s., N.): καὶ γὰρ δόγμα πάντων ἐστὶ τὸ πρῶτον
(*conj. Nauck*: τῶν πρώτων *Hercher*) τὴν μετεμψύχωσιν εἶναι.

[40] Bidez-Cumont, *Mages hell.*, I, p. 25 et 28, n. 5 de la page précédente;
A.-J. Festugière, *La révélation d'Hermès Trismégiste*, I, p. 32.

des Brahmanes la révélation de leur sainte religion[41]. Enfin, la grotte joue dans la légende de Pythagore[42] un rôle aussi notable que dans celle du Zoroastre d'Eubule. Mais le panpythagorisme n'explique pas tout, même si le comparatisme sommaire des philosophes grecs n'est que trop évident.

F. Cumont a exploité ce point de vue en soulignant tout ce qui oppose au mazdéisme l'interprétation d'Eubule et d'autres auteurs gréco-romains. Mais la consommation démesurée de la viande est condamnée par certains textes iraniens[43]. Le sacrifice sanglant semble avoir été proscrit, avant d'être seulement toléré par le zoroastrisme. Zarathustra condamnait le sacrifice du bœuf[44], comme Pythagore. Plus tard, le *Boundahishn*, racontant la création, dira qu'Ohrmazd prescrivit à Mashya, le premier homme, et à Mashyâne, la première femme, de ne pas tuer d'animaux[45]. A la fin des temps, les vivants cesseront de tuer pour vivre, selon l'*Epitome* de Lactance (67, 5)[46]. Le *Boundahishn* prophétise d'ailleurs qu'avec l'avènement des sauveurs les hommes renonceront successivement à la viande et aux autres aliments[47]. A propos des déductions de J. Bidez et F. Cumont, M. Molé[48] peut écrire: «Quelles que soient ici (*sc.* dans le texte d'Eubule) les influences pythagoriciennes, il est certain que la «joie de vivre» fut beaucoup moins caractéristique du mazdéisme et son opposition à l'ascétisme beaucoup moins absolue qu'on ne le prétend d'habitude».

D'autre part, la tripartition des Mages ne paraît pas relever d'un schématisme ternaire préfabriqué ou de telle classification arbitraire, car la tradition pehlevie connaît une distinction analogue, comme l'a marqué M. Molé[49] dans un intéressant parallèle. D'après le Dênkart[50], en effet, il existe trois catégories d'hommes:

1) un homme *gâsânik* est «en communauté avec les Yazat» et sans contact avec les *dêv* et les *druj*; la mesure des biens est pour lui «autant qu'il en faut pour manger».

[41] Bidez-Cumont, *Mages hell.*, I, p. 27; II, p. 32 (B 21).
[42] P. Faure, *Fonctions des cavernes crétoises*, p. 113 ss., 249 s.
[43] M. Molé, *Un ascétisme moral dans les livres pehlevis*, RHR, 155, 1959, p. 179; *Culte, mythe et cosmologie dans l'Iran ancien*, p. 311.
[44] *Supra*, p. 24.
[45] J. Duchesne-Guillemin, *op. cit.*, p. 327 (*Bd*, 14).
[46] *Ibid.*, p. 348. Cf. F. Cumont, *La fin du monde* ..., RHR, 103, 1931, p. 90; Bidez-Cumont, *Mages hell.*, II, p. 375, fr. 17 b, n. 2.
[47] J. Duchesne-Guillemin, *loc. cit.*; J. Hani, dans *RÉG*, 77, 1964, p. 508.
[48] *Culte, mythe et cosmologie dans l'Iran ancien*, p. 311.
[49] *Ibid.*, p. 67 ss.; 311; Id., *L'Iran ancien*, dans *Religions du monde*, Paris, 1965, p. 96.
[50] Livre VI, p. 516, 7-517, 4, de l'éd. Madan.

2) un homme *hâtamânszîk* est «en communauté avec les justes et se sépare des méchants; la mesure des biens est pour lui ce qu'il arrive à gagner honnêtement».

3) un homme *dâtik* est «en communauté avec les Aryens et se sépare des non-aryens; la mesure des biens est pour lui ce qu'il est permis par la loi de gagner».

M. Molé, qui retrouve une division du même genre au livre III du *Dênkart*, y voit «trois degrés de perfection, trois éthiques, trois communautés de plus en plus restreintes»[51] de la troisième à la première. Les *Gâsân* représentent la perfection la plus grande et les Mages précisément «observent une religion *gâsânik*»[52]. Mais chez Eubule il s'agit de trois classes sacerdotales — toutes composées de Mages — et non pas de trois catégories d'hommes. Quoi qu'il en soit, dans l'un comme dans l'autre cas, chacune des trois catégories observe une règle, et la tripartition est hiérarchisée. Quelle que soit la part d'interprétation dont la notice d'Eubule est grevée, l'historien de Mithra semble tenir ce schème ternaire d'une source iranienne plus ou moins hellénisée. On aura idéalisé naturellement la première catégorie, celle des purs végétariens, indéfectiblement attachés à l'antique abstinence, tout comme on se plaisait à idéaliser la vie conventuelle des premiers pythagoriciens[53]. Eux seuls étaient les vrais «Mages» — et sur ce point la remarque de M. Molé concernant la religion *gâsânik* garde toute sa valeur.

Les mithriastes ne professaient pas ce végétarisme, mais tenaient pourtant à se réclamer des Mages[54]. La distinction d'autres catégories, plus ou moins accommodantes aux besoins de l'humanité commune, permettait alors de tout arranger. Eubule ne pouvait pas décemment faire des mithriastes contemporains les héritiers directs des premiers Mages intransigeants. Du moins, tous ceux qui revendiquaient ce titre prestigieux partageaient-ils une même conviction de principe (πάντων τὸ πρῶτον)[55], celle de la métempsychose, à l'égal

---

[51] *Culte, mythe et cosmologie dans l'Iran ancien*, p. 69.

[52] *Ibid.*, p. 78.

[53] Sur ce thème, cf. A.-J. Festugière, *Les «mémoires pythagoriques» cités par Alexandre Polyhistor*, *RÉG*, 58, 1945, p. 1-65.

[54] En Orient même, des Mages officiaient dans le culte de Mithra: cf. G. Widengren, *op. cit.*, p. 205; *CIMRM*, I, p. 70 s., n°s 61 et 68.

[55] Leçon proposée par Nauck (p. 254, dans l'apparat critique), au lieu de τῶν πρώτων qui s'accorde mal avec le contexte. La traduction d'A. J. Festugière, *La révélation d'Hermès Trismégiste*, I, p. 32 («l'un des dogmes essentiels chez les Mages est celui de la métempsycose») semble reposer sur le texte d'Hercher, mais escamote πάντων.

des pythagoriciens dont le végétarisme souffrait des exceptions, mais
qui avaient en commun et fondamentalement la même doctrine de
l'âme.

En ce qui regarde le sens des rites mystériques pratiqués dans les
Mithraea, la relative ὁ καὶ .. μυστηρίοις[56] pose des problèmes. De
toute évidence, le ἐοίκασιν trahit une incertitude interprétative.
Mais faut-il mettre cette subordonnée — qui ressemble à une note
marginale (de Porphyre?) — au compte d'Eubule ou de Pallas, dont
le nom apparaît quelques lignes plus loin[57]? Porphyre enchaîne immédiatement à cette relative une énumération circonstanciée de
noms d'animaux donnés aux mystes des différents grades mithriaques, et la suite du texte[58] prouve que Pallas exploitait ces données
pour tout rapporter à la métensomatose:

> «En effet (les mithriastes)[59], donnant à entendre notre communauté
> d'essence avec les animaux, ont coutume de nous désigner par des noms
> d'animaux. Ils appellent «lions» les mystes qui participent aux mêmes
> actes mystériques, et «lionnes» (ou «hyènes»[60]) les femmes; «corbeaux»
> ceux qui font office de serviteurs, et préposés aux «pères» ... (lacune);
> ceux-ci portent en effet les noms d'«aigles» et de «faucons». Et celui qui
> reçoit la consécration «léontique» revêt toutes sortes de déguisements
> zoomorphes. Rendant compte de ces rites, Pallas, dans son ouvrage sur
> Mithra, affirme que la tendance commune est de penser qu'ils se rappor-
> tent au circuit du cercle zodiacal, mais que l'interprétation exacte et
> véridique suggère une allusion aux âmes humaines dont on dit qu'elles
> revêtent toutes sortes de corps. De fait, certains Latins aussi dans leur
> langue s'appellent «Sangliers» (*Aper*), «Scorpions» (*Scorpius*), «Ours»
> (*Ursus*)[61] et «Merles» (*Merula*). On a donné également à des dieux créa-
> teurs[62] des surnoms du même genre: à Artémis celui de «Louve»; au
> Soleil ceux de «Lézard», de «Lion», de «Dragon», de «Faucon»; à Hécate
> ceux de «Cavale», de «Taureau», de «Lionne», de «Chienne» ».

Leroy A. Campbell[63] a traduit ce texte (avec d'autres leçons dont
il ne précise pas l'origine). On ne voit pas pourquoi il impute à Eu-

---

[56] *De abst.*, IV, 16 (p. 254, 3-4, N.): ὃ καὶ ἐμφαίνειν ἐοίκασιν ἐν τοῖς τοῦ Μίθρα
μυστηρίοις.
[57] *Ibid.* (p. 254, 12, N.): Πάλλας ἐν τοῖς περὶ τοῦ Μίθρα.
[58] *Ibid.* (p. 254, 4-21, N.).
[59] Le pluriel indéterminé εἰώθασιν est parallèle au parfait ἐοίκασιν de la
relative qui précède et qui comporte la précision ἐν τοῖς τοῦ Μίθρα μυστηρίοις.
[60] λεαίνας *Felicianus*: ὑαίνας *M*.
[61] J'adopte la conjecture d'I. B. Felicianus: σκορπίους οὔρσους τε. Le texte
des manuscrits dans l'éd. Nauck (p. 254, 17 s.: σκώπρους λασούρους τε) m'est
inintelligible.
[62] Comme Nauck (voir son apparat critique), je lis conjecturalement τούς
au lieu de τούτους.
[63] *Mithraic iconography and ideology*, p. 18.

bule[64] l'infinitive καὶ γὰρ Λατίνων τινὰς .. καλεῖν, qui ne peut dépendre, comme les deux précédentes, que de φησί et revient donc à Pallas. En revanche, tout ce qui suit sur les surnoms des dieux et déesses peut être extrait d'une autre fiche (mais Leroy A. Campbell l'attribue à Eubule, sans plus ample informé). Le savant américain donne comme sujet à προσηγόρευσαν les Perses («the Persians») — tout aussi arbitrairement, car les surnoms dont fait état Porphyre appartiennent au domaine gréco-romain.

Abstraction faite de toute glose étrangère au texte, à quoi se ramène littéralement la citation de Pallas?

Faisant écho à Fr. Windischmann[65], F. Cumont[66] écrivait que l'interprétation du rituel mithriaque par la métempsychose «ne donne pas une haute idée du sens critique de Pallas. L'œuvre d'Euboulos paraît avoir été supérieure à celle de ce bel esprit». En fait, Eubule faisait dériver le mithriacisme de Zoroastre et des Mages, à qui est prêtée cette même doctrine de la métempsychose. Encore une fois, on ne voit pas distinctement dans la page précitée du *De abstinentia* où s'arrête la citation d'Eubule et où commence précisément celle de Pallas. Mais l'explication du végétarisme par la métensomatose paraît logique dans l'optique néopythagorisante d'Eubule, et si le mithriacisme procédait bien, selon Eubule, de la religion des Mages, Pallas ne faisait que développer l'idée maîtresse de l'*Enquête* en vérifiant son bien-fondé dans le rituel des mystères. Au dénigrement de F. Cumont, O. Seel[67] oppose d'ailleurs le jugement de Porphyre[68] qui n'était pas si mal informé de certains aspects du mithriacisme: Πάλλας ὁ ἄριστα .. συναγαγών.

Quoi qu'il en soit, Pallas est cité à l'appui d'Eubule pour confirmer son témoignage. Comme l'a justement noté O. Seel[69], Pallas est nommé après Eubule parce qu'il en faisait le commentaire. Il est vraisemblable que Porphyre n'aura connu le second qu'à travers le premier. Eubule expliqué par Pallas en est solidaire idéologiquement. Il n'y a donc pas lieu de les opposer l'un à l'autre, même si Pallas eut tendance, comme il semble, à renchérir sur les exégèses

---

[64] «For the Latins also, says Euboulos, ... etc.».
[65] *Mithra, ein Beitrag zur Mythengeschichte des Orients*, p. 66.
[66] *MMM*, I, p. 26. Mais le même F. Cumont reconnaîtra plus tard (*Les religions orientales dans le paganisme romain*[4], p. 283, n. 69) que l'explication de Pallas n'est pas indigne d'intérêt.
[67] Dans *RE*, 18[111] (1949), col. 242, *s.v. Pallas*.
[68] *De abst.*, II, 56 (p. 181, 3-4, N.).
[69] *Loc. cit.*

d'Eubule. Avec l'affirmation atténuée et comme dubitative exprimée par ἐοίκασιν — que j'attribuerais pour ma part à Eubule — contraste assez nettement le τὴν δ' ἀληθινὴν ὑπόληψιν καὶ ἀκριβῆ de Pallas, douze lignes plus bas dans la 2e édition Nauck[70]. Mais ce disant, le même Pallas reconnaît qu'il ne s'agit que d'une hypothèse, d'une opinion conjecturale (ὑπόληψιν). D'autre part, il parle d'allusions, de rites qui donnent à entendre telle ou telle croyance (αἰνιττόμενοι .. αἰνίττεσθαι)[71]. Il n'affirme rien d'une doctrine enseignée explicitement dans les mystères, mais il fait valoir une interprétation philosophique étrangère à la lettre du culte. C'est ce même verbe αἰνίττεσθαι que Celse applique au *hieros logos* des Perses et à leurs rites initiatiques considérés comme références symboliques à une doctrine de l'âme[72].

Ces témoignages démontrent à quel point les mystères mithriaques excitaient la réflexion allégorisante des platoniciens. En contestant l'opinion courante (τὴν κοινὴν .. φοράν)[73], Pallas nous apprend qu'on avait bâti tout un système exégétique sur l'astrologie: et pour cause, puisque dans beaucoup de *Mithraea* le dieu tauroctone figure cerclé ou à demi encadré par les signes du zodiaque[74]. Pallas nie à juste titre que les grades aient aucun rapport avec celui-ci (les découvertes archéologiques — notamment la mosaïque du *Mithraeum* ostien de Felicissimus[75] — démontrent qu'ils en avaient un avec les planètes, mais non avec l'échelle à sept portes de Celse)[76]. La réaction critique de Pallas part donc de données solides et sainement raisonnées. Mais il tenait d'Eubule deux préjugés philosophiques: à savoir que, d'une part, Zoroastre et les Mages, présentés comme les pythagoriciens de la Perse, étaient les précurseurs du mithriacisme; que, d'autre part, les mystères de Mithra représentaient symboliquement les tribulations de l'âme[77]. Eubule suggérait peut-être que la

---

[70] P. 254, 14.

[71] *Ibid.*, l.5 et 15.

[72] Orig., *C. Cels.*, VI, 22: Αἰνίττεται ταῦτα καὶ ὁ Περσῶν λόγος καὶ ἡ τοῦ Μίθρου τελετή.

[73] *De abst.*, IV, 16 (p. 254, 12 s.).

[74] Cf. L. A. Campbell, *op. cit.*, p. 44 ss.; H. Gundel, dans *RE*, 2. Reihe, 19, col. 630 ss., 637 s.

[75] G. Becatti, *Scavi di Ostia*, II, *I Mitrei*, Rome, 1954, p. 105 ss.; *CIMRM*, I, p. 140 s., n° 299.

[76] Du fait que l'ordre du *klimax heptapulos* ne coïncide ni avec celui des cercles planétaires, ni avec celui de la hiérarchie initiatique: *infra*, p. 50.

[77] Si, du moins, Porphyre est censé expliquer l'interprétation d'Eubule dans le passage qui précède immédiatement la citation expresse de cet auteur: *De antro Nymph.*, 6 (p. 60, 1-4, N.); *supra*, p. 25.

métempsychose n'était pas étrangère à l'idéologie sous-jacente à l'initiation, sans plus. Mais Pallas, très logiquement, veut alors en vérifier la preuve dans une particularité rituelle concrète: les déguisements zoomorphes.

Quelle valeur a sur ce point son témoignage?

Plusieurs détails font difficulté. D'abord, la participation de femmes aux mystères n'est directement confirmée par aucun document. Dans la citation de Porphyre, s'agit-il d'«hyènes» (si l'on conserve le texte des manuscrits) ou de «lionnes» (si l'on retient avec A. Nauck la conjecture de Felicianus)? Rien ne prouve que le tombeau de Tripoli[78] portant l'épitaphe d'un *leo* et d'une *lea* (*quae lea jacet*) ait renfermé les restes d'un couple mithriaste.

En ce qui concerne les travestissements, le fameux bas-relief de Konjič nous atteste certes que les «Lions» et les «Corbeaux» portaient les masques de ces animaux[79]. L'*Ambrosiaster*[80] nous précise même que les «Corbeaux» battaient des ailes en croassant, que les «Lions» rugissaient: les *Coraces* s'ajustaient donc des sortes d'empennages. Mais on ne sait rien des «Aigles» et des «Faucons» en dehors de la mention qu'en fait Pallas. Cette mention se lit après la lacune qui suit ἐπί τε τῶν πατέρων. Ces derniers mots pourraient signifier: «à la tête des Pères». Le titre de *pater patrum* est bien connu[81], et Pallas pourrait avoir parlé de ces «évêques métropolitains» du mithriacisme. La phrase qui fait suite à l'expression lacunaire donnerait à supposer que les «Pères des Pères» portaient les noms d'«Aigles» et de «Faucons» (ou «Eperviers»), oiseaux à l'œil perçant: d'où le symbole de l'œil parmi les insignes du *Pater* sur la mosaïque de Felicissimus, à Ostie[82].

Philon de Byblos cite un «Recueil sacré» de *Persica* (Ἱερὰ συναγωγὴ τῶν Περσικῶν) qui circulait au temps d'Hadrien sous le nom de «Zoroastre le Mage»[83]. On y faisait dire au Mage que le dieu «premier, incorruptible, éternel, inengendré, indivisible» a une tête de faucon

---

[78] *CIMRM*, I, p. 89, n°s 114-115; M. J. Vermaseren, *Mithra, ce dieu mystérieux*, p. 134 s.

[79] *CIMRM*, II, p. 265, n° 1896, 3 et fig. 491.

[80] Ps.-Aug., *Quaest. vet. et nov. Test.*, 114, 11 (p. 308, 20-22, Souter, dans le *Corpus* de Vienne, *CSEL*, 50): *alii autem sicut ales alas percutiunt vocem coracis imitantes; alteri vero leonum more fremunt.*

[81] *CIMRM*, I, n°s 57 (Doura), 235 (Ostie), 336, 369, 378, 400 ss., 405, 520 (Rome), 779 (Merida).

[82] M. J. Vermaseren, *Mithra, ce dieu mystérieux*, p. 126.

[83] Bidez-Cumont, *Mages hell.*, I, p. 101; II, p. 157 (O 11); L. A. Campbell, *op. cit.*, p. 20.

(ou d'épervier), qu'il est «père de l'ordre et de la justice». On a fait valoir que «pareil monstre .. inconnu chez les Perses» était «manifestement emprunté à la religion égyptienne», mais que ce *Recueil sacré* s'inspirait en même temps du système zervanite[84]. En tout cas, les titres (προσαγορεύονται) d'«Aigles» et de «Faucons» dont fait état Pallas — un contemporain de Philon de Byblos — peuvent être liés au fait que le «Père des Pères» occupait, au sommet de la hiérarchie mithriaque, la place du dieu suprême à tête de faucon (ou d'épervier). Quant à l'aigle, il est bien connu aussi comme oiseau de la souveraineté[85].

En l'occurrence, il ne s'agit pas de déguisements. Pallas n'en fait mention explicitement qu'à propos de «celui qui reçoit la consécration «léontique» ». Or il nous donne sur ce point une précision surprenante. Le candidat aurait, si on l'en croit, revêtu «toutes sortes de déguisements zoomorphes»[86]. Mais dans le *Mithraeum* de S. Prisca, la fresque des Lions les représente avec un manteau rouge vif, couleur de feu[87]; et sur le bas-relief de Konjič, le myste de ce grade n'a pas d'autre attribut animal qu'un masque de lion. L'*Ambrosiaster*, si mordant et apparemment si bien renseigné, n'aurait pas manqué de moquer le polymorphisme de ces mascarades, si dans les antres romains il avait été de règle. S'agit-il d'une information erronée? On ne voit pas d'où Pallas pouvait la tenir. Faut-il supposer une confusion de la part même de Pallas? On n'en discerne pas le processus, à moins de penser aux exagérations du langage parlé, qui multiplie et grossit tel aspect frappant des choses: partant d'une donnée précise (le masque ou tout autre insigne), on évoque alors «toutes sortes de déguisements». Les Grecs en étaient bien capables .. Toutefois Porphyre donne à Pallas un brevet de compétence et de sérieux: ὁ ἄριστα .. συναγαγών. Alors faut-il induire de son témoignage isolé qu'il concerne une variante singulière du rituel? En tout état de cause, cette histoire — vraie ou non — de «Lions» travestis semble l'avoir particulièrement impressionné, puisque l'adjectif παντοδαπός

[84] Bidez-Cumont, *Mages hell.*, I, p. 101.

[85] F. Cumont, *Études syriennes*, Paris, 1917, p. 59 et 71.

[86] *De abst.*, IV, 16 (p. 254, 10 s., N.): ὅ τε τὰ λεοντικὰ παραλαμβάνων περιτίθεται παντοδαπὰς ζῴων μορφάς. Cf. l'explication aventurée par L. A. Campbell (*op. cit.*, p. 309): «this was a mimetic action by which the mystes arrived at the most perfect embodiment of life (*ahu*) in a body (*tan*)»; suit un renvoi aux p. 59 ss. et 62 ss., qui n'ont apparemment rien à voir avec le témoignage de Pallas.

[87] *CIMRM*, I, p. 197 s., n° 481, fig. 134-136; Vermaseren-van Essen, *op. cit.*, pl. LXI-LXIII ss.

(παντοδαπὰς ζῴων μορφάς) est repris dans l'affirmation générale relative à la métensomatose: ἃς (ψυχὰς) παντοδαποῖς περιέχεσθαι σώμασι λέγουσι. Pallas, obsédé par le dogme pythagoricien de la migration des âmes, peut donc avoir eu tendance à coordonner systématiquement ce qu'il savait ou croyait savoir de la liturgie mithriaque en réverbérant sur un détail du rituel le faux jour de ses idées préconçues.

Pallas ne fait aucune allusion aux planètes, auxquelles correspondaient pourtant, nous le savons, les sept grades de l'initiation[88]. Il avait lu Eubule et peut-être d'autres auteurs spécialisés, mais il paraît bien ne juger des mystères mithriaques gréco-romains que du dehors, avec un parti pris néopythagorisant plutôt sommaire, et n'être informé que de seconde main, surtout par l'*Enquête sur Mithra*, dont il aura amplifié les conclusions.

Mais à quelle époque écrivait Eubule? La chronologie aussi bien relative qu'absolue d'Eubule et de Pallas n'est pas solidement établie. F. Cumont était d'abord partisan de les placer tous deux «sous le règne de Commode», pour cette unique raison que «la faveur témoignée par l'empereur à la religion grandissante a dû attirer sur elle l'attention des cercles littéraires»[89]. L'argument est évidemment faible et fragilement déductif: le *Discours véridique* de Celse atteste dès les années 160[90] qu'on s'intéresse à Mithra dans les milieux intellectuels. Mais quelques lignes plus bas, le savant belge fait d'Eubule un «contemporain d'Elien»[91], on ne sait trop pourquoi. L'article *Mithra* signé du même auteur dans le *Lexicon* de Roscher fait vivre Pallas «warhscheinlich unter den Antoninen»[92]. Dans ses *Mystères de Mithra*, le même F. Cumont[93] situera Pallas à l'époque de Celse; Eubule n'aurait publié son *Enquête* que beaucoup plus tard, puisqu'il s'identifierait avec un philosophe contemporain de Porphyre, qui le cite dans sa *Vie de Plotin* comme diadoque de l'Ecole platonicienne vers 250-260 p.C.[94]. Plus vaguement, dans la 4e édition de ses *Religions orientales*[95], il mentionne «des livres étendus qu'au IIe et IIIe

---

[88] M. J. Vermaseren, *Mithra, ce dieu mystérieux*, p. 115; L. A. Campbell, *op. cit.*, p. 305 ss.

[89] *MMM*, I, p. 26. Cf. E. des Places, éd.-trad. de Numénius, *Fragments*, p. 101, n. 1: «Il vivait probablement sous Commode». Plus vaguement, A.-J. Festugière (*op. cit.*, I, p. 32, n. 1) le fait vivre «sous les Antonins».

[90] *Infra*, p. 44.

[91] *MMM*, I, p. 26.

[92] Roscher, *Lexikon*, II, 2, col. 3036.

[93] *Die Mysterien des Mithra*⁴, p. 73.

[94] *Ibid.*, n. 4.

[95] P. 11.

siècle Pallas et Eubulus avaient publiés sur les mystères de Mithra»
(Pallas correspondant au IIe, Eubulus au IIIe siècle).

A la vérité, aucun argument sérieux n'autorise à confondre l'Eubule des mystères mithriaques avec le diadoque : ils n'ont pas d'autre
point commun que d'avoir tous les deux médité sur Platon, comme
beaucoup d'autres. On ne voit pas d'où F. Cumont tient que l'Euboulos du IIIe siècle s'intéressa d'abord à l'astrologie[96], à moins que
l'auteur des *Mystères de Mithra* n'ait interprété à contresens le texte
de Porphyre (*V. Plot.*, 15), où il s'agit de Plotin. On n'aperçoit pas
non plus les critères qui conduiraient à faire d'Eubule le cadet de
Pallas. Tout aussi gratuitement que F. Cumont, l'*Histoire de la littérature grecque* de W. von Christs, remise à jour par H. Schmid et
O. Stählin[97], place Eubule «etwas später». Or, dans le *De abstinentia*
(IV, 16), non seulement Eubule est nommé avant Pallas (et tout
donne à penser que cette antériorité de citation correspond à une
antériorité chronologique), mais Pallas explique Eubule et s'appuie
sur son *Enquête* pour aller au-delà, semble-t-il, des inductions de son
prédécesseur[98].

F. Jacoby[99] a rejeté fort justement la conjecture de C. Müller[100]
qui, suspectant une erreur de transcription dans le texte de Porphyre, déchiffrait sous *Euboulos* le nom de Bolos (de Mendès). Mais,
datant l'*Enquête* du règne de Commode au plus tard, le savant édi-
teur des *Fragmente der griechischen Historiker* écrivait arbitrairement que Pallas et Eubule étaient «ungefähren Zeitgenossen».

Il faut repartir de la seule indication que nous donne Porphyre,
celle de *De abstinentia*, II, 56. Ce texte est diversement construit et
donc interprété. Parlant des sacrifices humains pratiqués jadis chez
différents peuples, le philosophe néoplatonicien écrit : καταλυθῆναι
δὲ τὰς ἀνθρωποθυσίας σχεδὸν τὰς παρὰ πᾶσιν φησὶ Πάλλας ὁ ἄριστα τὰ περὶ
τῶν τοῦ Μίθρα συναγαγὼν μυστηρίων ἐφ' Ἀδριανοῦ τοῦ αὐτοκράτορος[101].

Syntaxiquement, il y a deux façons correctes d'analyser la phrase.
En effet, la précision chronologique ἐφ' Ἀδριανοῦ τοῦ αὐτοκράτορος
peut se rapporter soit à καταλυθῆναι, soit à συναγαγών. Dans le premier cas, on comprendra : «Pallas, qui a composé un excellent ouvrage sur *Les mystères de Mithra*, dit que presque partout les sacri-

---

[96] *Die Mysterien des Mithra*[4], p. 73, n. 4.
[97] Munich, 1924, p. 763.
[98] O. Seel, dans *RE*, 18[111], col. 241 s., *s.v. Pallas*.
[99] Dans *RE*, 6, col. 878 s., *s.v. Euboulos*.
[100] *FHG*, II, Paris, 1853, p. 26.
[101] *De abst.*, II, 56 (p. 181, 1-4, N.).

fices humains ont été abolis sous le règne de l'empereur Hadrien».
Dans le deuxième cas, on traduira: «Que les sacrifices humains aient
été presque partout abolis, c'est ce qu'affirme Pallas qui, sous le
règne de l'empereur Hadrien, composa un excellent ouvrage sur *Les
mystères de Mithra*».

Pour la première construction ont opté F. Schwenn[102] et, apparemment, F. Cumont[103]. En revanche, W. Schmid et O. Stählin dans
leur édition révisée de W. von Christs, *Geschichte der griechischen
Literatur*[6], II, 2 (p. 763), ainsi qu'O. Seel[104] et plus récemment Leroy
A. Campbell[105], admettent la deuxième construction et datent l'ouvrage de Pallas du règne d'Hadrien.

Il faut tenir d'abord strictement compte de l'ordre des mots. Le
participe συναγαγὼν n'est séparé de ἐφ' Ἁδριανοῦ que par μυστηρίων,
pour ménager une disjonction élégamment rhétorique. Or cette précision historique est trop éloignée de καταλυθῆναι pour servir de complément circonstanciel à ce verbe. Le «sous Hadrien empereur» situe
chronologiquement la portée du témoignage. Du seul fait que Pallas
écrivait ἐφ' Ἁδριανοῦ, le lecteur du *De abstinentia* est censé tenir un
point de repère, un *terminus post quem non*, pour apprécier l'intérêt
de cette affirmation dans une perspective d'évolution, puisque Porphyre s'attache à montrer que, de l'effusion du sang animal à celle
du sang humain, il n'y a qu'un pas; que c'est un reste de barbarie et
que l'humanité n'est vraiment civilisée que du jour où elle devient
végétarienne.

Pallas est le seul auteur que Porphyre date de l'époque romaine
impériale. Plus haut (II, 55)[106], il cite un roi de Chypre, Diphilos, qui
vivait «aux temps du théologien Séleucus»; puis suivent les témoign-
nages de Manéthon[107], Evelpide de Carystos[108], Apollodore[109], San-
chuniathon (II, 56)[110] traduit par Philon de Byblos, qui écrivait à
l'époque d'Hadrien (mais Porphyre n'en dit rien chronologiquement) et qui n'est séparé de la référence à Pallas que par la mention
d'Histros[111] (vers 150 avant J.-C.).

---

[102] Dans *RE*, 15[1], col. 956, *s.v. Menschenopfer*.
[103] *MMM*, I, p. 276 et *loc. cit.*
[104] Dans *RE*, 18[111], col. 240.
[105] *Op. cit.*, p. 19.
[106] P. 180, 2 ss., N.: Δίφιλος ὁ τῆς Κύπρου βασιλεὺς ... κτλ.
[107] *Ibid.*, 8: ὡς μαρτυρεῖ Μανεθὼς ἐν τῷ περὶ ἀρχαϊσμοῦ καὶ εὐσεβείας.
[108] *Ibid.*, 15.
[109] *Ibid.*, 16.
[110] *Ibid.*, 20.
[111] *Ibid.*, 22.

Dans la donnée que Porphyre tire de Pallas on a, je crois, la preuve que l'époque où il écrivait — ou disait écrire — se confond avec celle qui consacrait l'abolition presque totale des sacrifices humains rituels. Car, après le complément de temps ἐφ' Ἀδριανοῦ τοῦ αὐτοκράτορος, Porphyre semble recopier Pallas en précisant: «En effet, à Laodicée de Syrie on sacrifiait chaque année à Athéna une jeune fille, *aujourd'hui* une biche»[112]. Par ce νῦν δὲ ἔλαφος, Pallas voulait sans doute confirmer que de son temps, «sous le règne d'Hadrien», l'effusion du sang humain relevait d'une barbarie désormais révolue. Le νῦν δὲ devrait donc coïncider avec la donnée chronologique positive ἐφ' Ἀδριανοῦ. Grammaticalement ces mots déterminent συναγαγών, mais historiquement ils portent aussi, par voie de conséquence, sur καταλυθῆναι[113]. En datant l'auteur, Porphyre veut du même coup dater une étape importante de la civilisation dans le monde romain, un progrès dans les mœurs religieuses de l'*Oikoumène*. S'il se réfère, sur le problème des sacrifices humains, à un ouvrage traitant des mystères mithriaques, c'est probablement que Pallas y disculpait leurs adeptes de l'accusation d'homicide[114]: quelle meilleure preuve de leur respect de la vie que leur foi en la métempsychose?

La précision de Pallas concernant le culte d'Athéna à Laodicée n'apparaît pas de source livresque. Pour savoir que de son temps, «actuellement» (νῦν δὲ ἔλαφος), on sacrifie une biche à Athéna, Pallas doit avoir été informé directement, personnellement, en Syrie même peut-être. Il cite aussi l'exemple des *Doumatenoi*, c'est-à-dire (je suppose) des habitants de *Dumaetha*, ville de l'Arabie déserte. Il est donc bien renseigné sur les Orientaux. Etait-il d'origine syrienne? Que Porphyre soit seul à le citer pourrait s'expliquer en raison du fait que ses œuvres rédigées, publiées en Orient, n'étaient guère connues que dans cette partie de l'Empire, en Syro-Phénicie d'où Porphyre était originaire, à Césarée où le futur disciple de Plotin a puisé la matière de ses ouvrages dans la bibliothèque d'Origène. Le catalogue de cette bibliothèque nous est en partie connu par Porphyre lui-même. Eusèbe (*H.E.*, VI, 19, 8) lui fait dire qu'outre Platon Origène «pratiquait les écrits de Numénius, de Cronius, d'Apollophane, de Longin, de Moderatus, de Nicomaque et de pythagoriciens illustres, .. de Chérémon et de Cornutus». J. Bidez l'a justement

---

[112] *Ibid.*, p. 181, 5-6.
[113] O. Seel, *loc. cit.*
[114] Cf. M. J. Vermaseren, *Mithra, ce dieu mystérieux*, p. 138.

noté: «Voilà précisément les noms que nous trouvons cités le plus
souvent .. dans l'œuvre de Porphyre lui-même. Si nous ne nous
trompons, c'est dans la bibliothèque de Césarée que, pour la première fois, il vit réunie toute cette littérature»[115]. Y trouva-t-il entre
autres l'ouvrage de Pallas, qui lui aurait fait connaître Eubule? Ou
même ne lut-il Pallas qu'entre les lignes des commentaires néopythagorisants de Numénius et de Cronius? (Ce dernier avait écrit un
traité *De la palingénèse*[116], où pouvait être exploitée l'argumentation de Pallas).

C'est ce que suggère O. Seel[117] qui propose la séquence: Eubule-
Pallas-Cronius. Le fait que, dans *L'antre des Nymphes* comme dans
le texte cité par Eusèbe, le nom de Cronius soit associé à Numénius
impliquerait aussi que dans les deux cas on se réfère au même ouvrage: Origène aurait donc pu lire leurs considérations allégoriques
sur les mystères de Mithra. Leurs ouvrages figuraient en tout cas
dans sa bibliothèque, et l'on comprendrait que sa polémique anti-
païenne l'ait conduit à en prendre ou en reprendre connaissance. On
s'expliquerait alors fort bien que, dans sa contre-argumentation, la
symbolique des portes et des points cardinaux fasse écho très curieusement aux allégories développées dans *L'antre des Nymphes*
d'après Numénius et Cronius[118].

Pour revenir à Pallas, s'il vivait sous Hadrien quelque part en
Syrie, son information concernerait le mithriacisme du Proche-
Orient hellénisé. On conçoit qu'il ait dû combattre l'interprétation
zodiacale des insignes zoomorphiques de l'initiation persique, dans
une région où l'astrologie avait depuis longtemps force de loi scientifique et pouvait donc inculquer des interprétations aberrantes.
Dans cette même région de l'Empire et à la même époque, Philon de
Byblos prêtait au «Mage» Zoroastre, d'après un écrit apocryphe, la
représentation d'un dieu suprême à tête d'oiseau rapace — faucon
ou épervier —, représentation qui peut avoir quelque rapport avec
les dénominations animales attachées à certains hauts grades de
l'initiation mithriaque, selon Pallas. Philon de Byblos, que citent

[115] J. Bidez, *Vie de Porphyre, le philosophe néo-platonicien*, Gand, 1913
(réimpr. anast., Hildesheim, 1964), p. 13.
[116] E. A. Leemans, *Studie over den wijsgeer Numenius van Apamea*, Bruxelles, 1937, p. 153; F. Buffière, *Les mythes d'Homère et la pensée grecque*, p.
423.
[117] Dans *RE*, 18[111], col. 242.
[118] *Infra*, p. 60.

également Porphyre et Eusèbe, devait compter parmi les livres rares que renfermait la précieuse bibliothèque de Césarée.

Eubule était l'aîné de Pallas, mais de combien?

Cet exégète du mithriacisme a retenu occasionnellement dans une note l'attention de J. Carcopino[119]. Un Euboulos de Messine figure, en effet, au nombre des pythagoriciens catalogués par Jamblique[120]. L'auteur de la *Basilique pythagoricienne* fait valoir le témoignage de notre Eubule à l'appui de son hypothèse qui veut reconnaître dans l'hypogée un local liturgique de la secte. Il écrit: «La ressemblance entre les rites pythagoriciens et mithriaques peut être fortuite .. Est-ce le mazdéisme qui, à l'origine, pénétra le pythagorisme? Est-ce le pythagorisme qui, plus tard, a déteint sur le mithriacisme romanisé? Les deux réponses ne s'excluent pas, et c'est un fait qu'aux environs de notre ère, on ne distingue pas entre les mages et les pythagoriciens». J. Carcopino reconnaissait qu'Eubule de Messine est «d'époque incertaine». Le titre d'*Enquête sur Mithra* n'est guère concevable, en effet, avant l'époque de Mithridate VI Eupator, ou plutôt avant celle où le mithriacisme militant des pirates ciliciens s'est imposé à l'attention des milieux intellectuels helléniques. Pompée installa en Italie méridionale certains de ces corsaires repentis et «recyclés»: mais ce n'est pas une raison suffisante pour rapprocher de ce fait celui que l'Eubule de Jamblique était de Messine, et donc pour l'identifier avec l'Eubule de Porphyre. A vrai dire — et très curieusement — Eubule de Messine est mêlé à une histoire de pirates dans la *Vita Pythagorica* de Jamblique, mais il s'y agit de pirates étrusques: l'anecdote se rapporte évidemment à l'époque du pythagorisme ancien.

En revanche, l'Eubule de Porphyre peut avoir écrit et vécu aux alentours de notre ère ou au Ier siècle après J.-C., à une époque où le néopythagorisme littéraire est florissant. Il peut aussi être plus proche chronologiquement de Pallas que de Posidonius, mais, compte tenu du prestige dont jouit dans la littérature gréco-romaine l'ancienneté relative d'un témoignage, je doute fort qu'Eubule ait été le contemporain de celui que F. Cumont a sévèrement appelé un «bel esprit».

---

[119] *La basilique pythagoricienne de la Porte Majeure*[8], Paris, 1944, p. 212, n. 7.
[120] *De vita Pythag.*, 127.

CELSE ET LE MITHRIACISME

On a depuis longtemps identifié le Celse du *Discours véridique* avec
l'ami de Lucien qui lui dédia son *Alexandre ou le faux prophète*[1].
Mais on datait l'ouvrage de 176-180 ou plus précisément de 177-178.
Les deux empereurs auxquels il est fait allusion devaient donc s'i-
dentifier avec Marc-Aurèle et Commode, que son père associe plus
étroitement au pouvoir à partir de 176. En 177, Marc-Aurèle publie
contre les chrétiens un premier rescrit que suivra de près le drame
sanglant des martyrs lyonnais. Ainsi le *Discours véridique* aurait été
écrit en 178, au lendemain du massacre[2]. Cette chronologie, qui ne
grandissait pas moralement la figure de Celse, est remise en cause
par J. Schwartz. Entre le *Discours véridique* et certains ouvrages de
Lucien, le savant helléniste relève des ressemblances de vocabulaire
assez troublantes pour l'autoriser à penser que l'ironiste de Samosate fait directement écho à Celse. Dans ces conditions, il faudrait
reculer la rédaction du *Discours véridique* jusqu'en 161-169 au plus
tard. Les deux empereurs correspondraient alors au règne conjoint
de Marc-Aurèle et de Lucius-Vérus. J. Schwartz réduit même à
trois ou quatre ans la marge d'incertitude et date le *Discours* de
161-164[3].

Quoi qu'il en soit, Celse l'a écrit à une époque où le mithriacisme
a déjà gagné une partie de l'Empire, mais non l'empereur. C'est
Commode qui lui donnera une sorte de consécration officielle[4]. D'autre part, au temps où Celse publie son *Discours*, il n'est pas encore
le sceptique ou l'épicurien que portraiture sommairement l'*Alexandre* de Lucien[5]. On sait la perplexité d'Origène qui, tenté d'identifier
l'ennemi des chrétiens avec l'ami de Lucien, doit bien reconnaître
que cet épicurien «platonise», qu'il croit à l'intervention des dieux
et des démons dans le monde, à l'efficacité de la magie, à l'engage-
ment civique au service de l'empereur et de l'Etat romains. Or il
semble bien que le dédicataire de l'*Alexandre* n'était plus le platoni-

---

[1] J. Schwartz, *Biographie de Lucien de Samosate, Coll. Latomus*, 83, Bruxelles, 1965, p. 23.
[2] P. de Labriolle, *La réaction païenne*[9], Paris, 1950, p. 113.
[3] *Op. cit.*, p. 24.
[4] F. Cumont, *Die Mysterien des Mithra*[4], p. 78 s.; É. Demougeot, dans
Studia Patristica, 3, Berlin, 1961, p. 363.
[5] J. Schwartz, *loc. cit.*

cien ou le platonisant qui s'exprimait dans le *Discours*. Gêné de n'y pas trouver la moindre profession de foi épicurienne, Origène le taxe de duplicité, parce qu'il ne tient pas compte du fait que la philosophie de Celse a évolué, du moins en ce qui concerne la magie[6].

On aimerait savoir où vivait l'auteur du *Discours véridique*. Il s'intéresse aux cultes orientaux, aux traditions religieuses des «Barbares». Il est convaincu que la plupart des peuples ont congénitalement la même doctrine[7]. Comme beaucoup de païens, et conformément à un lieu commun bien établi, il retrouve la sagesse des Grecs chez les Egyptiens, les Perses, les Indiens, les Odryses[8], voire les Druides gaulois et les Gètes[9]. Il connaît particulièrement bien, semble-t-il, l'Egypte et l'Orient, la magie égyptienne[10], la divination telle qu'on la pratiquait en Phénicie et en Palestine[11]. Notable enfin est l'intérêt qu'il porte aux Perses[12]. Sans doute estime-t-il que les Grecs ont amélioré les découvertes des barbares, auxquelles ils ont donné un fondement rationnel[13]. Sans doute aussi se méfie-t-il de la crédulité dont bénéficient alors certaines dévotions orientales. Il persifle l'entraînement aveugle des néophytes qui se fient «sans raisonner aux métragyrtes et aux charlatans, aux Mithra et aux Sabazios, à tout ce qu'on peut rencontrer, apparitions d'Hécate et autres démones ou démons[14]». Il n'en compte pas moins les Egyptiens, les Assyriens, les Indiens, les Perses au nombre des peuples

---

[6] P. de Labriolle, *op. cit.*, p. 135 ss.

[7] Orig., *C. Cels.*, I, 14, 1 ss. (I, p. 112, de l'éd.-trad. M. Borret, dans la Coll. «Sources Chrétiennes», Paris, 1967): ἔστιν ἀρχαῖος ἄνωθεν λόγος ... κτλ. Cf. H. De Ley, *Macrobius and Numenius, Coll. Latomus*, 125, Bruxelles, 1972, p. 12, n. 1.

[8] Orig., *C. Cels.*, I, 14, 30 s. (p. 114, Borret); 16, 1 ss. (p. 116 s., B.). Cf. A. Andresen, *Logos und Nomos. Die Polemik des Kelsos wider das Christentum, Arb. z. Kirchengesch.*, 30, Berlin, 1955, p. 200 ss.

[9] Orig., *C. Cels.*, I, 16, 17 s. (p. 118, B.): ils «professent des doctrines apparentées à celle des Juifs». Cette double référence à la religion des Druides et des Juifs peut être d'origine posidonienne.

[10] *Ibid.*, 12, 29 ss. (p. 108, B.); 20, 7 ss. (p. 126, B.); 24, 7 et 18 (p. 136, B.); 28, 2 ss. (p. 152, B.); III, 17-19 (II, p. 44 ss., B.); VI, 80, 7 ss. (III, p. 380, B.).

[11] *Ibid.*, VII, 8, 9 (IV, p. 32, B.); 9, 1 ss. (p. 34, B.).

[12] *Ibid.*, I, 5, 13 s. (I, p. 88, B.); 9, 5 (p. 98, B.); 12, 33 s. (p. 108, B.); 14, 31 (p. 114, B.); 16, 31 (p. 118, B.); 68, 10 (p. 266, B.); V, 41, 10 (III, p. 122, B.); 44, 5 (p. 128, B.); VI, 22, 3 ss. (p. 232 s., B.); 24, 3 (p. 238, B.); 80, 3 s. (p. 380, B.); VII, 62, 5 ss. (IV, p. 158 s., B.); VIII, 35, 2 (p. 250, B.). Cf. C. Andresen, *op. cit.*, p. 57 ss., 202.

[13] Orig., *C. Cels.*, I, 2, 5 ss. (I, p. 82, B.). Cf. *Epinom.*, 987 d-e; A.-J. Festugière, *La révélation d'Hermès Trismégiste*, I, p. 6 s. Sur le lieu commun de la sagesse des Barbares, *ibid.*, p. 19 ss.

[14] Orig., *C. Cels.*, I, 9, 4 s. (p. 98); C. Andresen, *op. cit.*, p. 55 ss.

chez qui s'est révélée et développée la plus haute sagesse[15]. Dans sa liste des Sages de l'Antiquité qui ont bien mérité de leurs contemporains et, par leurs écrits, de la postérité, figurent «Linos, Musée, Orphée, Phérécyde, le Perse Zoroastre et Pythagore»[16]. Que Zoroastre soit cité en compagnie d'Orphée et de Pythagore est, de soi, significatif. Il faudra en tenir compte pour interpréter le témoignage de Celse sur les mystères mithriaques. Parmi les peuples les plus authentiquement inspirés, il range les Mages, à côté des Egyptiens et des Brahmanes[17]. La comparaison qu'il institue entre l'ordre cosmique et la monarchie du Grand Roi procède évidemment de sources favorables à la civilisation persique[18]. En somme, Celse paraît s'en prendre non pas aux cultes orientaux en eux-mêmes, en tant qu'orientaux (comme l'avait fait Juvénal trente ou quarante ans plus tôt), mais à ceux qui s'y laissent gagner irrationnellement, sans y déchiffrer la sagesse fondamentale, universelle des philosophes grecs. Dans les mystères d'Isis ou de Mithra, comme dans ceux de Samothrace ou d'Eleusis, seule importe au Celse du *Discours véridique* l'*interpretatio Platonica*.

Mais il est bien informé des pratiques et des traditions religieuses gréco-levantines. Sa connaissance même des Ecritures juives et chrétiennes, canoniques et apocryphes[19], de doctrines gnostiques comme celle des Ophites[20], de la littérature judaïque anti-chrétienne[21] est plus vraisemblablement puisée en Asie Antérieure que dans les bibliothèques de Rome. Tout comme son ami Lucien de Samosate, Celse a dû passer la plus grande partie de sa vie dans cette moitié de l'Empire, en Syrie peut-être. Son témoignage sur le culte persique concerne donc probablement, comme celui de Pallas, un cérémonial initiatique pratiqué dans tel ou tel *Mithraeum* de l'Orient grec.

Ce témoignage a plus de portée qu'on ne croit d'ordinaire. On en a méconnu le sens littéral. On n'a pas assez tenu compte, non plus,

[15] *Ibid.*, 14, 27 ss. (p. 114).
[16] *Ibid.*, 16, 29-31 (p. 118) = Bidez-Cumont, *Mages hell.*, II, p. 139 (O 3).
[17] Orig., *C. Cels.*, I, 24, 18 s. (p. 136). Celse croyait alors et s'intéressait très fort à la magie: J. Schwartz, *op. cit.*, p. 24.
[18] Orig., *C. Cels.*, VIII, 35, 2 ss. (IV, p. 250, B.). Cf. F. Cumont, *Les religions orientales dans le paganisme romain*[4], p. 299, n. 21. La comparaison remonte au *De mundo*, 398 a, 10 ss.: G. Rudberg, *Forschungen zu Poseidonios*, Uppsala, 1918, p. 194 ss.; E. Peterson, *Der Monotheismus als politisches Problem*, Leipzig, 1935, p. 48 ss.; A.-J. Festugière, *op. cit.*, II, p. 479, 507.
[19] P. de Labriolle, *op. cit.*, p. 125 ss.
[20] Orig., *C. Cels.*, VI, 24, 10 ss.; 25; 27 s.
[21] *Ibid.*, II, 10, 4 ss. (I, p. 306, B.).

des allusions qu'il comporte aux idées professées ailleurs dans le *Discours véridique*. Voici ce qu'écrit Origène[22]:

> «'Εξῆς δὲ τούτοις [c'est-à-dire après la référence aux doctrines platoniciennes de l'âme][23], Celse, voulant faire montre de sa propre érudition dans le *Discours* dirigé contre nous, fait état également de certains mystères persiques à l'endroit desquels il affirme:
>
> C'est ce qu'impliquent allégoriquement et l'enseignement des Perses et l'initiation de Mithra qui se fait chez eux. "Εστι γάρ τι ἐν αὐτῇ σύμβολον τῶν δύο τῶν ἐν οὐρανῷ περιόδων τῆς τε ἀπλανοῦς καὶ τῆς εἰς τοὺς πλανήτας αὖ νενεμημένης, καὶ τῆς δι' αὐτῶν τῆς ψυχῆς διεξόδου.
>
> Ce symbole est tel que voici: une échelle à sept portes et, au-dessus de celles-ci, une huitième porte. La première porte est de plomb, la deuxième d'étain, la troisième d'airain, la quatrième de fer, la cinquième d'un alliage, la sixième d'argent, la septième d'or. Ils attribuent la première à Kronos, en signifiant par le plomb la lenteur de l'astre; la deuxième à Aphrodite, en lui comparant le brillant et la mollesse de l'étain; la troisième à Zeus, porte au seuil d'airain et qui tient bon; la quatrième à Hermès, car le fer ainsi qu'Hermès résiste à tous les travaux, est propre aux affaires et endure force fatigues; la cinquième à Arès, porte du mélange, inégale et bigarrée; la sixième à Séléné, porte d'argent; la septième à Hélios, porte d'or, par analogie avec les couleurs des planètes.
>
> Après quoi, Celse recherche la raison de l'ordre dans lequel les astres sont ainsi énumérés. La disparité de la matière y est démontrée symboliquement dans les noms (planètes). Et Celse rattache les raisons musicales à la théologie des Perses dont il fait état. Il se complaît dans ces considérations jusqu'à faire état d'une seconde explication qui tient de nouveau à des spéculations d'ordre musical».

Et, malheureusement, Origène juge déplacée la transcription détaillée des propos de Celse sur cet important chapitre du mithriacisme[24]. Il l'accuse d'exposer à contretemps (ἀκαίρως) non seulement les paroles de Platon qui auraient pu lui suffire, mais les mystères persiques de Mithra et leur explication (τὴν διήγησιν αὐτῶν)[25]. Le mot διήγησις est à retenir. Les termes de la citation concernant les planètes et tout le contexte prouvent bien, en effet, que Celse ne s'est pas contenté de mentionner le symbole de l'échelle: il en a fait l'exégèse détaillée à la lumière de Platon et du pythagorisme. C'est en fonction de ce contexte idéologique et des références que Celse fait expressément au *Phèdre*[26], avant d'invoquer l'enseignement des mystères persiques, qu'il faut traduire la phrase que j'ai laissée en grec, car le sens en est discutable.

---

[22] *Ibid.*, VI, 22 (III, p. 232 ss., B.).
[23] *Ibid.*, 21, 6 s. (p. 230, B.).
[24] *Ibid.*, 22, 26 s. (p. 234, B.): ἔδοξε δέ μοι τὸ ἐκθέσθαι τὴν λέξιν ἐν τούτοις τοῦ Κέλσου ἄτοπον εἶναι.
[25] *Ibid.*, 22, 31 (cf. aussi l.25).
[26] *Ibid.*, 19, 2 (p. 224, B.); 26 ss. (p. 226); 20, 16 s. (p. 228); 21, 7 (p. 230).

Quelle signification a précisément περίοδος dans cette citation?
Comment faut-il comprendre διέξοδος? A quoi se rapporte δί αὐτῶν,
à περιόδων ou à πλανήτας?

Dans la Collection «Sources chrétiennes», M. Borret traduit περιόδων par «orbites»[27]. Mais il n'y a pas *une* orbite «assignée aux planètes», puisque chacune a la sienne. La traduction de J. Duchesne-
Guillemin[28] me paraît plus exacte et plus logique: il s'agit des deux
révolutions du ciel, celle des Fixes et celle des planètes. Certes, chaque planète a sa révolution propre, mais toutes l'accomplissent dans
le même sens et contrairement à celle des Fixes. On s'explique alors
très bien le singulier τῆς εἰς τοὺς πλανήτας αὖ νενεμημένης. Le participe
parfait passif νενεμημένης marque l'idée d'une distribution, d'une
attribution réglée une fois pour toutes et concernant la longueur des
circuits qui varient suivant les distances des planètes à la Terre;
mais toutes sont en rotation dans le même sens sur l'écliptique, bien
qu'à des vitesses différentes. Ces deux *périodoi* correspondent respectivement aux mouvements du Même (Fixes) et de l'Autre (planètes), tels que les définit Platon dans le *Timée*[29].

Dans le nom διέξοδος, il y a l'idée de «sortir en passant par»,
d'aboutir au terme d'un cycle, en faisant un détour ou un long circuit. Le mot est apparenté et associé à πλάνη[30]. L'auteur du Περὶ
κόσμου[31] l'applique aux révolutions des planètes précisément. Il ne
saurait s'agir, en tout cas, d'un simple «passage» à travers les sphères, comme l'entendent J. Duchesne-Guillemin[32], R. Merkelbach[33]
et M. Borret[34]. Celse tient apparemment le mot et l'acception du
Phèdre (247 a), où l'on voit les âmes participer dans le chœur divin
aux révolutions célestes: «ils sont nombreux, traduit L. Robin[35], les
spectacles qu'offrent les évolutions (διέξοδοι) dont le ciel est le domaine». R. Hackforth[36] traduit «upon the highways» et entend tout

[27] P. 233: «Une figure représente deux orbites célestes».
[28] *La religion de l'Iran ancien*, p. 345.
[29] 36 c, 38 c, 39 b.
[30] E. des Places, Platon, *Oeuvres complètes*, tome XIV de la Coll. G. Budé,
Lexique de la langue philosophique et religieuse de Platon, I, Paris, 1964, p. 139.
[31] 399 a, 3; A.-J. Festugière, *op. cit.*, II, p. 472: «*trajets* de tous les corps
célestes».
[32] *Loc. cit.*
[33] *Die Kosmogonie der Mithrasmysterien*, p. 250 s.
[34] P. 233 (tome III) de sa traduction dans la Coll. «Sources Chrétiennes».
[35] Ed.-trad. du *Phèdre* dans la Coll. G. Budé, p. 38.
[36] *Plato's Phaedrus*, transl. with an introd. and commentary[2], Cambridge,
1972, p. 70, et n. 4 («I take θέαιτε καὶ διέξοδοι as a hendiasys»).

naturellement que les «astral souls» parcourent les voies du ciel[37]. Celse vient précisément de citer le *Phèdre* et notamment l'expression τὸν ὑπερουράνιον τόπον, que les Juifs auraient plagiée sans la comprendre[38]. Immédiatement avant d'invoquer le témoignage des mystères mithriaques, il se réclame de Platon pour affirmer que la route des âmes vers la Terre et hors de la Terre passe par les planètes (διὰ τῶν πλανήτων)[39]. Dans ce contexte platonicien, il paraît logique et même nécessaire de donner à διέξοδος le sens que ce mot a dans le *Phèdre*. Celse expliquait le symbole mithriaque des deux «révolutions» astrales en relation avec le mythe des âmes que les dieux associent aux conversions cycliques du ciel.

On retrouve διέξοδος avec la même acception et, je crois, les mêmes connotations platoniciennes dans une phrase brachylogique de Numénius. On la lit dans un extrait du Περὶ τἀγαθοῦ cité par Eusèbe[40]. Il y est question du dieu-démiurge qui circule dans le ciel (δι᾽ οὐρανοῦ ἰόντα): «C'est par celui-ci que se fait notre voyage[41], quand l'intellect est envoyé ici-bas ἐν διεξόδῳ πᾶσι τοῖς κοινωνῆσαι συντεταγμένοις», mots qu'E. des Places traduit ainsi: «à travers les sphères à tous ceux qui sont destinés à y participer». Cette interprétation ne me semble pas devoir être retenue, car Numénius fait allusion bien évidemment au cycle des réincarnations successives, et διέξοδος représente le circuit du *noûs* à travers les êtres que désignent les mots πᾶσι .. συντεταγμένοις («tous les corps destinés à lui être liés, à vivre en commun avec lui», en fonction de l'ordre prédestiné, c'est-à-dire des révolutions célestes). Ce démiurge qui circule dans le ciel pourrait être ici le Soleil, d'où certaines doctrines — celle de Posidonius, par exemple[42] — faisaient procéder le *noûs*. De toute façon, ἐν διεξόδῳ n'a de sens que par référence au *Phèdre* et à l'idée que les épreuves de l'âme sont solidaires des conversions périodiques du Kosmos.

Le génitif διεξόδου s'applique donc au circuit de l'âme qui, pour sortir du cycle des épreuves (δι-εξόδου), doit passer δι᾽ αὐτῶν: est-ce à dire «par les planètes» ou par les deux révolutions célestes? En faveur de la première interprétation milite la référence du cha-

---

[37] *Ibid.*, p. 73.
[38] Orig., *C. Cels.*, VI, 19, 26 (p. 226, B.). Cf. C. Andresen, *op. cit.*, p. 157.
[39] Orig., *C. Cels.*, VI, 21, 7 (p. 230, B.).
[40] Numen., fr. 21, Leemans = 12, p. 54, 16, E. des Places.
[41] Cf. Porph., *De antro Nymph.*, 34 (p. 79, 21 s., Nauck²): Ulysse est le symbole de l'homme τοῦ διὰ τῆς ἐφεξῆς γενέσεως διερχομένου.
[42] K. Reinhardt, *Kosmos und Sympathie*, p. 313 ss.; art. *Poseidonios*, dans *RE*, 22¹, col. 692 ss.

pitre précédent (VI, 21) à l'enseignement de Platon sur la route des âmes qui passe διὰ τῶν πλανήτων. Il y a aussi l'échelle à sept portes qui paraît en être la figuration symbolique. Mais cette échelle est sommée d'une huitième porte ἐπὶ δ'αὐτῇ πύλη ὀγδόη. Comme cette représentation est invoquée par Celse en tant que «symbole» *et* des deux révolutions *et* de l'itinéraire que l'âme est censée accomplir, cette διέξοδος ne passe pas seulement par les planètes, mais également par le ciel des Fixes. En conséquence, δι' αὐτῶν concerne les deux *périodoi* et il faut comprendre: «on y montre en effet le symbole des deux révolutions célestes (celle des Fixes et celle qui revient respectivement aux planètes), ainsi que le symbole du circuit de l'âme qui passe par ces révolutions».

Car il ne faut pas s'imaginer que l'échelle à sept portes représente tout simplement l'ascension posthume de l'âme qui, par étapes, ré-intègre de sphère en sphère, après la mort, l'empyrée des Immor-tels[43]. L'échelle n'a pas, ou pas seulement, une signification spatiale. La preuve en est que l'étagement des portes ne correspond pas à l'ordre des orbes planétaires concentriques au globe terrestre, sui-vant la conception courante avant Copernic.

On sait comment F. Cumont[44] a résolu la difficulté. Cette échelle figure les âges de l'homme et du monde. Les Mages occidentaux avaient remanié la doctrine mazdéenne des quatre âges de l'histoire en un mythe des sept millénaires marqués chacun par l'influence prépondérante d'un astre et portant chacun le nom du métal corres-pondant. Ces sept millénaires représentaient une grande semaine cosmique que parachèverait un huitième millénaire, celui de l'*ekpu-rôsis* intégrale. Les sept portes coïncident de fait avec les jours de la semaine planétaire, mais dans l'ordre inverse. En effet, l'histoire du monde devait culminer avec le règne d'Hélios-Mithra (*tuus jam reg-nat Apollo*), l'âge d'or de la IVe Eclogue. Il fallait donc commencer par Kronos, formule qui avait l'avantage de concorder avec le mythe gréco-romain des *Saturnia regna*[45].

---

[43] Cf. R. Merkelbach, *Die Kosmogonie der Mithrasmysterien*, p. 250 ss.

[44] *La fin du monde selon les Mages occidentaux*, RHR, 103, 1931, p. 46 ss.; Bidez-Cumont, *Mages hell.*, I, p. 218 s.

[45] F. Cumont, *art. cit.*, p. 48, 58 ss.; H. Jeanmaire, *La Sibylle et le retour de l'Âge d'Or*, Paris, 1939, p. 108 ss. Sur Mithra «nouveau Saturne» qui, en égorgeant le taureau, ouvre une nouvelle ère «saturnienne» (*Saturnia aetas*), cf. M. J. Vermaseren, *The miraculous birth of Mithras, Studia Archaeologica G. Van Hoorn oblata*, Leyde, 1951, p. 106 s. Pareillement, le sacrifice de

Celse l'entendait-il ainsi et invoquait-il explicitement l'autorité du fameux *Oracle d'Hystaspe*, tel que F. Cumont le restitue d'après Lactance et le *Bahman-Yasht?* On ne saurait l'affirmer résolument. Celse se référait plutôt à Platon. Mais ce qu'il faut retenir de l'ordre dans lequel il dénombre les portes de l'échelle, c'est qu'il correspond à un processus chronologique. Le *klimax* symbolise, non pas l'ordre spatial des sphères planétaires, mais l'ordre des temps, le cycle des influences successives par lesquelles toute âme doit passer avant sa réintégration finale dans l'empyrée. Or ce processus est commandé par les révolutions célestes.

Un autre point à noter dans l'énumération explicative de Celse regarde le vocabulaire. L'épithète appliquée à la porte jovienne (χαλκοβατής) est homérique et qualifie dans l'*Iliade*[46] le palais de Zeus. Τλήμων également[47] et surtout πολύκμητος[48], qui se dit proprement du métal, appartiennent au lexique de l'*Iliade* et de l'*Odyssée*; preuve qu'Homère et Mithra n'avaient pas seulement partie liée chez Cronius et Numénius d'Apamée, mais aussi dans la source de Celse. Pythagoriciens et platoniciens ont abondamment allégorisé sur l'*Iliade* et l'*Odyssée*[49]. L'exégèse dont s'inspire le *Discours véridique* en porte l'empreinte indéniable.

Pourquoi Celse fait-il état du «symbole» mithriaque? Parce qu'il confirme la doctrine platonicienne de la félicité céleste, doctrine que les chrétiens auraient dénaturée en leurs dogmes du «Royaume de Dieu» et de la résurrection finale[50]. Outre le *Phèdre*, Celse[51] cite un passage de la IIe *Lettre* de Platon: «Autour du roi de l'univers gravitent toutes choses ..». Ainsi les âmes participent aux révolutions célestes dans le *Timée* et le *Phèdre* pour contempler Dieu par delà les Fixes, dans ce «lieu supracéleste» qu'aucun poète n'a encore célébré dignement sur cette terre, «ni ne célébrera jamais autant qu'il le mérite» (*Phaedr.*, 247 c)[52]. Mais pour atteindre à cette félicité, l'âme

Sôshâns, à la fin des temps, fera recommencer les *Saturnia regna* en inaugurant un nouveau printemps du monde.

[46] I, 426; XIV, 173. La même épithète est appliquée, dans l'*Odyssée*, au palais d'Alcinoos.

[47] *Il.*, V, 670; X, 231; XXI, 430, etc.

[48] *Il.*, VI, 48; X, 379; XI, 133, etc.

[49] F. Buffière, *Les mythes d'Homère et la pensée grecque, passim*; J. Pépin, *Porphyre exégète d'Homère, Entretiens de la Fondation Hardt*, 12, Genève, 1966, p. 231 ss.

[50] Orig., *C. Cels.*, VI, 17, 1 ss. (p. 220, B.); 19, 1 ss. (p. 224); VII, 32, 12 ss. (IV, p. 86).

[51] *Ibid.*, VI, 18, 6 ss. (p. 22, B.).

[52] *Ibid.*, VI, 19, 26 ss. (p. 226, B.). Cf. C. Andresen, *op. cit.*, p. 157. Sur le

doit parcourir (διέξοδος) les cycles d'une Grande Année qu'on a cru pouvoir déchiffrer justement dans le *Phèdre*[53]. On a même voulu reconnaître dans les douze grands dieux de la procession céleste (*Phaedr.*, 247 a-b) la transcription du zodiaque[54]: «on se sent ici en pleine astrologie», écrivait L. Robin[55].

Comment se définissait la Grande Année? Platon l'enseignait à Celse dans le *Timée* (39 d): «Le nombre parfait du temps a accompli l'année parfaite, lorsque les huit révolutions ayant égalisé leurs vitesses reviennent au point initial»[56]. Selon les pythagoriciens dont Platon avait pris le relais, une Grande Année était révolue quand tous les astres, aussi bien les planètes que les «signes» de la sphère extérieure, avaient retrouvé leur position initiale, celle qu'ils avaient les uns par rapport aux autres à l'aurore du monde: *tum signis omnibus ad idem principium stellisque revocatis expletum annum habeto*[57]. Or, aux cycles de cette *métakosmèsis* commandée par les deux mouvements de l'Autre et du Même — soit par les révolutions des planètes et des Fixes — correspondait, suivant les pythagoriciens, le processus même des réincarnations par lesquelles devaient passer les âmes avant de recouvrer leur état originel. Dans sa *Vita Pythagorae*, le même Porphyre qui, dans *L'antre des Nymphes*, s'en rapporte au néopythagoricien Numénius pour élucider Homère au nom d'un mithriacisme platonisant, compte parmi les enseignements majeurs du Samien la métensomatose, mais aussi cette idée que «les êtres qui naissent renaissent en fonction de certains cycles périodiques»[58]. Ailleurs, dans un passage cité par Stobée[59], Porphyre explique la

platonisme de Celse: H. Dörrie, *Die platonische Theologie des Kelsos*, *Nachrichten d. Akad. Göttingen*, 1967, p. 519 ss.

[53] B. L. van der Waerden, *Das Grosse Jahr des Orpheus*, Hermes, 81, 1953, p. 481 s.

[54] *Ibid.*

[55] Éd.-trad. du *Phèdre* dans la Coll. G. Budé, p. 49, note de la p. précédente. Au contraire, pour G. J. de Vries, *A commentary on the Phaedrus of Plato*, Amsterdam, 1969, p. 131, il n'est pas évident qu'on doive déceler dans la dodécade une allusion astrologique ou même astronomique.

[56] Trad. A. Rivaud dans la Coll. G. Budé, p. 153 s. Sur ce texte, cf. B. L. van der Waerden, *Das Grosse Jahr und der ewige Wiederkehr*, Hermes, 80, 1952, p. 129 s. («pythagoreisch»).

[57] Cic., *De rep.*, VI, 24. Cf. P. Boyancé, *Études sur le Songe de Scipion*, p. 160 ss.

[58] Porph., *V. Pyth.*, 19 (p. 26, 20 ss., Nauck²): ὅτι κατὰ περιόδους τινὰς τὰ γενόμενά ποτε πάλιν γίνεται (d'après Dicéarque).

[59] *Anthol.*, I, 49 (I, p. 446, 7 ss., Wachsmuth): Αὐτῆς γὰρ τῆς μετακοσμήσεως εἱμαρμένη καὶ φύσις ὑπὸ Ἐμπεδοκλέους δαίμων ἀνηγόρευται, σαρκῶν ἀλλογνῶτι περιστέλλουσα χιτῶνι καὶ μεταμίσχουσα τὰς ψυχάς. Ὅμηρος δὲ τὴν ἐν κύκλῳ

métakosmèsis en se référant au vers fameux d'Empédocle sur les
«tuniques de chair» qu'endossent les âmes, et il déchiffre chez Homère, dans l'histoire de Circé, le principe même de ces palingénésies
cycliques, rigoureusement et mathématiquement solidaires des révolutions cosmiques. Aussi Macrobe pourra-t-il affirmer qu'une «raison» numérique détermine la liaison des âmes aux différents corps[60],
puisqu'aussi bien pour les pythagoriciens l'âme est un nombre.

Porphyre encore, dans son traité *Sur l'animation de l'embryon*[61],
écrit que «le fait de sympathiser avec tel corps et non tel autre est
dû ou à la vie antérieure elle-même, ou à la révolution de l'univers
qui mène le semblable au semblable» (allusion évidente à la Grande
Année).

Or, cette idée n'est pas étrangère à Celse. Non seulement il se
réfère volontiers à Orphée[62], à Pythagore[63], à Empédocle[64] et, naturellement, très souvent à Platon, mais plusieurs déclarations explicites que nous transcrit Origène démontrent que, dans son esprit,
les cycles des réincarnations et des révolutions célestes sont synchro-
niques. Au livre IV du *Contre Celse*, Origène lui fait dire dans un
passage où il résume Platon: «La période des êtres mortels est semblable du commencement à la fin et, conformément à des cycles
déterminés (κατὰ τὰς τεταγμένας ἀνακυκλήσεις), nécessairement les
mêmes choses ont été, sont et seront»[65]. Au livre V, Origène cite les
disciples de Pythagore et de Platon: «Quand les astres, conformément à certains cycles déterminés (κατά τινας περιόδους τεταγμένας),
prennent les mêmes configurations et les mêmes positions les uns par
rapport aux autres, toutes choses sur terre sont semblables, affir-
ment-ils, à ce qu'elles étaient lorsque le monde comportait la même

---

περίοδον καὶ περιφορὰν παλιγγενεσίας Κίρκην προσηγόρευκεν ... κτλ. Cf. A. Ros-
tagni, *Il verbo di Pitagora*, Turin, 1924, p. 165; J. Carcopino, *Virgile et le
mystère de la IVe Églogue*, p. 32; F. Buffière, *op. cit.*, p. 516.

[60] Macr., *In Somn. Scip.*, I, 13, 11 (p. 53, 27 ss., Willis).

[61] XI, 4 (éd. K. Kalbfleisch, dans *Abhandl. d. Berl. Akad. d. Wiss., Philos.-
Hist. Klasse*, 1895, p. 50): ἢ καὶ τὸ ὅμοιον πρὸς τὸ ὅμοιον ἄγουσα ἡ τοῦ παντὸς
δίνησις. Trad. A.-J. Festugière, *La révélation d'Hermès Trismégiste*, III, Paris,
1953, p. 287.

[62] Orig., *C. Cels.*, I, 16, 30 (I, p. 118, B.); VII, 53, 6 (IV, p. 138, B.).

[63] *Ibid.*, I, 16, 31 (I, p. 118, B.); I, 32, 31 (p. 164, B.); V, 21, 1 (III, p. 66,
B.); V, 41, 19 (p. 122, B.); V, 49, 15-17 (p. 140, B.); VIII, 28, 4 (IV, p. 234,
B.); VIII, 30, 26 (p. 238, B.).

[64] *Ibid.*, I, 32, 32 (I, p. 164, B.); VIII, 53, 7 (IV, p. 290, B.).

[65] *Ibid.*, IV, 65, 4-7 (II, p. 346, B.): ὁμοία δ'ἀπ'ἀρχῆς εἰς τέλος ἡ τῶν θνητῶν
περίοδος καὶ κατὰ τὰς τεταγμένας ἀνακυκλήσεις ἀνάγκη τὰ αὐτὰ ἀεὶ καὶ γεγονέναι
καὶ εἶναι καὶ ἔσεσθαι. Sur *Anagkè*, voir *infra*, p. 87.

position relative des astres»[66]. Que Celse ait approuvé cet enseignement, c'est ce que prouve la suite: «Parce que les savants d'Egypte
transmettent de semblables théories, Celse et ses pareils les prennent
au sérieux, au lieu de s'en railler»[67]. Par «ses pareils» (τῶν παραπλη-
σίων), Origène entend évidemment les platoniciens ou platonisants
du même bord. Enfin, pour justifier le culte des démons gardiens des
hommes et de l'univers, Celse écrivait: «Puisque les hommes naissent
liés à un corps, soit en raison de l'ordre universel, soit en expiation
de leur faute, soit du fait que l'âme est alourdie par certaines pas-
sions jusqu'à ce qu'elle soit purifiée au terme de cycles déterminés
(ταῖς τεταγμέναις περιόδοις) — car selon Empédocle, il faut que
«durant trois fois dix-mille saisons erre loin des Bienheureux» l'âme
des mortels qui change de forme avec le temps (διὰ χρόνου) —, on
doit se persuader que les hommes ont été confiés à certains geôliers
de cette prison» (= la vie présente)[68].

L'âme n'est donc purifiée et ne réintègre le séjour des Bienheureux — le «lieu supracéleste» du *Phèdre* — qu'après une série de réincarnations qui coïncident chronologiquement avec un nombre déter-
miné de révolutions sidérales, celles mêmes dont le «symbole» était
proposé à la méditation des mystes mithriaques. Origène ne conteste
si souvent la métempsychose[69] que parce que Celse prétendait assi-
miler à la résurrection chrétienne le terme libérateur des renaissances
expiatrices, telles que platoniciens et néopythagoriciens en conce-
vaient le principe, avec certaines variantes dans les modalités. Celse
accusait les chrétiens de ne promettre aux hommes cette prétendue
résurrection que pour avoir mal compris la doctrine grecque de la
métensomatose[70]. Ce que signifiait en revanche le «symbole» mithriaque, c'était la rénovation intégrale du monde et corrélativement
des âmes, «l'apocatastase», au terme de la Grande Année sidérale:
l'univers revivrait alors son premier printemps.

Cette renaissance vernale du Kosmos correspond à une croyance
authentiquement iranienne qu'attestent les *Sélections de Zâtspram*

[66] Orig., *C. Cels.*, V, 21, 3-7 (III, p. 66, B.).
[67] *Ibid.*, 12 ss.
[68] *Ibid.*, VIII, 53, 2-10 (IV, p. 290, B.). L'addition de <ἐν> avant ταῖς
τεταγμέναις περιόδοις (ligne 6) ne s'impose pas; littéralement «en fonction de
cycles déterminés» (le datif de moyen est assez explicite).
[69] Ou la métensomatose: *ibid.*, III, 75, 37 ss. (II, p. 170, B.); III, 80, 5
(p. 178, B.); IV, 17, 16 (p. 22, B.); V, 29, 46 s. (III, p. 88, B.); V, 49, 16 ss.
(p. 140, B.); VIII, 30, 24 ss. (IV, p. 238 ss., B.).
[70] *Ibid.*, VII, 32, 13 s. (IV, p. 86, B.): τῆς μετενσωματώσεως παρακούσαντες.

traduites et commentées par M. Molé[71]. On y relève un parallélisme frappant entre la création et la rénovation finale, qui est évoquée comme un retour du printemps. La rénovation «ressemble à l'année où les arbres fleurissent au printemps, donnent leurs fruits en été et les achèvent en automne .. Quand la révolution des années est achevée et le soleil retourné à sa place première, le jour et la nuit deviennent égaux et conformes à la saison, et, comme s'ils se levaient des morts, les feuilles poussent des arbres et des arbustes secs, et les fleurs fleurissent»[72]. M. Molé l'a justement marqué: «Comme la Création, ces événements doivent avoir lieu lors de la fête du changement d'année, au moment de l'équinoxe de printemps»[73]. Or dans *L'antre des Nymphes*, Porphyre lie explicitement la démiurgie de Mithra tauroctone à l'équinoxe de printemps: «A Mithra on a donc assigné comme résidence propre celle des équinoxes. Aussi tient-il le coutelas du signe zodiacal d'Arès (le Bélier), et il chevauche le taureau d'Aphrodite, car tout comme le taureau, il est démiurge et maître de la génération»[74]. Il ne s'agit pas, en l'occurrence, d'une donnée purement livresque ou d'une exégèse étrangère au mithriacisme cultuel. En effet, de nombreux monuments figurés nous montrent le Bélier ouvrant à droite ou à gauche du Tauroctone la série zodiacale[75]. Le sacrifice du taureau — et donc la naissance du monde, suivant l'explication de Porphyre — y sont datés par le signe dans lequel entrait le soleil au 21 mars. On sait que dans le *Boundahishn* le sacrifice de Sôshâns marque la fin des temps[76], tout comme le sacrifice du Mithra gréco-romain en avait marqué le commencement.

Dans la littérature classique les témoignages ne manquent pas,

---

[71] *Culte, mythe et cosmologie dans l'Iran ancien*, p. 91 ss.
[72] *Ibid.*, p. 118 (= *Sélections de Zâtspram*, 34, 27 s.).
[73] *Ibid.*, p. 119.
[74] *De antro Nymph.*, 24 (p. 73, 2-6, Nauck²); *infra*, p. 77 s.
[75] D'où l'hexamètre inscrit dans le *Mithraeum* de S. Prisca: *Primus et hic aries astrictius ordine currit*. Cf. Vermaseren-Van Essen, *The excavations in the Mithraeum of the church of Santa Prisca*, p. 213 ss.; interprétation rectifiée dans M. J. Vermaseren, *Mithriaca II, The Mithraeum at Ponza* (*ÉPRO*, 16), Leyde, 1974, p. 27; *infra*, p. 77 s., 83.
[76] M. Molé, *op. cit.*, p. 87. Sur le sacrifice final, cf. F. Cumont, *MMM*, I, p. 187 s., et dans *RHR*, 103, 1931, p. 95; H. Günthert, *Der arische Weltkönig und Heiland*, Halle, 1923; E. Abegg, *Der Messiasglaube in Indien und Iran*, Berlin-Leipzig, 1928, p. 215 s.; J. Duchesne-Guillemin, *La religion de l'Iran ancien*, p. 348, qui mettent en parallèle Mithra tauroctone identifié par F. Cumont avec le *Saoshyant*. Sur les rapports du mythe mithriaque avec une grande fête du Nouvel An, cf. aussi G. Widengren, *op. cit.*, p. 143 et 258.

qui situent au printemps l'éveil du monde à la vie. On trouve cette idée chez Virgile[77] et Philon d'Alexandrie[78], dans le *Pervigilium Veneris*[79], plus tard dans un *Panégyrique latin*[80] et chez Johannes Lydus[81]. F. Boll a voulu reconnaître le prototype de l'enfant sauveur chanté par la IVe Eclogue dans ce *Kosmokratôr* dont le Pseudo-Callisthène place la naissance sous le signe du Bélier[82]. Cette naissance vernale du monde est une croyance qui s'exprime à partir de l'époque hellénistique et toujours dans des contextes très particuliers, astrologiques notamment. Pour A. Bouché-Leclercq, elle est d'origine chaldéenne[83]. Mais il est intéressant de noter que le néopythagoricien Nigidius Figulus faisait coïncider l'année nouvelle avec l'équinoxe de printemps: *Nigidius in Sphaera Graecanica novum annum aequinoctium vernale memorat*[84]. Songeait-il précisément à la Grande Année? C'est probable, car le même Nigidius prophétisait le règne d'Apollon en se réclamant des Mages (*ut Magi aiunt*)[85], règne de l'or solaire qui correspondait, on l'a vu, à la septième porte de l'échelle mithriaque.

De toute façon, la tradition mazdéenne rejoignait sur ce point, comme sur d'autres, l'enseignement de Pythagore qui comparait au printemps le premier âge de la vie humaine[86]. Il est vrai que, frappés par la convergence des doctrines, les Anciens faisaient de Pythagore

---

[77] *Georg.*, II, 336 s.; P. Boyancé, *Le sens cosmique de Virgile*, *RÉL*, 32, 1954, p. 238 s. Chez Virgile, le printemps du monde est lié aux noces du Ciel et de la Terre, comme le *genitabile tempus* de Lucilius (*ap.* Varr., *De l.L.*, V, 17), dans un passage dirigé contre ceux qui prétendaient tirer l'horoscope de l'univers: P. Boyancé, *Études sur la religion romaine*, Paris, 1972, p. 232, n. 6.

[78] *De septenario*, 19 (II, p. 213, Wendland); *Quaest. in Exod.*, I, 1 (= *SVF*, II, p. 180, 30). Cf. E. Norden, *Die Geburt des Kindes*, Leipzig, 1924, p. 16 s.

[79] V. 2: *Vere natus orbis est*. Cf. P. Boyancé, *Le sens cosmique de Virgile*, p. 238; *Études sur la religion romaine*, p. 397.

[80] *Pan. Lat.*, IV, 3 (I, p. 84, de l'éd.-trad. E. Galletier dans la Coll. G. Budé).

[81] *De mens.*, III, 22 (p. 60, 12 ss., Wuensch): Ἀρχὴν ἐνιαυτοῦ τὴν ἐαρινὴν ὡρίσαντο τροπήν, ὥσπερ ἀπὸ κεφαλῆς τὴν ἐν Κριῷ ἰσημερίαν λαμβάνοντες. Cf. Phil., *Quaest. in Exod.*, I, 1: *Nam caput Zodiaci vocant arietem in quo visus Sol generat vernale aequinoctium*; Procl., *In Tim.*, I, p. 96, 18 s., Diehl (γενέσεως ὁ κριὸς ἀρχή).

[82] F. Boll, *Sulla quarta ecloga di Virgilio*, Mem. d. R. Accad. d. Scienze dell'Istituto di Bologna, 5-7, 1920-1923, p. 13; J. Carcopino, *op. cit.*, p. 69.

[83] *L'astrologie grecque*, p. 129 s., 331; W. Gundel, dans *RE*, 11[II], col. 1869 ss., *s.v. Krios*, en part. col. 1877 et 1879.

[84] Deutero-Serv., *Ad Georg.*, I, 43 (III, p. 143, 4-5, Thilo).

[85] Id., *Ad Buc.*, IV, 10 (p. 46, 6, Thilo); F. Cumont, dans *RHR*, 103, 1931, p. 45; Bidez-Cumont, *Mages hell.*, II, p. 361, n. 2.

[86] Diog. Laert., VIII, 1, 10: αἱ δὲ ἡλικίαι πρὸς τὰς ὥρας ὧδε σύμμετροι· Παῖς ἔαρ, νεηνίσκος θέρος, νεηνίης φθινόπωρον, γέρων χειμών. Cf. Ovid., *Metam.*, XV, 201 s.; Macr., *Sat.*, I, 18, 9-10 (p. 102 s., Willis).

un élève de Zaratas et des Mages[87]. Mais il faut souligner les différences aussi. Diogène Laërce[88] et Enée de Gaza[89] tenaient de Théopompe que les Perses croyaient à la résurrection. Le *Boundahishn* annonce que la graisse du taureau sacrifié par Sôshâns à la fin des temps, mêlée au jus de haoma blanc, sera un breuvage d'immortalité[90]. D'autres textes promettent la résurrection et le passage de tous les ressuscités à travers le métal fondu[91]. Est-ce que cette eschatologie faisait partie du *Credo* mithriaque?

On l'a presque induit de ce que Tertullien écrit dans son *De praescriptione haereticorum* (40, 4) : (Mithra) *imaginem resurrectionis inducit*[92]. Selon F. Cumont[93], «il ne paraît pas douteux que la représentation de Mithra tauroctone .. est l'*imago resurrectionis* dont parle Tertullien». Il s'agit d'un passage où Tertullien dénonce les contrefaçons diaboliques de la religion chrétienne et où Mithra joue le rôle de Satan[94]. Il faut donc traduire ces trois mots plus exactement qu'on ne l'a fait, sans escamoter, ni même affaiblir leur portée sarcastique. *Imago*, c'est un semblant, un faux semblant, un «simulacre». Dans *inducere*, il y a l'idée soit de faire parler quelqu'un fictivement (prosopopée), soit de mettre en scène ou de mettre en œuvre des apparences trompeuses. Tertullien veut tourner en dérision les fictions théâtrales de la liturgie et de l'eschatologie mithria-

[87] B. L. van der Waerden, *Das Grosse Jahr und der ewige Wiederkehr*, *Hermes*, 80, 1952, p. 152 ss.; *supra*, p. 28.

[88] *Prooem.*, 9 = Bidez-Cumont, *Mages hell.*, II, p. 68, 4 s. (= *FGH*, n° 115, fr. 64 a).

[89] *Theophr.*, p. 72, Boissonade = Bidez-Cumont, *Mages hell.*, II, p. 70 (= *FGH*, n° 115, fr. 64 b). Même information chez Eudème de Rhodes: *ibid.*, p. 68, 6; I, p. 18. Cf. G. Widengren, *op. cit.*, p. 127.

[90] *Boundahishn*, 30, 25 s.; F. Cumont, *MMM*, I, p. 188 et dans *RHR*, 103, 1931, p. 95; J. Duchesne-Guillemin, *op. cit.*, p. 350; L. A. Campbell, *op. cit.*, p. 112.

[91] M. Molé, *op. cit.*, p. 86. Cf. le fleuve de feu des Mazdéens et du Pseudo-Hystaspe: F. Cumont, *art. cit.*, p. 93 ss.; Bidez-Cumont, *Mages hell.*, I, p. 219; II, p. 373; J. Duchesne-Guillemin, *op. cit.*, p. 348, 351 s.

[92] Dans le *Corpus Christianorum* de Brépols, Turnhout, 1954, I, p. 220, 8. La traduction de P. de Labriolle, parue dans la Coll. Hemmer-Lejay, Paris, 1907, p. 87 («il offre une image de la résurrection») est reproduite par R. F. Refoulé dans la Coll. «Sources Chrétiennes» (Paris, 1957, p. 144 s.). Cf. F. Cumont, *MMM*, I, p. 188, à propos des mystères de Mithra: «Tertullien nous dit positivement qu'on y montrait une image de la résurrection».

[93] *La fin du monde selon les Mages occidentaux*, p. 32.

[94] *De praescr. haer.*, 40, 2 : *A diabolo scilicet, cujus sunt partes intervertendi veritatem qui ipsas quoque res sacramentorum divinorum idolorum mysteriis aemulatur*. Significative est l'acception théâtrale de *partes*. Cf. *De cor.*, 15, 4 (*ingenia Diaboli*). Ce thème est cher à Justin (*I Apol.*, 66; *Dial. Tryph.*, 70) et à Firmicus Maternus (*De err. prof. rel.*, 22, 4; 27, 1).

ques. Sous le nom de Mithra, le Diable y «met en scène un simulacre
de résurrection».

Rien dans ces mots n'indique que Tertullien songe précisément au
sacrifice du taureau. *Imaginem resurrectionis* pourrait tout aussi bien
viser le «symbole» dont parle Celse. Or le *Discours véridique* n'impute
pas aux mithriastes l'espoir d'une résurrection finale. Si le mithriacisme, tel qu'il le connaissait et le comprenait, avait promis cette
résurrection à ses adeptes gréco-romains, on conçoit certes qu'il eût
moqué dans la résurrection chrétienne une sorte de plagiat tardif et
incohérent, car l'enseignement des Mages avait le prestige de l'antiquité, et cette immortalité finale des Justes couronnait tout un système des âges qui avait le mérite d'être solidaire d'une astro-cosmo-
logie alors indiscutée. Mais Celse, en fait, ne prête pas aux dévots de
Mithra le dogme d'un temps historique, unique en chacun de ses
instants, irréversible, car cette idée est inconcevable pour un Grec.
Les termes dont il use (περιόδων, διεξόδου) trahissent une interprétation platonicienne, ou pythagoricienne, et donc une conception cyclique du temps. Il n'accuse que les chrétiens de croire à la résurrection «pour avoir mal compris la doctrine de la métensomatose»[95]. La
source dont il dépend a hellénisé, «pythagorisé» une représentation
orientale de l'histoire humaine du salut: les âges métalliques sont
devenus les vicissitudes sidérales d'une Grande Année.

Origène, du reste, nous confirme le parti pris néopythagorique de
cette exégèse[96]. Elucubrant sur l'ordre des astres, Celse reconnaissait dans les métaux planétaires la diversité même de la matière
(idée qui vient tout droit de Platon, *Resp.*, VII, 529 c) et greffait sur
la théologie des Perses τοὺς μουσικοὺς λόγους, c'est-à-dire non pas
simplement des «théories musicales», comme on traduit, mais les
rapports, les «raisons» d'ordre musical: allusion évidente à une explication typiquement pythagorisante de la semaine planétaire, dont
l'historien Dion-Cassius se fait l'écho une quarantaine d'années plus
tard[97]. Puisque l'intervalle de quarte (διὰ τεσσάρων) correspond à
l'accord qui, en musique, a le plus d'autorité, il suffit de l'appliquer à
la gamme de l'heptacorde planétaire, en partant de Saturne. De cet

---

[95] Orig., *C. Cels.*, VII, 32, 13 s. (IV, p. 86, B.).
[96] *Ibid.*, VI, 22, 21 ss. (III, p. 234, B.).
[97] Dion Cass., 37, 18, 3-4 (I, p. 405, 21 ss., Boissevain). Cf. A. Bouché-
Leclercq, *L'astrologie grecque*, p. 481 s.; F. Boll, dans *RE*, 7, col. 2559, *s.v.*
Hebdomas; F. Cumont, *La fin du monde selon les Mages occidentaux*, p. 54,
n. 4.

astre au troisième qui suit en descendant vers la Terre (c'est-à-dire au quatrième en comptant Saturne, διὰ τεσσάρων), on aboutit au Soleil; puis à la Lune; puis, en continuant sur le cercle planétaire, à Mars, et ainsi de suite dans le sens des aiguilles d'une montre. Il est vrai qu'on retrouve alors l'ordre direct des jours de la semaine. Mais il suffit de tourner suivant la même progression arithmétique en sens inverse pour obtenir l'ordre de l'échelle mithriaque: Saturne, Vénus, Jupiter, Mercure, Mars, Lune, Soleil. Les intervalles de quarte constituent apparemment les «raisons musicales» sur lesquelles glosait Celse pour rendre compte de cette hebdomade sidérale.

L'interprétation néopythagorique du mithriacisme n'est pas le fait personnel de Celse, puisqu'Origène le taxe de vaine érudition (VI, 22). Il y avait beau temps que les pythagoriciens brodaient sur le tapis persique. A propos des idées mazdéennes sur le règne du Soleil, dont certains reflets miroiteraient dans la IVe Eclogue, F. Cumont[98] a conjecturé qu'elles pourraient avoir gagné Virgile «par l'intermédiaire des néopythagoriciens dont Nigidius était alors à Rome le représentant le plus en vue». Un siècle plus tard, le pythagoricien Nicomaque de Gérasa se réclame de Zoroastre et d'Ostanès au sujet de l'hebdomade astrale[99]. A son explication sommaire de la semaine planétaire, où Hystaspe et Zoroastre sont invoqués comme garants, Johannes Lydus[100] annexe des spéculations pythagoriciennes sur la monade. On a vu que les seuls auteurs grecs connus pour s'être intéressés spécialement et techniquement, si j'ose dire, au mithriacisme pythagorisaient de façon presque systématique.

Mais on ne peut qu'être frappé par les analogies qu'offrent à première vue les exégèses de Celse avec celles que *L'antre des Nymphes* met au compte d'Eubule. Ici et là, en effet, il s'agit d'un enseignement «mystagogique» (*De antro Nymph.*, 6, p. 60, 3, N.: μυσταγωγοῦντες; *C. Cels.*, VI, 23, 15: μυσταγωγῆσαι) sur les vicissitudes de l'âme incarnée. Ici et là, il est question de liturgie symbolique (*De antro Nymph.*, 6, p. 60, 10, N.: σύμβολα φερόντων; *C. Cels.*, VI, 22, 5 et 8: σύμβολον; 23, 12: διὰ συμβόλων). Bien avant de discuter précisément la référence de Celse au *klimax heptapylos*, Origène argumentait au Ier livre (I, 12) sur le symbolisme des mystères persiques, argumentation *ad hominem* appropriée au laudateur pythagorisant du mithriacisme. Sans doute Porphyre ne fait-il état dans *L'antre*

---

[98] *Art. cit.*, p. 44.
[99] *Ap.* Jambl., *Theol. arithm.*, 42 = Bidez-Cumont, *Mages hell.*, II, p. 283.
[100] *De mens.*, II, 4 (p. 21, 1 ss., Wuensch).

des Nymphes que des deux portes du Cancer et du Capricorne. Mais
il y expose une théorie revue et corrigée par Numénius. Chez Celse
comme chez Porphyre, les révolutions du ciel régissent le mouvement
alternatif de catabase et d'anabase qui, tour à tour, fait le malheur
ou le bonheur des âmes. Leurs réincarnations successives sont en
connexion étroite avec la *métakosmèsis* périodique de l'univers. La
huitième porte qui surmonte l'échelle mystérique est bien celle que
l'âme franchit pour recouvrer sa condition divine originelle dans le
topos hyperouranios du *Phèdre* (247 c)[101], tout comme la porte du
Capricorne est celle des immortels[102].

Quand Origène parle de la route propre aux «âmes plus divines»[103]
ou de la «route indiquée pour ceux qui chemineront vers les réalités
divines» (τὴν ὁδὸν .. τῶν ὁδευσόντων ἐπὶ τὰ θεῖα)[104], on est tenté de
rapprocher l'expression que Porphyre[105] applique à la route des immortels, τῶν εἰς θεοὺς ἀνιουσῶν. De même aussi, les considérations
développées dans *L'antre des Nymphes* sur les points cardinaux[106]
sont à mettre en parallèle avec telles affirmations d'Origène, qui
pourraient bien viser certaines précisions de Celse que son contra-
dicteur ne transcrit pas. Dans les *Nombres*, explique l'apologète, on
peut s'initier «aux mystères représentés par les campements des fils
d'Israël, quelles tribus étaient placées au Levant .. quelles autres
étaient au sud-ouest et au sud .. quelles autres vers le nord ..»[107].
Cette contre-attaque topique donne à penser que les développe-
ments de Celse devaient ressembler quelque peu à ceux que Porphyre tient de Numénius et de Cronius. Enfin et surtout, Porphyre[108] citant Eubule évoque la représentation dans les mystères
mithriaques de figures symbolisant les «éléments» et les «zones» du
monde κατὰ συμμέτρους ἀποστάσεις. Il s'agit d'intervalles, non pas
«symétriques», ce qui n'a guère de sens ici, mais calculés «en fonction
d'une mesure commune». On peut donc se demander si l'expression
ne concerne pas précisément les intervalles διὰ τεσσάρων qui com-
mandent l'ordonnance des planètes dans l'échelle mithriaque. Στοιχεῖα ne désigne pas nécessairement ni uniquement les éléments, mais

---

[101] Orig., *C. Cels.*, VI, 19, 26 (III, p. 226, B.); *supra*, p. 49.
[102] *De antro Nymph.*, 23 (p. 71, 23-72, 2, Nauck²); *infra*, p. 82, 88 s.
[103] Orig., *C. Cels.*, VI, 23, 8-9 (III, p. 236, B.).
[104] *Ibid.*, 12 s.
[105] *Loc. cit.* (p. 71, 23 s., N.).
[106] *De antro Nymph.*, 20-21 (p. 70 s., N.); *infra*, p. 84.
[107] Orig., *C. Cels.*, VI, 23, 15 ss. (p. 236, B.).
[108] *De antro Nymph.*, 6 (p. 60, 10 s., N.).

aussi les astres — planètes et constellations du zodiaque[109]. On sait
d'ailleurs que des élucubrations étranges[110] attribuaient à chaque
planète un élément. La Lune correspondait à la terre éthérée, Mercure à l'eau, Vénus à l'air, le Soleil au feu; puis on reprenait la série
des correspondances dans l'ordre inverse: Mars était le feu, Jupiter
était l'air, Saturne l'eau, la sphère des Fixes la terre céleste des
Champs Elyséens. «Ainsi, commente F. Cumont[111], l'âme pour être
sauvée devait renaître trois fois par la vertu d'un triple passage à
travers les quatre éléments».

Est-ce que les μουσικοὶ λόγοι de Celse n'ont pas au moins quelque
parenté néopythagorique avec les σύμμετροι ἀποστάσεις d'Eubule?
Quoi d'étonnant, après tout, si Eubule est bien antérieur à Pallas,
lequel écrivait quelque trente ans avant Celse? Du reste, Origène
avait pu lire Numénius dans la bibliothèque de Césarée où Porphyre
en recopiait des extraits[112]. Il répond à Celse en songeant peut-être
au mithriacisme platonisant de l'Apaméen, du fait même que les
exégèses de l'un et de l'autre procédaient d'une source commune.

[109] F. Cumont, *Les religions orientales dans le paganisme romain*⁴, p. 298,
n. 18; *supra*, p. 25.
[110] Macr., *In Somn. Scip.*, I, 11, 8 (p. 46, 25 ss., Willis); Procl., *In Tim.*,
II, p. 48, 15 ss., Diehl; trad. d'A.-J. Festugière, III, Paris, 1967, p. 78.
[111] *Recherches sur le symbolisme funéraire des Romains*, Paris, 1942, p. 140.
[112] *Supra*, p. 41.

L'ANTRE DES NYMPHES

Dans cet opuscule de Porphyre, plus explicitement que partout ailleurs, le mythe et les mystères de Mithra sont invoqués à l'appui du platonisme, ou plus exactement d'une exégèse platonicienne d'Homère, et réciproquement. Comme l'écrit F. Buffière[1], «la sagesse de Zoroastre y vient épauler celle de Platon» et «ce qu'Homère ne dit pas, on le tire de Moïse, d'Orphée ou de Zoroastre»[2] ou, pour être plus précis, d'un Zoroastre mithraïsé par les philosophes grecs, car les théories religieuses du *De antro Nympharum* n'ont bien évidemment rien à voir avec le zoroastrisme de Zarathustra.

D'emblée, Porphyre se réclame de Cronius, puis de Numénius au nom duquel celui du disciple est quasi constamment associé[3]: de fait, au chapitre 21 de l'opuscule[4], la mention de Numénius précède immédiatement celle de son collaborateur et ami (ὁ τούτου ἑταιρός). Quelle est donc la part de Porphyre dans ses références au mithriacisme? On s'accorde à considérer qu'elle est plutôt mince: «Porphyre n'a fait que vulgariser la pensée de Numénius et de Cronius»[5]. *L'antre des Nymphes* ne serait qu'un résumé, un «aide-mémoire», où il aurait «suivi de bien près ses modèles»[6]. Là même où Numénius et Cronius ne sont pas nommément cités, F. Cumont a reconnu la frappe numénienne d'une expression comme εἰκόνα φέρειν, analogue à σύμβολον ou σύμβολα φέρειν qu'on trouve ailleurs dans le même ouvrage[7]. Il s'agit de passages qui sont tous relatifs aux mystères de Mithra. Nous verrons que d'autres raisons autorisent à penser avec J. H. Waszink[8] que Porphyre doit à Numénius (ou, si l'on préfère, à Numénius et à Cronius, quasiment aussi inséparables que les frères de Goncourt) ce qu'il écrit du mithriacisme dans *L'antre des Nymphes*.

Que Numénius et Cronius aient consacré un ouvrage à l'interprétation allégorique du seul passage de l'*Odyssée* concernant la grotte

---

[1] *Les mythes d'Homère et la pensée grecque*, p. 419.

[2] *Ibid.*, p. 424.

[3] *Ibid.*, p. 423; E. des Places, éd.-trad. de Numénius, *Fragments*, p. 7 s.

[4] P. 71, 1, Nauck².

[5] F. Buffière, *op. cit.*, p. 419.

[6] *Ibid.*, p. 420.

[7] Bidez-Cumont, *Mages hell.*, II, p. 29 s., n. 2.

[8] *Porphyrios und Numenios, Entretiens de la Fondation Hardt*, 12, *Porphyre*, Genève, 1966, p. 45 ss. Cf. E. des Places, *op. cit.*, p. 102, n. 3.

d'Ithaque, c'est assez peu vraisemblable. On a songé au traité numénien sur *L'incorruptibilité de l'âme*[9], dont Origène invoque l'autorité
contre les négations de Celse. Mais Porphyre a plus probablement
puisé dans *Les secrets de Platon*[10], car dans son commentaire de la
République[11] Proclus résume une théorie des deux Portes célestes
(Cancer et Capricorne) analogue à celle du *De antro Nympharum*, où
Porphyre se réfère aux mythes platoniciens de la caverne et d'Er le
Pamphylien[12]. Proclus y accuse Numénius de coudre bout à bout les
affirmations de Platon et des astrologues, que l'Apaméen aurait
brodées sur certaines données des religions à mystères (τοῖς τελεσ-
τικοῖς)[13]. Le reproche s'applique pertinemment aux exégèses con-
fuses et disparates du *De antro Nympharum*, vrai manteau d'Arle-
quin du paganisme finissant. Les τελεστικά de Proclus visent apparemment les données concernant les traditions mithriaques. Cronius
peut avoir repris les argumentations de Numénius dans sa *Palingénésie*[14] — un nom qui pourrait servir de sous-titre à l'opuscule de
Porphyre. Cronius a dû être le vulgarisateur des idées de Numénius,
l'homme qui a publié et présenté l'œuvre du Maître. On s'expliquerait ainsi que dans la tradition littéraire son nom suive, comme une
ombre, celui du philosophe apaméen.

On s'est demandé à quelle époque de sa vie Porphyre avait rédigé
L'antre des Nymphes. Pour F. Buffière[15], «la réponse n'est pas dou-
teuse : *L'antre des Nymphes* est du Porphyre de la deuxième époque,
aussi certainement que les *Questions homériques* sont de la première»,
autrement dit *L'antre* est du temps où il suivait l'enseignement de
Plotin. Dans sa *Vie de Porphyre*, J. Bidez[16] ne mentionne allusive-

---

[9] A.-J. Festugière, *La révélation d'Hermès Trismégiste*, III, p. 42; F. Buffière, *op. cit.*, p. 423; E. des Places, *op. cit.*, p. 80, fr. 29.

[10] *Ibid.*, p. 61, fr. 23. Cf. F. Buffière, *op. cit.*, p. 422.

[11] II, p. 128, 26 ss., Kroll = E. des Places, *op. cit.*, p. 85, fr. 35.

[12] Proclus (*In Remp.*, II, p. 96, 11, K.) cite Numénius en tête des commentateurs du mythe d'Er.

[13] E. des Places, *op. cit.*, p. 86, fr. 35, 14-16. Cf. E. A. Leemans, *op. cit.*,
p. 35, 67, n. 1 (qui renvoie à F. Cumont et aux mystères de Mithra), 100, n.
(«*Utrum Orphicorum an Mithriacorum spectet mysteria dijudicari nequit. Sed
animam per sphaeras VII in inferiora delabi jam docuerunt Mithriaca*»).

[14] F. Buffière, *op. cit.*, p. 423. Cf. Leemans, *op. cit.*, p. 153.

[15] *Op. cit.*, p. 420. Pour J. Pépin au contraire (*Entretiens de la Fondation
Hardt*, 12, *Porphyre*, p. 269), «La date du *De antro Nympharum* est difficile à
fixer. J'admets volontiers avec M. Theiler que rien ne prouve véritablement
que ce traité soit postérieur à la rencontre de Plotin»; cf. *ibid.*, p. 270, en
réponse à A. R. Sodano qui faisait valoir l'opinion traditionnelle.

[16] *Op. cit.*, p. 109. Cf. R. Beutler, dans *RE*, 22¹, col. 276 s., *s.v. Porphyrios*; M.
J. Vermaseren, *Mithriaca II*, p. 27, n. 4: «Porphyry wrote this treatise at Rome».

ment l'opuscule que dans le chapitre traitant de *Porphyre chef d'é-
cole*, ce qui donnerait à penser qu'il ne le publia qu'après la mort de
Plotin. On a fait valoir que Porphyre a connu l'œuvre de Numénius
et de Cronius «à l'école de Plotin»[17]. Le Maître, en effet, faisait lire
«des commentaires de Sévère, de Cronius, de Numénius, de Gaius ou
d'Atticus»[18]. C'est oublier qu'au temps où, à Césarée de Palestine,
Porphyre entendait Origène allégoriser sur la Bible, il profitait de sa
bibliothèque où Numénius et Cronius, Nicomaque et Chérémon figuraient en bonne place[19]. Dès cette époque, il s'initiait à l'exégèse
symbolique et, en admettant qu'il n'ait publié que vingt ou trente
ans plus tard un extrait de ses fiches, comme exemple réussi de la
méthode allégorique, Porphyre a lu et pratiqué Numénius bien
avant d'assister aux cours de Plotin; on peut même se demander s'il
n'a pas fait connaître Numénius et Cronius dans l'Ecole, à partir des
notes qu'il avait prises à Césarée, recopiant force extraits et rassem-
blant les matériaux d'une érudition considérable.

Quoiqu'il rectifie au chapitre 4 du *De antro*[20] les postulats de
Cronius, l'opuscule trahit une science livresque et touffue, voire in-
cohérente et dépourvue d'esprit critique; il porte la marque d'une
rédaction enthousiaste et hâtive. Je sais bien que l'esprit critique
n'a jamais été le fort de Porphyre et qu'il ne s'est jamais trop soucié
de cohérence[21]. Mais le *De antro* n'a rien qui le désigne comme caractéristique de la maturité plotinienne du philosophe. On ne voit pas
que Porphyre y interprète Homère en pur néoplatonicien, ou alors il
faudrait déjà compter Numénius parmi les néoplatoniciens.

On a argué du fait que dans les *Questions homériques* son commentaire est purement littéral et littéraire pour en inférer que l'auteur
était alors à l'école de Longin[22]. Mais le traité de Longin *Si Homère
était philosophe* prouve par son titre même que son enseignement
n'excluait pas l'exégèse allégorique[23]. Aucune raison solide n'empêche de dater l'opuscule des années qui ont précédé la rencontre de
Plotin. Mais il vaut mieux s'en tenir à un *non liquet*.

De toute façon, si les données mithriaques sont de seconde main,
la date du livre importe moins que l'époque à laquelle Numénius et

[17] F. Buffière, *op. cit.*, p. 420 s.
[18] Porph., *V. Plot.*, 14, 11 s.
[19] J. Bidez, *op. cit.*, p. 13.
[20] P. 57, 24-58, 12, Nauck[2].
[21] J. Bidez, *op. cit.*, p. 132 s.
[22] *Ibid.*, p. 31 ss.; F. Buffière, *op. cit.*, p. 420.
[23] J. Bidez, *op. cit.*, p. 33.

Cronius les ont commentées *ad majorem Homeri gloriam*: règne de Marc-Aurèle pour Numénius[24], voire de Commode pour Cronius? J. Bernays[25], suivi par K. Praechter[26] et R. Helm[27], a cru à l'identité de notre Cronius avec le dédicataire du *De morte Peregrini* de Lucien; mais le destinataire du pamphlet ne saurait être qu'un épicurien[28]; de toute façon, le *De morte Peregrini* est datable de 169-170[29], ce qui nous ramène approximativement à la même époque. Les temps de Marc-Aurèle et de Commode coïncident avec une expansion remarquable du mithriacisme, qui prend alors un nouvel élan, avec l'appui et l'encouragement du pouvoir. Sous Commode notamment, la caution mithriaque était d'actualité[30].

Mais pourquoi s'en réclamer, quand il s'agissait de déchiffrer dans un passage de l'*Odyssée* le mythe platonicien de la Caverne? La grotte en tant qu'image de notre bas monde se trouvait certes dans la célèbre allégorie de la *République*. Empédocle avait déjà comparé le séjour des vivants à un antre voûté[31], et cette représentation était solidaire des croyances orphico-pythagoriciennes qui assimilaient l'existence expiatrice aux épreuves de l'enfer souterrain[32]. Mais ni Platon, ni le pythagorisme ne rendaient compte précisément de la description homérique. La Caverne de la *République* n'était pas l'habitacle des Nymphes. On n'y voyait ni cratères, ni amphores, ni sources d'eaux vives. Elle n'avait pas deux entrées, l'une au nord, l'autre au sud, mais s'ouvrait sur toute la longueur de la façade[33]. Elle n'était pas, comme l'antre des Nymphes, à la fois «obscure et charmante»[34]. Surtout, cette allégorie se rapportait beaucoup moins

[24] On situe d'ordinaire Numénius dans la seconde moitié du IIe s.p.C. Cependant R. Beutler (*RE, Suppl.*, 7, col. 665, *s.v. Numenios*) donne des raisons de penser qu'il appartient peut-être à la première moitié du siècle: cf. A.-J. Festugière, *op. cit.*, p. 42, n. 1.

[25] *Lukian und die Kyniker*, Berlin, 1879, p. 3.

[26] Dans *RE*, 11, col. 1978, *s.v. Kronios*.

[27] *Ibid.*, 13[II] col. 1754, *s.v. Lukianos*.

[28] M. Caster, *Lucien et la pensée religieuse de son temps*, Paris, 1937, p. 246 ss.; J. Schwartz, éd. commentée du *De morte Peregrini*, Paris, 1951, p. 84.

[29] J. Schwartz, *Biographie de Lucien*, p. 112, 114 et 148 (tableau chronologique).

[30] Ce n'est évidemment pas un argument suffisant pour dater de Commode les allégories homérico-persiques de Numénius et de Cronius: *supra*, p. 38.

[31] *Supra*, p. 26.

[32] Sur la grotte en tant qu'image du monde, cf. F. Buffière, *op. cit.*, p. 427 ss.; L. A. Campbell, *Mithraic iconography and ideology*, p. 6 ss.

[33] Plat., *Resp.*, VII, 514 a.

[34] Porph., *De antro Nymph.*, 3 (p. 56, 12 ss., N.); 6 (p. 59, 18 ss., N); 12 (p. 65, 6, N.).

au Kosmos, en tant que matière ordonnée par la raison divine (*dia-kosmèsis*)[35], qu'au monde inférieur et sombre de l'humanité abusée par des jeux de marionnettes.

L'antre d'Ithaque est un lieu de culte, consacré aux Nymphes[36]. L'allégorie platonicienne ne s'accordait avec cette fonction religieuse qu'à la faveur des spéculations hellénistiques qui faisaient du monde un temple[37]. Ces considérations sur le Kosmos, que les Stoïciens ont reprises à leur compte et brillamment développées, procédaient sans doute de l'*Epinomis* et des enseignements de l'Académie[38]. Mais en soi, compte tenu des intentions propres à l'auteur de la *République*, cette Caverne n'est qu'un lieu d'illusions, et un platonicien théosophe comme Numénius ne pouvait certes pas dire que la religion du dieu cosmique est illusoire. L'antre des Nymphes est foncièrement ambigu, comme le monde même. D'où le recours aux réalités cultuelles de la Grèce et du paganisme gréco-romain.

Au vrai, la Grèce n'occupe pas dans cette exégèse numénienne un rôle de tout premier plan. C'est que les cultes locaux liés à des antres servent tout juste à démontrer que les dieux, *des* dieux ne dédaignent pas d'y être adorés[39]. Mais ces cultes locaux n'ont pas de signification cosmique. On peut s'étonner, en revanche, qu'un sort plus important ne soit pas fait dans le *De antro* aux antres bacchiques[40], compte tenu notamment et du rôle des Nymphes dans l'imagerie des *Enfances*, et de la place que tenait déjà Dionysos dans la philosophie grecque. Les antres fleuris et parfumés consacrés au dieu de Nysa[41] représentaient pourtant très exactement cet aspect «beau et charmant» du monde qui correspond à la forme, comme la pierre fruste et ténébreuse à la matière! Mais Porphyre ne cite guère que la grotte

---

[35] *Ibid.*, 6 (p. 59, 20). Cf. l'allégorie d'Aristote (ap. Cic., *De nat. d.*, II, 95 = fr. 12, Rose) et W. Blum, *Eine Verbindung der zwei Höhlengleichnisse der heidnischen Antike bei Gregor von Nyssa*, Vig. Christ., 28, 1974, p. 43 ss.

[36] Porph., *De antro Nymph.*, 1, v. 5 (ἱερὸν νυμφάων); 3 (p. 56, 19 s., N.); 6 (p. 60, 18, N.); 7 (p. 61, 5 ss., N.); 10 (p. 63, 5 ss., N.); 12 (p. 65, 9 ss., N.).

[37] P. Boyancé, *Études sur le Songe de Scipion*, p. 115 ss.; A.-J. Festugière, *La révélation d'Hermès Trismégiste*, II, p. 233 ss.

[38] *Epinom.*, 986 c. Sur le monde comme «mystère», voir surtout la comparaison remarquable de Dion Chrysostome (*Or.*, 12, 33): «C'est à peu près comme si quelqu'un plaçait pour l'initiation un Grec ou un Barbare dans quelque antre mystique ...» (εἰς μυστικόν τινα μυχόν). Cf. P. Boyancé, *Sur les mystères d'Eleusis*, REG, 75, 1962, p. 469 s.

[39] Porph., *De antro Nymph.*, 20 (p. 70, 10 ss., N.).

[40] *Ibid.* (p. 70, 13, N.): καὶ ἐν Νάξῳ Διονύσῳ.

[41] P. Boyancé, *L'antre dans les mystères de Dionysos*, Rend. d. Pont. Accad. Rom. di Archeol., 33, 1961, p. 107 ss.

de Naxos, alors que «partout où Mithra était connu, on voulait se le rendre propice en lui dédiant une caverne»[42]. L'antre apparaît donc comme typique de Mithra qui, à la différence des dieux grecs et romains, n'a pas d'autres sanctuaires que les *spelaea*.

Si le monde est un temple, réciproquement tout «temple» de Mithra est une image du monde, non pas seulement comme séjour ténébreux, mais en tant que symbole de l'ordre divin, *diakosmèsis*, à la fois obscur et charmant à l'égal de l'antre homérique[43]. Le décor peint ou sculpté des *Mithraea*, la cape étoilée du dieu[44], les zodiaques ornant l'orbe des *arcosolia* au-dessus du Tauroctone[45] faisaient de ces antres les chapelles d'un culte cosmique.

Mais Numénius et Cronius avaient d'autres raisons particulières de se référer au mithriacisme pour allégoriser sur Homère. Le parti pris orientalisant du premier n'explique pas tout, malgré la déclaration fameuse qui ouvrait le livre Ier du Περὶ τἀγαθοῦ: «Après avoir cité et pris pour sceaux les témoignages de Platon, il faudra remonter plus haut et les rattacher aux enseignements de Pythagore, puis en appeler aux peuples de renom, en conférant leurs initiations, leurs dogmes, les fondations cultuelles qu'ils accomplissent d'accord avec Platon, tout ce qu'ont établi les Brahmanes, les Juifs, les Mages et les Egyptiens»[46]. En tête de ces «Mages», il faut évidemment sousentendre Zoroastre, l'initiateur légendaire du culte mithriaque. En fait, le témoignage des *spelaea* persiques sert à rendre compte et de la consécration de l'antre odysséen aux Nymphes (avec ses cratères et ses sources d'eaux vives)[47], et de la présence des abeilles qui ruchent dans les amphores de pierre[48].

En effet, les *Mithraea* étaient aménagés à l'emplacement ou à proximité de sources ou d'eaux courantes[49]. La citation d'Eubule

[42] Porph., *loc. cit.* (p. 70, 13-15, N.): πανταχοῦ δ'ὅπου τὸν Μίθραν ἔγνωσαν διὰ σπηλαίον τὸν θεὸν ἱλεουμένων.

[43] *Ibid.*, 6 (p. 59, 18 ss., N.); F. Buffière, *op. cit.*, p. 427 ss.

[44] *CIMRM*, I, p. 146, n° 321, fig. 88; p. 168, n° 390, fig. 112; H. Lavagne, *Le Mithraeum de Marino (Italie)*, CRAI, 1974, p. 195, fig. 2. Cf. R. Merkelbach, *Die Kosmogonie der Mithrasmysterien*, p. 227.

[45] *Infra*, p. 84 s.

[46] E. des Places, *op. cit.*, p. 42, fr. 1 a (= fr. 9 a, Leemans); *ibid.*, p. 21 ss.; H.-Ch. Puech, *Numénius d'Apamée et les théologies orientales au second siècle*, *Mélanges J. Bidez*, Bruxelles, 1934, p. 747 s.; A.-J. Festugière, *La révélation d'Hermès Trismégiste*, I, p. 19 ss.; IV, p. 125.

[47] Porph., *De antro Nymph.*, 13 (p. 65, 13 ss., 19 ss., N.) et 14 (p. 66, 1 ss., N.).

[48] *Ibid.*, 15 (p. 66, 20 ss., N.).

[49] *Ibid.*, 6 (p. 60, 5 s., N.): σπήλαιον ... πηγὰς ἔχον. En Gaule, les *Mithraea*

donne à penser que, sur ce point, les liturgistes mithriaques s'en
rapportaient à l'exemple archétypique du mage Zoroastre, consécra-
teur d'un antre fleuri[50] — qui donc attirait les abeilles, quoique Porphyre ne retienne d'abord de ce détail qu'une correspondance philosophiquement significative avec l'ἐπήρατον d'Homère. L'eau évoque
naturellement pour lui, comme pour Numénius, l'écoulement dans
le monde de la génération, la chute et l'union sexuelle, l'incarnation
des âmes[51] — interprétation qui n'a foncièrement aucun rapport
avec le mithriacisme. L'eau joue un grand rôle dans la liturgie mithriaque, mais on ne voit pas qu'elle symbolise la déchéance ou le
mal, bien au contraire! Elle sert à purifier les mystes par une sorte
de baptême[52]. Mithra fait jaillir du rocher une eau bénéfique et salutaire[53]. Le miracle de la source qui a «nourri de nectar les deux
frères»[54] évoquait pour les mystes le breuvage vivifiant consacré
dans les antres[55]. Quand Porphyre[56] écrit que «chez Mithra le cratère
tient lieu de source», l'allusion peut concerner le fait que dans les
antres trop éloignés d'une source vive (par exemple en milieu urbain,
à Rome ou ailleurs) l'on conservait ou l'on amenait en des bassins,
pour l'usage liturgique, une certaine quantité d'eau pure puisée au
fons perennis. On a retrouvé de ces récipients à l'intérieur ou à l'entrée de certains *Mithraea*[57].

On s'étonne aussi qu'après avoir assimilé les Nymphes «Naïades»
aux âmes près de s'incarner, Porphyre rappelle la coutume grecque
de nommer «nymphes» les jeunes mariés[58], sans citer les *Nymphi* de

sont souvent liés à d'anciens sanctuaires des eaux: A. Grenier, *Manuel d'archéologie gallo-romaine*, IV, 2, Paris, 1960, p. 648 ss., 652 ss., 848 ss.; E. Thé-
venot, *Le culte de Mithra chez les Éduens et leurs voisins*, Ann. de Bourgogne,
21, 1949, p. 245 ss., 257; *CIMRM*, I, p. 318, n° 936.

[50] Porph., *De antro Nymph.*, 6 (p. 60, 6, N.): ἀνθηρόν.

[51] *Ibid.*, 12-14 (p. 65, 1 ss., N.); F. Buffière, *op. cit.*, p. 430 s. La mer symbolisait la matière pour Numénius, et corrélativement les navigations d'Ulysse représentaient les tribulations de l'âme incarnée: F. Cumont, *Recherches
sur le symbolisme funéraire des Romains*, p. 66, n. 1.

[52] Tert., *De bapt.*, 5, 1; *De praescr. haer.*, 40, 3-4; F. Cumont, *Die Mysterien
des Mithra*[4], p. 144.

[53] M. J. Vermaseren, *Mithra, ce dieu mystérieux*, p. 71 ss.

[54] Vermaseren-Van Essen, *The excavations in the Mithraeum of the church
of Santa Prisca*, p. 193 s.: *Fons conclusepetris qui geminos aluisti nectare fratres.*

[55] F. Cumont, *Die Mysterien des Mithra*, p. 145 s.

[56] *De antro Nymph.*, 17 (p. 69, 2 s., N.): παρὰ τῷ Μίθρᾳ ὁ κρατὴρ ἀντὶ τῆς
πηγῆς τέτακται.

[57] F. Cumont, *MMM*, I, p. 63, 67; *CIMRM*, I, p. 59, n° 34; 114, n° 216;
122, n° 239; 140, n° 299; 289, n° 829; 323, n° 965; II, p. 28, n° 464; 55, n°s
1040 et 1042, … etc. Cf. L. A. Campbell, *op. cit.*, p. 299.

[58] *De antro Nymph.*, 12 (p. 65, 1-4, N.).

l'initiation mithriaque, d'autant que ces *Nymphi* étaient sous la protection spéciale de Vénus[59], dont il est question plus loin à propos de la tauroctonie[60]. Mais si *L'antre des Nymphes* est bien un «digest» de Numénius et de Cronius, ces auteurs peuvent avoir tiré argument du parallèle, sans que Porphyre ait cru devoir en faire état. Il en a retenu l'idée que les Nymphes d'Homère sont les âmes vouées à l'union corporelle et qui «s'initient à la vie de nature» (τελουμέναις εἰς φύσιν)[61]: cette terminologie mystérique autorise à supposer que le texte dont s'inspire le vulgarisateur mentionnait peut-être le grade mithriaque des *Nymphi*.

L'allégorie platonicienne de la Caverne n'offrait ni à la lettre, ni en esprit, le moyen d'élucider le symbole des amphores où ruche l'abeille. Curieusement ici encore, plutôt que d'exploiter la référence au mythe grec (et platonicien) des Bacchantes s'abreuvant à des ruisseaux de miel[62], l'exégète fait appel aux mystères de Mithra. En l'occurrence, le parti pris mithriaciste est d'autant plus voyant qu'il s'accorde initialement assez mal avec la démonstration d'ensemble et l'idée directrice.

En effet, le miel a dans la liturgie mithriaque deux fonctions également bénéfiques: il sert à purifier et à conserver. La première fonction se vérifie dans la consécration des mystes au grade du Lion: «Quand, à ceux qu'on initie au grade léontique, on verse sur les mains pour les laver du miel au lieu d'eau, on leur prescrit de garder les mains pures de tout acte affligeant, nuisible et infâme; du fait que le feu est purificateur, au myste en tant que tel on présente des moyens d'ablution appropriés, excluant l'eau comme ennemie du feu. On lui purifie aussi la langue de tout péché avec du miel»[63]. Une inscription de Steklen (Bulgarie)[64] nous confirme l'onction au miel des candidats à l'initiation léontique. Suivant P. Allard[65], Grégoire de Naziance[66] pourrait faire allusion à ce rite mithriaque, dans un passage où il ironise contre Julien dit l'Apostat qui avait cru devoir

---

[59] M. J. Vermaseren, *Mithra, ce dieu mystérieux*, p. 118; L. A. Campbell, *op. cit.*, p. 68 s.

[60] *Infra*, p. 77 s.

[61] *De antro Nymph.*, 12 (p. 65, 5, N.).

[62] Plat., *Ion*, 534 a; Eur., *Bacch.*, 708 ss. Cf. L. Preller-C. Robert, *Griechische Mythologie*, I[4], Berlin, 1894, p. 707 s.; F. Cumont, *Lux perpetua*, p. 254.

[63] *De antro Nymph.*, 15 (p. 67, 6-13, N.).

[64] *CIMRM*, II, p. 356, n° 2269: *leo/melichrisus*. Sur la purification «léontique» au miel, cf. L. A. Campbell, *op. cit.*, p. 309 s.

[65] *Julien l'Apostat*, II, Paris, 1903, p. 220.

[66] *Or.*, IV, 52: τὰς χεῖρας ἀφαγνίζεται.

se purifier les mains pour expier leur contact avec le corps du Christ. Mais J. Bidez[67] rapporte ce texte au «baptême» sanglant du tauro-bole métroaque, et nous verrons que l'initiation de Julien au culte persique n'est pas démontrée[68]. Tout aussi contestablement, on a voulu déchiffrer une illustration de l'antagonisme eau-feu dans les représentations qui nous montrent un lion à côté ou au-dessus du cratère[69]. Quoi qu'il en soit, le miel a, dans sa fonction cathartique, une valeur positive qui se concilie difficilement avec l'exégèse géné-rale de l'antre odysséen. Plus loin, Porphyre[70] s'en expliquera en soulignant «le caractère incorruptible de ces eaux auxquelles prési-dent les Nymphes, leur vertu purificatrice» (on reconnaît ici la dou-ble fonction du miel). Ce disant, Porphyre se réfère sans doute aussi implicitement au rôle bénéfique de l'eau dans le culte mithriaque, mais sans grand souci de cohérence avec les passages où l'élément humide est lié à la génération: or «les âmes pures, elles, se détournent de la génération»[71].

Une autre signification mithriaque du miel, non moins positive que la première et corrélative, réside dans sa vertu préservatrice. «Lorsqu'on présente (προσάγωσι) du miel au Perse en tant que gar-dien des fruits, c'est sa fonction conservatrice que l'on considère symboliquement»[72]. Dans sa traduction, F. Buffière identifie en note «le Perse» avec Mithra[73]. Il est bien vrai que προσάγειν s'applique aussi bien aux offrandes dont on honore les dieux qu'aux aliments qu'on présente à un convive. Mais plus haut ce même verbe signifie «présenter» à un myste: ὡς μύστῃ .. νίπτρα προσάγουσι[74]. Il s'agit donc bien d'une acception techniquement initiatique. D'autre part, on ne voit pas qu'ailleurs Mithra soit nommé simplement «le Perse», expression qui ne peut équivaloir telle quelle à quelque chose comme

---

[67] *La vie de l'empereur Julien*, Paris, 1930, p. 219 s. Cf. G. Ricciotti, *L'im-peratore Giuliano l'Apostata secondo i documenti*, A. Mondadori, 1956, p. 236.
[68] *Infra*, p. 107-116.
[69] F. Cumont, *MMM*, I, p. 101; Id., *Die Mysterien des Mithra*⁴, p. 104 s. *Contra*: F. Saxl, *Mithras. Typengeschichtliche Untersuchungen*, Berlin, 1931, p. 60 ss.; E. Will, *Le relief cultuel gréco-romain*, p. 406-410. Le motif du fauve qui s'approche du cratère ou qui s'y abreuve est bien connu dans l'imagerie dionysiaque et n'a aucun rapport avec une symbolique des éléments. Dans les représentations mithriaques, il est d'ailleurs lié au banquet (*ibid.*, p. 408 s.). J'y reviendrai ultérieurement.
[70] *De antro Nymph.*, 17 (p. 68, 20 s., N.).
[71] *Ibid.*, 11 (p. 64, 25, N.).
[72] *Ibid.*, 16 (p. 67, 13-15, N.).
[73] *Op. cit.*, p. 605, n. 17.
[74] *De antro Nymph.*, 15 (p. 67, 10 s., N.).

«le dieu perse». Sur ce point, l'interprétation de F. Cumont[75], reprise
par M. J. Vermaseren[76], n'a pas lieu d'être récusée. Du reste, sur la
mosaïque qui tapisse le *Mithraeum* de Felicissimus à Ostie[77], le
glaive du «Perse» est associé au croissant de la Lune qui passait pour
produire le miel et faire croître les fruits.

Cependant ce miel protecteur des aliments et singulièrement des
fruits, dont le Perse a la garde, n'a guère de rapport à première vue
avec le propos de Porphyre, c'est-à-dire avec la déchéance des âmes
dans le monde matériel. La preuve en est qu'aussitôt après — et très
logiquement — il évoque l'hypothèse de ceux qui ont assimilé au
miel le nectar et l'ambroisie, «le miel étant un aliment des dieux»,
puisqu'il conserve (dans l'immortalité). «Faut-il entendre par nectar
le miel? Nous examinerons cela plus en détail ailleurs»[78] — ailleurs,
en tout cas, que dans *L'antre des Nymphes*[79]. Car ce symbolisme irait
à l'encontre même de ce que Porphyre veut démontrer. Aussi passe-
t-il rapidement sur ce sujet pour citer enfin un témoignage qui re-
joint le sens de son exégèse: un texte des *Rhapsodies* orphiques sur
Kronos tombant, grâce au miel, dans les embûches de Zeus. L'eni-
vrement de Kronos est une allégorie de l'âme qui sombre en titubant
dans le monde des corps: «Le poète théologien nous donne à entendre
que le plaisir enchaîne les êtres divins et les entraîne dans la génération»[80].

Cette fois, les choses sont beaucoup plus claires, mais on se de-
mande à quoi tendaient finalement les digressions mithriaques sur
les Lions et le Perse. On a l'impression que sous la rubrique «miel»,
le commentateur détaille tranquillement et complaisamment un certain nombre de fiches, à commencer par celles qui ne corroborent en
aucune manière son propos: déballage incohérent d'une érudition
disparate[81]? Pourtant Kronos n'est pas étranger au grade du Perse,
puisque sur la mosaïque précitée de Felicissimus, la faucille de Saturne est juxtaposée au glaive et au croissant lunaire. Or Saturne
passait pour *mellis et fructuum repertor* (Macr., *Sat.*, I, 7, 25)[82]. A la

[75] *Die Mysterien des Mithra*[4], p. 145.
[76] *Mithra, ce dieu mystérieux*, p. 124.
[77] *Ibid.*, p. 123; *CIMRM*, I, p. 140, n° 299, fig. 83. Sur le Perse «gardien
des fruits», cf. L. A. Campbell, *op. cit.*, p. 310 s.
[78] *De antro Nymph.*, 16 (p. 67, 15-21, N.).
[79] F. Buffière, *op. cit.*, p. 433.
[80] *De antro Nymph.*, 16 (p. 68, 1-8, N.); O. Kern, *Orphicorum fragmenta*[2],
Berlin, 1963, p. 193 s., n° 154.
[81] Cf. J. Bidez, *Vie de Porphyre*, p. 132.
[82] P. 31, 16 s., Willis.

faveur de cette association d'idées, la référence de Porphyre aux
Rhapsodies pouvait s'enchaîner à l'évocation du Perse, gardien des
fruits (comme le miel). Faut-il imputer au «digest» ce manque de
coordination et ces «trous» dans le raisonnement? Il reste que, dans
l'élucidation des symboles odysséens, le mithriacisme paraît n'inter-
venir que de façon détournée, gratuite et même contradictoire.

En fait, le miel importe beaucoup moins à l'exégète platonicien
d'Homère que les abeilles:

> «Sources et courants sont le domaine propre aux Nymphes Hydriades et
> plus encore aux Nymphes que sont les âmes, ces âmes que les Anciens
> appelaient «abeilles» en tant que productrices de plaisir. D'où le vers de
> Sophocle qui, non sans à propos, dit des âmes:
> «L'essaim des morts bourdonne et gagne les hauteurs».
> De plus, les Anciens nommaient «abeilles» les prêtresses de Déméter en
> tant que mystes de la déesse chthonienne, et Koré même «la déesse au
> miel». La Lune, comme responsable de la génération, portait alors le
> nom d'abeille, entre autres raisons parce que la Lune est taureau, que
> son lieu d'exaltation est le Taureau et que les abeilles sont «nées du
> bœuf» (βουγενεῖς)»[83].

Avant d'examiner le passage qui suit et sa référence mithriaque,
où surgit une difficulté textuelle, il faut souligner deux points im-
portants.

D'abord, on discerne ici seulement comment et pourquoi le commentateur a pu recourir au mithriacisme pour l'exégèse des récipients où les mouches à miel construisent leurs rayons: c'est par le
détour de la *bougonia*. L'allégoriste montrait déjà le bout de l'oreille
au chapitre 15, juste avant d'insister sur le rite purificateur de l'initiation «léontique»: les abeilles, précisait Porphyre, «ont pu, le cas
échéant, (συμβέβηκεν), naître du bœuf» (βουγενεῖς)[84]. On connaît la
croyance qu'illustre poétiquement, à la fin des *Géorgiques*, la légende
d'Aristée, fils de Cyrène et honoré comme héros fondateur par les
Cyrénéens — chez qui Saturne passait aussi, justement, pour *mellis
et fructuum repertor*[85]: les abeilles étaient censées naître de génisses
et de taurillons en putréfaction. Chez Virgile, le sacrifice d'Aristée
revêt une signification politique: la renaissance du Peuple Romain.
Mais cette signification est solidaire d'un mythe philosophique qui
n'est pas étranger au propos de Porphyre. Dotées par Jupiter d'un
instinct social qui les apparente aux hommes[86], les abeilles ont une

---

[83] *De antro Nymph.*, 18 (p. 69, 4-14, N.). Sur ce texte, cf. L. A. Campbell,
op. cit., p. 250 s.
[84] *De antro Nymph.*, 15 (p. 67, 5-6, N.).
[85] Macr., *Sat.*, I, 7, 25 (p. 31, 14 ss., Willis); *supra*, p. 71.
[86] Verg., *Georg.*, IV, 149 ss.

parcelle d'intelligence divine qui émane, comme l'âme humaine, de l'empyrée hyperouranien[87]. Pour Virgile, *bougonia* signifiait palingénésie, et les commentateurs d'Homère dont dépend Porphyre relèvent apparemment de la même tradition. Or les abeilles renaissent au monde dans la mort, à partir d'un cadavre (comme l'âme renaît au monde dans un corps)[88]. D'où l'opportunité du vers emprunté à Sophocle sur «l'essaim des morts» (fr. 794 Nauck). Au chant VI de son *Enéide*, le même Virgile compare le peuple innombrable des âmes, qui voltigent autour du Léthé avant leur réincarnation, aux abeilles qui, par un clair été, se posent sur les fleurs diaprées de la prairie padane[89]. E. Norden[90] a noté, à propos de ces vers, que certaines épitaphes assimilent les tombeaux à des ruches, et il cite l'histoire contée par Hérodote[91] d'un essaim logé dans le crâne d'un mort. La source de Porphyre, qu'il s'agisse de Numénius, de Cronius ou des deux à la fois, procède sur ce point de la même idéologie que Virgile. Cette rencontre du poète latin avec une interprétation grecque du mithriacisme a de quoi susciter l'interrogation. Admettons cependant que Virgile et Porphyre se réfèrent à la *bougonia* avec des intentions et des préoccupations bien différentes, sans s'inspirer directement d'un archétype commun. On n'en reste pas moins frappé du fait que le poète des *Géorgiques* parle dans ce même livre IV et de la *bougonia* et du vieillard corycien, pirate converti en apiculteur, mais que les officiers francs-tireurs de Mithridate avaient peut-être converti d'abord au mithriacisme[92] ...

Ma seconde remarque regarde la relation de la Lune aux âmes-abeilles. Koré que les Anciens appelaient «la déesse au miel» (μελιτώδη) est identifiée avec la Lune par Porphyre, comme elle l'était par Plutarque dans le *De facie*[93]. La Lune est «taureau» en raison des deux cornes de son croissant; au demeurant, des monuments mithriaques, tels que le relief rupestre de Bourg-St-Andéol, la représentent

---

[87] *Ibid.*, 220 ss.
[88] Sur le corps-cadavre, cf. O. Kern, *Orphicorum fragmenta*[2], p. 85.
[89] Verg., *Aen.*, VI, 707 ss.:

Ac velut in pratis ubi apes aestate serena
floribus insidunt variis et candida circum
lilia funduntur, strepit omnis murmure campus ...

[90] *P. Vergilius Maro Aeneis Buch VI*[4], p. 305 ss.
[91] V, 114 (II, p. 62, 11 ss., Kallenberg).
[92] *Supra*, p. 8-9.
[93] 27, 942 d; 28, 943 b; 29, 944 c. Cf. l'éd.-trad. commentée de P. Raingeard, p. 141, 151.

en buste avec les cornes du taureau[94]. Corrélativement, le taureau figure quelquefois dans une sorte de barque en forme de croissant lunaire (*scapha lunata*)[95]. Est-ce une façon imagée de transcrire une croyance dont l'expression se trouvera plus tard dans le *Bounda-hishn* et suivant laquelle la semence du taureau passe dans la Lune pour y être purifiée[96]? Les explications d'H. Lommel[97] concernant les origines védiques du mythe mithriaque confirmeraient, s'il a raison, cette relation fondamentale de la lune au taureau. Mais l'argument de l'*hypsôma*[98] est typique des préoccupations astrologiques de Numénius et de Cronius que Porphyre citera nommément au chapitre 21[99]. Mais la relation de la lune au taureau n'intéresse précisément son exégèse qu'en fonction des âmes-abeilles «nées du bœuf», donc filles de la lune. En effet, la lune était appelée «abeille» en tant qu'astre présidant à la génération (γενέσεως προστάτιδα). C'est elle qui favorise les accouchements, qui aide à enfanter, qui donc fait entrer les âmes dans le monde de la genèse. Dans le *De facie*, Plutarque expose une théorie étroitement apparentée à celle du *De antro*. Recevant du soleil le sperme de l'intelligence, la lune, écrit Plutarque, νέας ποιεῖ ψυχάς (945 c). On sait que K. Reinhardt[100] impute cette doctrine à Posidonius. L'hypothèse est discutée; mais, outre l'utilisation systématique de l'astrologie, d'autres passages du *De antro* ont une coloration posidonienne: ceux qui concernent par exemple l'*anathymiasis*[101], les âmes aériennes séjournant dans l'atmosphère[102], les effets du climat sur l'aspect physique des différents

[94] R. Turcan, *Les religions de l'Asie dans la vallée du Rhône*, p. 16.

[95] L. A. Campbell, *op. cit.*, p. 255 s., 336.

[96] *Supra*, p. 12.

[97] *Mithra und das Stieropfer, Paideuma*, 3, 1949, p. 207 ss.; M. J. Vermaseren, *Mithra, ce dieu mystérieux*, p. 14 s.

[98] *De antro Nymph.*, 18 (p. 69, 14, N.): καὶ ὕψωμα σελήνης ὁ ταῦρος.

[99] P. 71, 1, N.

[100] *Kosmos und Sympathie*, p. 313 ss., et dans *RE*, 22¹, col. 782 ss. Cf. R. M. Jones, *Posidonius and Solar eschatology, Class. Philol.*, 27, 1932, p. 116 ss.; P. Boyancé, *Études sur le Songe de Scipion*, p. 81; M. P. Nilsson, *Geschichte der griechischen Religion*, II², p. 264. La théorie de Plutarque coïncide avec celle de Bardesane. Celui-ci enseignait que «tous les mois, la lune, mère de la vie, émettant sa lumière et entrant dans le soleil, père de la vie, recevait de celui-ci l'esprit de conservation qu'elle répandait sur tout l'univers» (R. Duval, *Anciennes littératures chrétiennes*, II, *La littérature syriaque*, Paris, 1899, p. 242).

[101] *De antro Nymph.*, 11 (p. 64, 5-6, N.). Cf. L. Edelstein-I. G. Kidd, *Posidonius*, I, *The fragments*, Cambridge, 1972, p. 114 s., fr. 118, 119, 14 s.; fr. 214, 10; 14 s.

[102] *De antro Nymph.*, 12 (p. 65, 7-8, N.). Cf. Edelstein-Kidd, *op. cit.*, p. 108, fr. 108 (= Cic., *De div.*, I, 64): *plenus aer sit immortalium animorum*; R.

peuples[103]. Ces rapprochements n'ont évidemment rien de décisif, car au temps de Numénius les théories précitées appartenaient au fonds commun de la culture philosophique. Mais le rôle de la lune dans la génération des âmes-abeilles peut être considéré comme relevant d'une conception plus spécifiquement posidonienne. Rattachée à la légende de la *bougonia*, cette conception permettait d'annexer le mythe persique de la tauroctonie et d'en rendre raison dans la perspective stoïco-platonisante d'un Posidonius.

«Or les âmes qui vont dans la génération sont aussi nées du bœuf, et il est «voleur de bœuf» ὁ τὴν γένεσιν λεληθότως ἀκούων»[104]. Tel est le texte des manuscrits. Le participe ἀκούων fait difficulté pour le sens. On a donc proposé plusieurs corrections. R. Hercher[105], trop soucieux, semble-t-il, de concilier à tout prix cette allusion mithriaque avec la théorie pessimiste de la genèse qui domine le *De antro*, a conjecturé κωλύων. Pareille leçon n'est satisfaisante ni paléographiquement, ni «mithraïquement», car le dieu n'*empêche* aucunement et *en secret* la génération. F. Cumont[106] proposait de lire ἐκθύων, mais comme l'écrivait fort justement A. Loisy[107], on ne voit pas comment dans une perspective mithriaque le sacrifice du taureau pouvait être interprété comme «une offrande expiatoire de la création»[108]. A. Loisy était tenté par une leçon comme ἀκέων, «soignant» ou «réparant»: mais cette idée de réparer la création blessée est d'inspiration chrétienne[109] et, je crois, étrangère au mithriacisme. Il ajoutait toutefois qu'ἀκούων «peut être la vraie leçon et contenir une allusion, pour nous obscure, au mythe de Mithra, du dieu «qui est instruit en secret de la création», c'est-à-dire de la création à effectuer ou procurer par le sacrifice du taureau». Loisy songeait ici, apparemment, au mes-

---

Hoven, *Stoïcisme et stoïciens face au problème de l'Au-delà*, Bibl. de la Fac. de Philos. et Lettres de l'Univ. de Liège, 197, Paris, 1971, p. 58, 70, 82.

[103] *De antro Nymph.*, 28 (p. 76, 1 ss., N.). Cf. K. Reinhardt, *Kosmos und Sympathie*, p. 56 s., 73, 400 et dans *RE*, 22¹, col. 657; C. Schneider, *Kulturgeschichte des Hellenismus*, II, Munich, 1969, p. 368.

[104] *De antro Nymph.*, 18 (p. 69, 15 s., N.).

[105] Aeliani, *De nat. an.*, ... Porphyrii, *De abst.*, ...; Philonis Byzantii, *De septem orb. sp.*, Paris, 1858, p. LXIX (à propos de *De antro Nymph.*, 18, p. 93, 35).

[106] *MMM*, II, p. 40, *Porphyre*, c: Mithra «n'empêche pas la génération, il en est au contraire l'auteur».

[107] *Les mystères païens et le mystère chrétien*², Paris, 1930, p. 186, n. 3.

[108] Explication de F. Cumont, *loc. cit.*

[109] A. Loisy eut tendance à interpréter certains mystères païens dans une perspective chrétienne et, réciproquement, le mystère chrétien en fonction des liturgies païennes.

sage du corbeau; mais son interprétation suppose une brachylogie bien étrange sous la plume de Porphyre. F. Buffière[110] qui conserve ἀκούων traduit: «le dieu dont on nomme en secret la génération» (?). Leroy A. Campbell, qui avait d'abord suggéré κύων[111], est revenu à la leçon des manuscrits et comprend «the one secretly hearing genesis»[112]. Plus récemment, dans l'édition-traduction publiée par le Séminaire Classique de l'Université de New York, à Buffalo, on avançait l'hypothèse d'un ἀνακινῶν ou même d'un ἀνακυκλῶν qui s'impose encore moins que les corrections proposées jusqu'alors, même si la traduction («the god who secretly furthers creation») s'accorde mieux avec le contexte porphyrien[113].

Nécessairement, la bonne leçon est en rapport étroit avec l'expression βουκλόπος θεός que notre problématique participe présent devrait compléter, élucider. La solution se trouve, je crois, chez Firmicus Maternus[114], dans le contexte qui précède et qui glose la formule μύστα βοοκλοπίης. Les Perses adorent comme personnification du feu mâle (*virum*) un voleur qui détourne les troupeaux de bovins: *abactorem bovum*. Paléographiquement ἀκούων peut très bien s'expliquer comme une corruption de ἀπάγων. Terminologiquement, cette leçon aurait l'avantage de concorder avec le vocabulaire que l'apologiste latin applique au dieu tauroctone. Idéologiquement, enfin, elle correspond au mythe et aux monuments figurés qui nous montrent Mithra maîtrisant et entraînant le taureau à l'écart (ἀπάγων), pour le sacrifier dans la grotte[115]. Ce faisant, le dieu sauveur soustrait

---

[110] *Op. cit.*, p. 435.

[111] *Typology of Mithraic tauroctone, Berytus*, 11, 1, 1954, p. 23, n. 2: «the one secretly begetting genesis is a cattle-stealing god».

[112] *Mithraic iconography and ideology*, p. 251 s. *Akouein* signifierait «écouter» au sens d'*obéir*, d'*accepter*. Mais, dans cette hypothèse, on voit mal pourquoi Mithra consent à la génération «en secret», «en cachette»!

[113] *Porphyry, The Cave of the Nymphs in the Odyssey*, a revised text with translation by Seminar Classics 609, State University of New York at Buffalo, *Arethusa Monographs*, 1, 1969, p. 20.

[114] *De err. prof. rel.*, 5, 2 (p. 12, 10-13, Ziegler[1]; p. 64, 13-16, de l'éd. commentée A. Pastorino, Florence, 1956): *Virum vero abactorem bovum colentes sacra ejus ad ignis transferunt potestatem, sicut propheta ejus tradidit nobis dicens*: Μύστα βοοκλοπίης συνδέξιε (*Pastorino*: συνλέξιε *Ziegler[1]*) πατρὸς ἀγαυοῦ. Cf. L. A. Campbell, *op. cit.*, p. 9.

[115] Mithra entraîne le taureau dans la grotte en le tenant par les membres postérieurs: *CIMRM*, I, fig. 28 (n° 77); II, fig. 274 (n° 1083), 296 (n° 1137), 308 (n° 1168), 323 (n° 1247), 337 (n° 1283), ... etc. Ailleurs Mithra fait avancer le taureau en le tenant par une corne: *ibid.*, II, fig. 345 (n° 1301, 4), 360 (n° 1400); cf. fig. 355 (n° 1359, 17). Le dieu «vole» ou «délivre» le taureau en le faisant sortir de son étable: E. Will, *op. cit.*, p. 367.

secrètement la création (ὁ τὴν γένεσιν λεληθότως ἀπάγων) à l'esprit du
mal, à Areimanios. Le taureau contient la vie, le sang auquel s'a-
breuvent les animaux dans les représentations de la tauroctonie.
Numénius et Cronius y voyaient la renaissance des âmes à la vie du
monde matériel, par analogie avec la *bougonia* d'où sortent les abeilles. Dans cette perspective, Mithra apparaissait comme le démiurge.
Mais pareille identification est-elle, oui ou non, authentiquement
mithriaque?

Dans la citation d'Eubule sur la consécration de la première grotte
par les soins de Zoroastre, Mithra est défini comme créateur et père
de toutes choses, comme le dieu qui a fabriqué (ἐδημιούργησε) le
monde[116]. Mais on a vu que dans ce passage les expressions εἰκόνα ou
σύμβολον φέρειν sont marquées au coin de Numénius[117]. Eubule y est
lu et présenté dans une optique numénienne. Il est douteux que
l'auteur de l'*Enquête sur Mithra* ait fait du dieu persique un démiurge. Au chapitre 24 du *De antro*, Porphyre revient sur cette identification sans citer le nom d'Eubule, mais en l'assortissant d'une argumentation astrologique bien caractéristique de Numénius:

«On a attribué comme résidence propre à Mithra la position équinoxiale.
Aussi porte-t-il le couteau du signe zodiacal cher à Mars, le Bélier; il
chevauche le taureau d'Aphrodite car, tout comme le taureau, il est
démiurge et maître de la génération»[118].

Cette dernière expression (γενέσεως δεσπότης) peut s'interpréter
en relation avec le τὴν γένεσιν ἀπάγων du chapitre 17: Mithra se rend
maître de la génération «en détournant» le taureau[119] qui en contient
les germes. Les monuments figurés illustrent explicitement la capture de l'animal[120], de même que l'épisode de Mithra porté par le
taureau auquel il s'agrippe[121] ou qu'il chevauche au grand galop[122].
On sait aussi qu'un écrit manichéen du Turkestan oppose au vrai
Mithra le faux dieu qui monte un taureau[123]: il s'agit apparemment

[116] *Supra*, p. 24, 26.
[117] *Supra*, p. 26.
[118] *De antro Nymph.*, 24 (p. 73, 2-6, N.); *supra*, p. 55.
[119] Commodian., *Instr.*, I, 13: *vertebat boves alienos semper in antris,/sicut
et Cacus Vulcani filius ille.*
[120] M. J. Vermaseren, *Mithra, ce dieu mystérieux*, p. 68 s.; L. A. Campbell,
op. cit., p. 283 s.
[121] *CIMRM*, II, fig. 323 (n° 1247), 337 (n° 1283, 13), 342 (n° 1292, 5 b).
[122] *Ibid.*, I, fig. 19 (n° 42, 9), 181 (n° 650, L, 1), 236 (n° 966 C 1). Cf. E. Will,
op. cit., p. 369; L. A. Campbell, *op. cit.*, p. 243, 250, 255 s.
[123] A. von Le Coq, *Türkische Manichaica aus Chotscho*, II, *Abhandl. d.
Preuss. Akad. d. Wiss. zu Berlin*, 1919, 3, p. 5 = *T.M.* 180 (pl. I), recto
l. 8 ss.; verso l. 6 ss. Cf. G. Windengren, *Les religions de l'Iran*, p. 339.

du Mithra gréco-romain. Mais la formule «taureau d'Aphrodite» concerne aussi précisément le signe zodiacal du Taureau qui suit immédiatement le Bélier et où Vénus se plaît à résider, suivant la doctrine des domiciles planétaires[124]. Nous reviendrons plus loin sur l'intérêt de ces données zodiacales[125]. Ici, le voisinage du Taureau est censé transcrire astronomiquement la signification démiurgique de la tauroctonie.

Mais d'où Numénius tenait-il que Mithra était démiurge? Nulle part dans la littérature mazdéenne il ne joue ce rôle[126]. Il est vrai que les mystères gréco-romains de Mithra procèdent d'une transplantation dont les rameaux étaient devenus étrangers aux traditions iraniennes, et que le dieu a pu y assumer des fonctions qu'il n'avait pas dans son milieu d'origine. C'est un des grands problèmes que pose le mithriacisme.

On ne voit pas que les documents inscrits ou figurés des antres définissent explicitement Mithra comme le dieu créateur du monde: le fait que, dans certaines représentations, on lui voit tenir un globe[127] n'implique pas qu'il l'ait façonné. Mithra peut figurer en *Kos-*

---

[124] A. Bouché-Leclercq, *L'astrologie grecque*, p. 133 s., 188 s.

[125] *Infra*, p. 85 s.

[126] Le «démiurge» des Manichéens ou «Esprit Vivant», qui a fait le soleil et la lune, porte dans certains textes orientaux le nom de *Mihryazd* (= Mithra Yazata): G. Widengren, *op. cit.*, p. 336; H.-Ch. Puech, *Le manichéisme*, dans *Encyclopédie de la Pléiade, Histoire des religions*, II, Paris, 1972, p. 565. En tant qu'Esprit Vivant, Mihryazd assume apparemment la même fonction animatrice et militante que le Mithra gréco-romain. Mais ces témoignages manichéens sont de toute façon postérieurs à Numénius, et rien ne prouve que leur doctrine procède directement de celle qu'impliquait la liturgie des antres persiques. La question difficile, pour ne pas dire scabreuse, des rapports du manichéisme avec le mithriacisme n'a pas lieu d'être ici débattue. On notera seulement qu'outre la conception d'un Mithra démiurge, celle du mélange de Lumière et de Ténèbres dans le monde incarné n'est pas sans analogies avec l'exégèse numénienne de l'antre odysséen.

[127] *CIMRM*, I, fig. 19 (n° 42, 9), 91 (n° 334), 237 (n° 985); II, fig. 337 (n° 1283, 10), etc. Mithra-Atlas: *ibid.*, fig. 337 (n° 1283, 7). La figuration de Mithra en Atlas illustre clairement l'idée que le dieu prend le monde en charge. Sur Mithra-*Kosmokratôr*, cf. *The miraculous birth of Mithras, Studia Archaeologica G. Van Hoorn oblata*, Leyde, 1951, p. 99.

Le bas-relief de Trèves (*CIMRM*, I, n° 985) est singulièrement intéressant. Mithra pétrogène y apparaît dans l'orbe du zodiaque dont la section inférieure émerge à peine du rocher: le dieu est donc censé grandir en même temps que le monde dont il est désormais responsable et qu'il va vivifier par le sacrifice du taureau, comme le donnent à prévoir les animaux figurés au registre inférieur du panneau (corbeau, serpent et chien). L'attribut de la sphère désigne Mithra comme un *Kosmokratôr*, c'est-à-dire non pas précisément comme un démiurge, mais comme le maître et l'animateur du Kosmos. Les empereurs romains et byzantins tiennent la sphère en tant que responsables, et non pas créateurs, de l'univers.

mokratôr[128] sans pour autant se confondre avec le démiurge. Mais l'identification du dieu avec *Sol Invictus* pouvait induire à le croire, compte tenu des théories stoïciennes (et peut-être posidoniennes) sur le soleil géniteur. D'autre part, Firmicus Maternus nous atteste l'équation feu mâle = Mithra[129], interprétation qui permettait de reconnaître en lui la personnification persique du πῦρ τεχνίτης, feu artiste et créateur. Enfin et surtout, il faut prendre garde que cette notion d'un Mithra-démiurge importait personnellement à Numénius.

Car en tant que *Mésitès*[130], il correspondait très exactement au deuxième dieu du philosophe apaméen, à son dieu-démiurge : ποιητὴν δὲ τὸν δεύτερον[131]. Ce titre de ποιητής est celui même que Porphyre[132] donne à Mithra dans une citation d'Eubule délayée et glosée vraisemblablement par Numénius qui calquait, on l'a vu, une expression du *Timée*[133]. Ailleurs Numénius écrit de son deuxième dieu qu'il «commande en circulant à travers le ciel» (ἡγεμονεῖν δι' οὐρανοῦ ἰόντα)[134]. Il faut rappeler que, selon Cléanthe et Posidonius, le soleil est l'*hégémonikon* du monde, et que sa révolution au milieu des planètes en fait le chorège du ciel[135]. L'expression δι' οὐρανοῦ ἰόντα suggère que Numénius voyait dans Hélios au moins une image du démiurge, sinon le démiurge lui-même. Il ne pouvait pas ne pas se réclamer de Platon qui, dans la *République* (VI, 506 e, 508 b)[136], faisait du soleil «le rejeton du Bien et son image la plus ressemblante». Numénius écrit précisément que le démiurge est l'imitateur du Bien[137] et son «rejeton»[138], en reprenant le mot même de Platon (ἔγγονον). Ainsi, en

---

[128] L. A. Campbell, *op. cit.*, p. 196, 199, 279. Cf. *CIMRM*, I, p. 190, n° 463, et les réserves exprimées par E. Will, *op. cit.*, p. 298.

[129] L. A. Campbell, *op. cit.* p. 9 et 386; *supra*, p. 76.

[130] *Supra*, p. 20.

[131] E. des Places, *op. cit.*, p. 60, fr. 21 (= fr. 24, Leemans) : πατέρα μὲν καλεῖ τὸν πρῶτον, ποιητὴν δὲ τὸν δεύτερον, ποίημα δὲ τὸν τρίτον. Le premier dieu est Père, non pas du monde, mais du démiurge: *ibid.*, p. 53, fr. 11, 2 ss. Cf. A.-J. Festugière, *La révélation d'Hermès Trismégiste*, IV, p. 127.

[132] *De antro Nymph.*, 6 (p. 60, 7, N.).

[133] *Supra*, p. 26.

[134] E. des Places, *op. cit.*, p. 54, fr. 12, 16.

[135] *Supra*, p. 11.

[136] ἔκγονός τε τοῦ ἀγαθοῦ ... καὶ ὁμοιότατος ἐκείνῳ (506 e); τὸν τοῦ ἀγαθοῦ ἔκγονον (508 b).

[137] E. des Places, *op. cit.*, p. 57, fr. 16, 7; 14 s. La genèse est l'image (εἰκών) de l'essence du Bien; le démiurge est μιμητής du premier dieu. Cf. Porph., *De antro Nymph.*, 6 (p. 59, 19 ss., N.).

[138] E. des Places, *op. cit.*, p. 60, fr. 21, 7 : les trois dieux sont respectivement πάππος, ἔγγονος, ἀπόγονος.

raison des traditions relatives à la *bougonia* et aux âmes-abeilles
d'une part, des caractères qui liaient le dieu tauroctone et l'assimilaient même au soleil d'autre part, Mithra est devenu père et «poète»
de l'univers. Mais il ne l'est devenu, semble-t-il, que dans la pensée
du platonicien et néopythagoricien Numénius.

On ne peut qu'être frappé par l'analogie qu'offre son système avec
le schème gnostique du valentinien Ptolémée, qui était approximativement son contemporain. Le démiurge de la *Lettre à Flora*, «image
du dieu suprême»[139], est créateur de ce monde tout entier (ποιητὴς
τοῦδε τοῦ παντός ἐστιν κόσμου)[140], comme le Mithra-démiurge de Numénius est πάντων ποιητής (cette terminologie vient tout droit du
Timée)[141]. Le démiurge de Numénius s'appelle le Nomothète ou
«Législateur»[142], titre qui correspond justement aux fonctions (*no-
mothésia*) du démiurge de Ptolémée: θέμενος τὸν νόμον[143]. Le second
dieu de Numénius est «double» (διττός)[144]; celui de Ptolémée διττὴν
μὲν δύναμιν προήγαγεν[145], c'est-à-dire «donna naissance à l'hylique et
au psychique», selon G. Quispel[146]. La dualité du démiurge numénien
a sans doute une tout autre signification, que le P. Festugière[147] a
mise en parallèle avec la doctrine des *Oracles chaldaïques*, mais l'analogie de ce clivage binaire n'en est pas moins curieuse. Ptolémée
insiste sur la position médiane du démiurge, et cette *mésotès*[148] l'apparente au soleil tout autant qu'à Mithra *Mésitès*. On a vu[149] que les
termes dans lesquels Numénius caractérise le rôle «hégémonique» de
son démiurge δι' οὐρανοῦ ἰόντα font penser à Hélios, *hégémonikon* de
l'univers selon Cléanthe et les Stoïciens. Sur ce point, il y a lieu de
rapprocher une affirmation d'Appion dans la VIe *Homélie Clémen-
tine*: «Considère Apollon comme le soleil qui accomplit sa révolution

---

[139] *Ep. Flor.*, 7, 7: τοῦ κρείττονός ἐστιν εἰκών. Cf. l'éd.-trad. de G. Quispel
dans la Coll. «Sources Chrétiennes», p. 91: «origine platonicienne évidente»;
supra, p. 20.

[140] *Ep. Flor.*, 7, 4.

[141] *Supra*, p. 26.

[142] E. des Places, *op. cit.*, p. 55, fr. 13. Cf. A.-J. Festugière, *La révélation
d'Hermès Trismégiste*, III, p. 44.

[143] *Ep. Flor.*, 4, 2; 5, 4; 7, 3.

[144] E. des Places, *op. cit.*, p. 57, fr. 16, 10; p. 60, fr. 21, 4.

[145] *Ep. Flor.*, 7, 5.

[146] Ed.-trad. de Ptolémée, *Ep. Flor.*, p. 98. Cf. F. L. Sagnard, *La gnose
valentinienne*, p. 471; R. Haardt, *Die Gnosis, Wesen und Zeugnisse*, Salzburg,
1967, p. 315 s., n. 9.

[147] *La révélation d'Hermès Trismégiste*, III, p. 47, 55.

[148] *Supra*, p. 20.

[149] *Supra*, p. 49.

(περιπολοῦντα) et qui est le rejeton (γονήν) de Zeus; on l'a appelé aussi Mithra, comme remplissant entièrement le cours circulaire de l'année»[150]: isopséphiquement, de fait, Μείθρας équivaut au nombre 365. Ce Mithra-Hélios, fils de Zeus et qui évolue parmi les astres, ressemble comme un frère jumeau au démiurge de Numénius, «rejeton» du Bien, Dieu suprême, qui «parcourt le ciel».

Avec l'intérêt passionné que Numénius portait aux doctrines religieuses et théosophiques de son temps, il n'a rien dû ignorer des courants gnostiques. Comme les gnostiques, mais aussi en bon platonicien, il est dualiste: Dieu est bon, la matière est mauvaise[151]. Dans le *De antro*[152], l'obscurité et l'humidité des grottes symbolisent la matière: similairement, la *Lettre à Flora* caractérise «l'essence de l'Adversaire» comme «corruption et ténèbres: car il est matériel et divisé»[153]. La grande différence est que pour Numénius le monde est beau par sa participation à l'essence du Bien[154], et *L'antre des Nymphes* le souligne: «Grâce à l'adjonction de la forme et à sa *diakosmèsis* — d'où le nom de *kosmos* qu'on lui a donné — le monde est beau et charmant»[155]. Cependant pour Numénius, comme pour Ptolémée, un Dieu souverainement bon ne peut être mêlé au monde matériel: d'où la raison d'être d'un dieu intermédiaire, le démiurge avec lequel s'identifiait tout naturellement Mithra *Mésitès*, du moins pour un platonicien du IIe siècle après J.-C. qui respirait le même «esprit du temps» qu'un Marcion[156] ou qu'un Ptolémée.

Le Nomothète de Numénius «plante, distribue, transplante en chacun de nous les semences qui ont été semées d'abord par le premier dieu»[157]. Ces métaphores sont bien évidemment héritées de

---

[150] Ps.-Clem., *Homil.* VI, 10 = C. Clemen, *Fontes historiae religionis Persicae*, Bonn, 1920, p. 82, 19 ss.: Ἀπόλλωνα τὸν ἥλιον τὸν περιπολοῦντα εἶναι νόμιζε, γονὴν ὄντα τοῦ Διὸς ὅν καὶ Μίθραν ἐκάλεσαν, ἐνιαυτοῦ συμπληροῦντα περίοδον. Cf. Hieron., *Comm. in Amos*, 3, 9 s. = C. Clemen, *op. cit.*, p. 87, 31 ss.: ... *et annui cursus numerum in Solis circulo contineri, quem ethnici sub eodem numero aliarum litterarum vocant* Μείθραν. Voir aussi H. Leisegang, *La gnose*, trad. fr., Paris, 1951, p. 171.

[151] A.-J. Festugière, *op. cit.*, III, p. 43.

[152] Chap. 6 (p. 59, 18 s., N.); 9 (p. 62, 15 ss., N.). Cf. F. Buffière, *op. cit.*, p. 427 ss.

[153] *Ep. Flor.*, 7, 7: φθορά τε καὶ σκότος (ὑλικὸς γὰρ οὗτος καὶ πολυσχιδής).

[154] E. des Places, *op. cit.*, p. 57, fr. 16, 16 s.; A.-J. Festugière, *op. cit.*, III, p. 96. Cf. Plat., *Tim.*, 29 a: Εἰ μὲν δὴ καλός ἐστιν ὅδε ὁ κόσμος ὅ τε δημιουργὸς ἀγαθός, ... κτλ.

[155] *De antro Nymph.*, 6 (p. 59, 19-21, N.): διὰ δὲ τὴν τοῦ εἴδους συμπλοκὴν καὶ διακόσμησιν, ἀφ'οὗ καὶ κόσμος ἐκλήθη, καλός τέ ἐστι καὶ ἐπέραστος.

[156] *Supra*, p. 20.

[157] E. des Places, *op. cit.*, p. 55, fr. 13. Cf. A.-J. Festugière, *op. cit.*, III, p. 44.

Platon et des «semailles du Timée»[158], auquel fait écho Cicéron dans
son *De legibus*[159]. Autrement dit, si toutes les âmes sont issues du
Premier Dieu, le démiurge a la responsabilité de leur incarnation et
de leurs métensomatoses (auxquelles fait probablement allusion le
verbe μεταφυτεύειν)[160]. Rappelons-nous aussi ce qu'un autre passage
du Περὶ τἀγαθοῦ nous apprend du démiurge numénien par qui «se
fait notre voyage, quand l'intellect est envoyé ici-bas . .»[161]. Or c'est
le rôle que Numénius — chez Porphyre — assigne à Mithra *bouklopos* qui, en égorgeant le taureau, fait entrer les âmes dans le monde
de la genèse[162]. Pour Numénius comme pour Porphyre, cette incarnation est un malheur, une déchéance. Le salut consiste à en sortir —
par la porte du Capricorne.

Mais qu'en est-il authentiquement dans le mithriacisme?
Un hexamètre inscrit dans le *Mithraeum* de S. Prisca proclame:

Et nos servasti eternali sanguine fuso[163].

Donc, pour les mithriastes, le sacrifice du taureau a sauvé l'humanité, bien loin de faire son malheur. Le sang du taureau est aliment
de vie, d'éternité (*eternali sanguine*), bien loin de dégrader les âmes
dans la mortalité. Il faut préciser que la littérature mazdéenne n'a

---

[158] P. Boyancé, *Cicéron et les semailles du Timée, CRAI*, 1960, p. 283 ss.;
Id., dans *Romanitas*, 3, 1961, p. 111 ss.

[159] II, 24: *perpetuis cursibus conversionibusque* (= περιόδοις) *caelestibus
exstitisse quandam maturitatem serendi generis humani* ... Cf. Plat., *Tim.*,
41 d-42 a. L'incarnation des âmes est donc corrélative à un certain état du
ciel et conditionnée par les révolutions sidérales. On retrouve ici une idée qui
est à la base même de l'exégèse appliquée par Celse à l'échelle mithriaque.
Quant à la source directe de Cicéron, «on pourrait être tenté de songer à
Posidonius» (P. Boyancé, dans *CRAI*, 1960, p. 288), d'autant que Posidonius
s'était intéressé au *Timée* (Sext. Emp., *Math.*, VII, 93; K. Reinhardt, dans
RE, 22¹, col. 569). Dans le *De facie in orbe Lunae* (30, 945 c), que K. Reinhardt croit frappé d'une empreinte posidonienne (mais cf. les observations
de R. M. Jones, dans *Class. Philol.*, 27, 1932, p. 119 s.), Plutarque affirme
que le soleil «sème l'intelligence» (τὸν νοῦν ἐπισπείραντος τοῦ ἡλίου) pour en
féconder la lune, qui enfante de nouvelles âmes. Julien (*Or.*, IV, 131 c) écrit
aussi que le soleil répand sur terre la semence des âmes: cf. R. M. Jones, *art.
cit.*, p. 134. Or le démiurge de Numénius a des aspects et des fonctions qui
l'assimilent à Hélios: *supra*, p. 19, 21, 79.

[160] A.-J. Festugière, *loc. cit.*

[161] E. des Places, *op. cit.*, p. 54, fr. 12, 16 ss.; *supra*, p. 49.

[162] Porph., *De antro Nymph.*, 18 (p. 69, 15 s., N.): ψυχαὶ δ'εἰς γένεσιν ἰοῦσαι
βουγενεῖς ... κτλ.

[163] Vermaseren-Van Essen, *The excavations in the Mithraeum of the church
of Santa Prisca*, p. 217 ss.; 218: «There can be no doubt that it is Mithras
who is referred to in this line».

pas de la création une conception pessimiste, comme les gnostiques
et certains platoniciens tardifs. Le créateur se confond avec le Dieu
souverain Ormazd qui est foncièrement bon. D'après le *Shkand
Gumânîk Vicâr*[164], s'il crée, c'est uniquement pour repousser et pré-
venir le dommage qui provient de l'Adversaire et du Destructeur:
«C'est là le motif propre et la cause de la création». De même, dans
les *Sélections de Zâtspram*[165], la création apparaît comme un piège
tendu pour vaincre Ahriman et le réduire à l'impuissance. Il est bien
évident que le mazdéisme ne s'identifie pas avec le mithriacisme des
mystères gréco-romains. Mais l'hexamètre de S. Prisca démontre
aussi la fonction salvatrice de Mithra que Numénius assimile au
démiurge — ce qu'il n'est pas dans le mazdéisme ni probablement
dans le mithriacisme; mais le philosophe apaméen n'aurait pas sou-
tenu cette identité, comme l'atteste *L'antre des Nymphes*, si les mystères gréco-romains n'avaient comporté aucun indice propre à la lui
suggérer. Il apparaît, en effet, que si le Mithra des mystères n'était
pas démiurge à strictement parler, il coopérait en quelque manière
à l'œuvre du créateur pour vaincre l'Ennemi.

Car le rôle de Mithra tauroctone est lié à l'équinoxe de printemps
et au signe zodiacal du Bélier. Porphyre écrit (d'après Numénius):

> «On a attribué comme résidence propre à Mithra la position équinoxiale.
> Aussi porte-t-il le couteau du signe zodiacal cher à Mars, le Bélier; il
> chevauche le taureau d'Aphrodite, car tout comme le taureau, il est
> démiurge et maître de la génération. Il est placé sur le cercle équinoxial
> ayant à sa droite les signes du nord, à sa gauche ceux du sud; du côté
> de Notos se trouve l'hémisphère exposé à ce vent, parce qu'il est chaud;
> du côté de Borée l'hémisphère qui lui correspond, parce que ce vent est
> froid. Or aux âmes qui vont dans la génération et qui s'en séparent on a
> non sans raison assigné des vents, parce qu'elles-mêmes aussi entraînent

---

[164] VIII, 50 s. (p. 95 de l'éd.-trad. comm. de J. de Menasce, dans *Collectanea
Friburgensia*, 30, Fribourg, 1945); J. Duchesne-Guillemin, *La religion de
l'Iran ancien*, p. 309.

[165] *The Sacred Books of the East*, V, *Pahlavi texts*, 1, trad. E. W. West,
Oxford, 1880, p. 159 s. Cf. H. Rousseau, *Le dieu du mal*, Paris, 1963, p. 30 s.;
M. Molé, *L'Iran ancien* (Coll. «Religions du Monde»), p. 103 s.; Id., *Culte,
mythe et cosmologie dans l'Iran ancien*, p. 401 s., 415, où l'auteur cite le *Dênkart*
(p. 351, 12 ss., de l'éd. Madan): «Ohrmazd créa le monde et la religion mazdéenne pour triompher de l'Assaut et le détruire». La création n'a pas d'autre
but que d'éliminer le mal (M. Molé, *op. cit.*, p. 389); la raison d'être des créa-
tures est d'accomplir la volonté du créateur (*ibid.*, p. 477 s.).
De même, dans le manichéisme, l'incarnation de la substance lumineuse
engloutie dans la matière ténébreuse apparaît comme «une ruse de guerre qui
tournera plus tard au plus grand bien de l'humanité» (H.-Ch. Puech, *Le
manichéisme*, p. 562; cf. F. Decret, *Mani et la tradition manichéenne*, Coll.
«Maîtres Spirituels», Paris, 1974, p. 86).

à leur suite un souffle, comme certains l'ont pensé, et qu'elles sont d'une essence analogue. Mais Borée est le vent approprié à celles qui vont dans la génération: pour cette raison aussi, le souffle de Borée «ranimant» ceux qui vont mourir «enveloppe leur cœur qui tristement défaille», tandis que le souffle de Notos désagrège. En effet, celui de Borée étant plus froid raffermit et retient dans le froid de la génération terrestre, tandis que l'autre (Notos) qui est plus chaud désagrège et renvoie dans la chaleur du divin»[166].

Concrètement, ces précisions s'appliquent à une représentation de la sphère céleste où Mithra figure dans la constellation du Bélier, à côté du point d'intersection de l'équateur avec l'écliptique. Pour que le dieu ait à sa droite les signes de l'hémisphère boréal, à sa gauche ceux de l'hémisphère austral, il faut qu'il tourne le dos à l'ouest. Il est donc clair, comme l'écrit Leroy A. Campbell[167], que les bas-re-

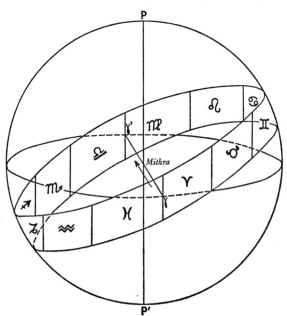

liefs ou peintures concernés par ce passage sont ceux de *Mithraea* orientés à l'est, où l'image cultuelle de Mithra tauroctone fait face au soleil levant. On en connaît effectivement maints exemples. On connaît aussi bon nombre de Mithras tauroctones encadrés dans la courbe d'un zodiaque[168]. Le plus souvent, il s'agit d'un arc en demi-

[166] *De antro Nymph.*, 24-25 (p. 73, 2-20, N.).
[167] *Op. cit.*, p. 55 (à côté de commentaires assez peu démonstratifs et foncièrement étrangers au texte de Porphyre).
[168] *Ibid.*, p. 101 s.

cercle ou en façon de cintre surbaissé. Or il est remarquable que la
série zodiacale commence presque toujours par le Bélier figuré soit à
gauche[169], soit à droite[170] de Mithra, suivant que le sens est conforme
ou non au mouvement des aiguilles d'une montre. Ces représentations confirment la signification d'un hexamètre peint sur la paroi
gauche du *Mithraeum* de S. Prisca[171]:

> *Primus et hic aries astrictius ordine currit*
> «Et ici marche en tête le Bélier qui suit exactement et dans l'ordre sa
> course».

A certains autres monuments le texte du *De antro* pourrait servir
plus précisément de commentaire. Il s'agit de ceux qui nous montrent un Mithra apparemment cerclé dans la circonférence complète
du zodiaque[172]. Cependant, sur le fameux bas-relief de Walbrook
(fig. 1)[173], le Tauroctone ne figure pas de face, mais légèrement de
biais, comme de manière à suggérer qu'en réalité Mithra tourne le
dos au Bélier, sur la ligne de l'équinoxe vernal. Pour comprendre
cette représentation, il faut partir d'un archétype conforme à la description de Porphyre, c'est-à-dire où le ruban circulaire du zodiaque
est penché suivant l'inclinaison de l'écliptique et où Mithra, posté
devant le Bélier, fait face à l'est, autrement dit à la Vierge, au niveau
de l'équateur. Dans ces conditions, Cautès debout à droite du Tauroctone (donc censément devant le Bélier) signifie bien l'entrée du
soleil dans l'hémisphère supérieur du ciel, tandis que Cautopatès (à
gauche de Mithra) personnifie la catabase de l'astre-roi. Le *Mithraeum* de Walbrook est orienté à l'est. C'est aussi le cas du *Mithraeum*
de Siscia qui a livré un bas-relief du même type (fig. 2)[174].

Ainsi, la tauroctonie est bien en relation avec la naissance vernale
du monde, comme avec sa rénovation à la fin des temps. Créé à

---

[169] *CIMRM*, I, fig. 15 (n° 40), 226 (n° 860); II, fig. 274 (n° 1083), 296
(n° 1137), 302 (n° 1149: endommagé), 340 (n° 1292).

[170] *Ibid.*, I, fig. 112 (n° 390); II, fig. 333 (n° 1271). Cf. le fragment n° 1161,
fig. 306, où le zodiaque cerclait Mithra en compagnie de *Sol*.

[171] *Supra*, p. 55, n. 75.

[172] *Ibid.*, I, fig. 218 (n° 810), 237 (n° 985); II, fig. 375 (n° 1472 = ici
fig. 2). Sur le bas-relief de Trèves (*ibid.*, I, n° 985), *Aries* figure à droite de
Mithra et ouvre le zodiaque surgi du rocher (*Primus et hic aries ... currit*),
pour bien marquer que la naissance et l'animation du monde coïncident avec
le lever héliaque du Bélier, à l'équinoxe de printemps.

[173] *Ibid.*, I, p. 283 s., n° 810; E. & J. R. Harris, *The Oriental cults in
Roman Britain* (ÉPRO, 6), Leyde, 1965, p. 7 s.; H. Gundel, dans *RE*, 2.
Reihe, 19, col. 630, n° 53.

[174] *CIMRM*, II, p. 173, n° 1472; H. Gundel, dans *RE*, 2. Reihe, 19, col.
633, n° 63.

l'équinoxe de printemps, quand le soleil entrait dans le Bélier, le monde renaîtra au printemps selon les livres mazdéens[175]. Le rôle de Mithra consiste à provoquer l'incarnation des âmes, à les faire entrer dans le cycle vital dès que l'univers existe. Les coordonnées célestes qui situent la position de Mithra tauroctone supposent, en effet, que le Kosmos préexiste au sacrifice du taureau. Le monde est créé pour faire pièce à Ahriman, et il faut que les âmes s'incarnent pour participer au grand combat contre l'Adversaire.

Du taureau on ne voit pas sortir des abeilles, mais les épis nourriciers et du *sang*. Dans la perspective de Numénius, reprise par Porphyre, ce sang (qui équivaut pour eux aux abeilles) ne peut représenter que les âmes, substance vitale du monde[176]. L'imagerie mithriaque ne nous montre que des animaux puisant le sang des âmes, animaux bons ou mauvais: chiens, serpents, ou bien le scorpion pinçant les testicules, d'où il tire également le germe de vie. A en juger par les explications de Celse, il n'est pas impossible que certaines communautés mithriaques d'intellectuels néopythagorisants aient intégré la doctrine de la métensomatose au *Credo* des antres. Dans cette hypothèse, les réincarnations ne constituaient pas nécessairement une expiation ni un châtiment, mais autant d'épreuves destinées à tremper l'énergie des Bons et à les consacrer comme héros d'Oromazdès dans leur lutte quotidienne contre l'Esprit Mauvais[177].

La doctrine orphique relative à l'incorporation des âmes véhiculées par les vents[178] n'était pas incompatible non plus avec certaines conceptions d'origine iranienne dont on retrouve la trace dans les mystères de Mithra[179]. Porphyre écrit — toujours d'après Numénius apparemment: «Aux âmes qui vont dans la génération et qui s'en séparent, on a non sans raison assigné des vents ...»[180] (*supra*, p. 83).

---

[175] *Supra*, p. 55.

[176] Mithra vivifie la création, comme le soleil de Cléanthe et de Posidonius anime le monde dont il est le cœur: *supra*, p. 11.

[177] Sur le rôle éminent de l'homme dans «le grand combat cosmique» selon la littérature mazdéenne, cf. M. Molé, *op. cit.*, p. 395.

[178] O. Kern, *Orphicorum fragmenta²*, p. 95 s., n° 27 (= Aristot., *De an.*, A 5, 410 b 19). Cf. W. K. C. Guthrie, *Orphée et la religion grecque*, trad. fr., Paris, 1956, p. 110 s., 163, n. 17.

[179] F. Cumont, *MMM*, I, p. 91-97; L. A. Campbell, *op. cit.*, p. 105. On a voulu mettre la doctrine mithriaque des vents anagogues en relation avec la théosophie des *Oracles Chaldaïques* (E. des Places, *Oracles Chaldaïques*, Paris, 1971, p. 82, fr. 61 b): H. Lewy, *Chaldaean Oracles and theurgy, Rech. d'Arch., de Phil. et d'Hist.*, 13, Le Caire, 1956, p. 421 s.

[180] *De antro Nymph.*, 25 (p. 73, 11 ss., N.).

On sait que, selon le *Boundahishn*, le monde intermédiaire — qui correspond chez Plutarque au règne de Mithra *Mésitès*[181] — est le domaine de l'air qui porte la lumière[182]. D'où l'affirmation d'Hippolyte: «Pour les Perses, Dieu est la lumière maintenue dans l'espace aérien» (φῶς ἐν ἀέρι συνεχόμενον)[183]. Le verbe συνέχειν est platonicien[184]. On le trouve chez Posidonius à propos des âmes qui assurent la cohérence des corps[185]. Albinus[186] l'applique à l'âme du monde qui maintient celui-ci uni et lié à lui-même: συνδεῖν τε καὶ συνέχειν. On se rappelle aussi que σύνδεσμος est un terme posidonien[187]. Mais il est beaucoup plus intéressant d'observer que dans *L'antre des Nymphes* Porphyre définit le démiurge comme celui qui «maintient le monde» (ὁ συνέχων τὸν κόσμον δημιουργός)[188]. En identifiant Mithra avec le démiurge, Numénius avait évidemment présente à l'esprit la doctrine du moyen platonisme sur l'âme du monde; il ne devait pas ignorer non plus la croyance persique dont fait état Hippolyte, le Tauroctone étant précisément le dieu de l'air lumineux[189].

Mais la fonction du Tauroctone est de mettre au monde les âmes des justes, de les incorporer au sens étymologique et militaire du terme. Mithra fait naître les guerriers d'Oromazdès. Le cycle des réincarnations était pour les Orphiques celui de Nécessité, Ἀνάγκη. Proclus[190] nous apprend qu'on identifiait Thémis avec *Anagkè* dans les mystères de Mithra. Or le même Proclus[191] cite le Περὶ φύσεως de Zoroastre en précisant à propos d'*Anagkè*: ταύτην δὲ εἶναι τὸν ἀέρα φησίν. Cette *Anagkè* est donc bien celle qui force les âmes à s'incarner. Elle commande le régime des vents qui — F. Cumont l'a souvent et justement souligné — jouent un si grand rôle dans l'imagerie cultuelle mithriaque, mais aussi dans la doctrine orphique de

[181] *Supra*, p. 16 s.
[182] *Supra*, p. 17.
[183] Hippol., *Ref.*, IV, 43, 3 (p. 65, 9, Wendland) = C. Clemen, *op. cit.*, p. 76, 26 s. Cf. J. Hani, dans *RÉG*, 77, 1964, p. 495, n. 17.
[184] R. Joly, *Christianisme et philosophie. Etudes sur Justin et les apologistes grecs du deuxième siècle*, Bruxelles, 1973, p. 207.
[185] Edelstein-Kidd, *Posidonius*, I, fr. 149.
[186] *Epit.*, XIV, 4 (p. 82, Louis).
[187] *Supra*, p. 11 s.
[188] *De antro Nymph.*, 33 (p. 79, 11 s., N.).
[189] F. Cumont, *Die Mysterien des Mithra*⁴, p. 3 s.
[190] *In Remp.*, II, p. 345, 4 ss., Kroll = Bidez-Cumont, *Mages hell.*, II, p. 155, f: ἐκ τῶν Περσικῶν τῶν τοῦ Μίθρα τελετῶν παρ'αἷς πᾶσαι αἱ τῆς Θέμιδος ἐπικλήσεις ... συνάπτουσιν καὶ τὴν Ἀνάγκην ... κτλ. A noter le génitif τοῦ Μίθρα: *supra*, p. 26.
[191] *In Remp.*, II, p. 109, 7 ss. = Bidez-Cumont, *Mages hell.*, II, p. 159 (O 13, l. 14) et 160, n. 3.

l'incorporation des âmes[192]. Ces vents sont les auxiliaires de Mithra, incarnateur des soldats opposés à l'Ennemi du Bien. L'identification du *bouklopos* avec Hermès-Mercure[193] confirmait Mithra dans ce rôle. En tant que psychopompe, Hermès, que sa fonction d'intermédiaire entre les deux mondes d'En-haut et d'En-bas apparentait si étroitement à Mithra *Mésitès*, ne conduit pas seulement les âmes aux Enfers, mais aussi dans les corps[194]. Du reste, le monde des corps se confondait avec le véritable Enfer pour les Orphiques comme pour certains néopythagoriciens: un Numénius aurait de toute façon reconnu dans le dieu aérien des voleurs un double gréco-romain du *bouklopos*[195].

Mithra participe à l'œuvre salutaire du créateur, sans se confondre avec lui.

Ainsi, concernant certaines données cultuelles, cosmographiques, iconographiques, l'information de Numénius (et de Cronius) est correcte et se vérifie archéologiquement. Elle devient suspecte, en revanche, là où, exposant une théologie «mithriaque» suivant les catégories et dans l'optique de son propre système, Numénius fait de Mithra l'équivalent persique de son Deuxième Dieu.

Ce qui affaiblit encore la crédibilité de Numénius revu ou répété par Porphyre, c'est qu'il ne semble pas du tout préoccupé par le souci de concilier ou de coordonner les éléments hétérogènes de son fichier. Dans le mithriacisme, l'association étroite de la tauroctonie au Bélier repose sur un *thema mundi* qui date de l'équinoxe vernal l'origine du monde et de la vie[196]. Mais la doctrine des deux portes — du Cancer et du Capricorne (autrement dit des mortels et des immortels) — postule un thème de géniture où le Cancer est à l'Orient et le Capricorne au Couchant[197], thème de tradition égyptienne[198] et

---

[192] R. Turcan, *l'âme-oiseau et l'eschatologie orphique*, RHR, 155, 1959, p. 34 s.

[193] *Supra*, p. 18.

[194] Procl., *In Remp.*, II, p. 351, 8, K.: Hermès ἡγεμόνα καθόδων ψυχικῶν καὶ ἀνόδων.

[195] F. Buffière, *op. cit.*, p. 435, à propos du *Bouklopos*: «Sans doute Hermès, voleur du troupeau d'Apollon».

[196] *Supra*, p. 56.

[197] F. Cumont, *Recherches sur le symbolisme funéraire des Romains*, p. 39 ss.; H. De Ley, *Macrobius and Numenius*, p. 20.

[198] A. Bouché-Leclercq, *op. cit.*, p. 185 ss. Ce thème se trouve sur certains monuments effectivement (*CIMRM*, I, fig. 26, n° 75) ou hypothétiquement (*ibid.*, fig. 197, n° 695) mithriaques. Mais il est étranger à la cosmogonie mithriaque, telle du moins que Porphyre la détermine horoscopiquement

qui n'a rien à voir avec la cosmologie mithriaque. Cette incohérence s'ajoute à celles qu'on a relevées plus haut dans l'exégèse de l'antre odysséen[199]. Elle n'a pas de quoi surprendre chez un esprit confus et confusionniste qui prétendait mettre d'accord Platon avec «les Brahmanes, les Juifs, les Mages et les Egyptiens». Le jugement déjà cité de Proclus sur l'Apaméen est sévère, mais combien justifié! Ce rapetasseur d'oripeaux astro-cosmologiques personnifie typiquement l'orientalisme touffu et bigarré dont s'enivrait aux IIe et IIIe siècles après J.-C. la religiosité inquiète ou vagabonde de nombreux «platoniciens».

d'après Numénius: au lever héliaque du Bélier. Le *thema mundi* fondé sur le lever héliaque du Cancer est, en revanche, très commun dans l'imagerie gréco-romaine de l'époque impériale: cf. R. Turcan, *Le piédestal de la colonne antonine, RA*, 1975.

[199] *Supra*, p. 69-71.

LA DÉESSE AUX TROIS VISAGES

Dans les premiers chapitres du *De errore profanarum religionum*, la polémique de Firmicus Maternus vise, comme on sait, les religions orientales que le nouveau converti flétrit en tant que cultes des éléments[1]. Les Egyptiens ont divinisé l'eau[2], les Phrygiens la terre[3]; les «Assyriens et une partie des Africains» (c'est-à-dire les Carthaginois) adorent l'air sous les noms de Vénus et de Junon[4]; enfin les Perses «et les Mages qui habitent le territoire persique» honorent le feu[5]. Il est difficile de savoir précisément si cette étrange théorie ethnographique — sur laquelle Firmicus greffe d'ailleurs des arguments évhéméristes et une réfutation systématique de la *physica ratio* — est le fait de l'auteur ou d'une source philosophique ou apologétique[6]. J'y reviendrai ailleurs. La présente étude veut centrer l'attention sur l'un des problèmes posés par les sources du chapitre 5.

Firmicus Maternus y attaque une très curieuse théologie «persique» du double feu, ou plutôt des deux «puissances» que les Perses idolâtreraient comme personnifications de l'élément-feu. Selon Firmicus, en effet, cet élément se subdivise sexuellement en deux déités. Mithra en représente l'aspect masculin, tandis que l'aspect féminin est statufié sous les traits d'une femme au triple visage qu'enlacent

---

[1] J. Coman, *Essai sur le «De errore profanarum religionum» de Firmicus Maternus*, Revista Clasică Orpheus Favonius, 4-5, 1932/3, p. 97 s.

[2] *De err. prof. rel.*, 2, 1 et 5.

[3] *Ibid.*, 3, 1.

[4] *Ibid.*, 4, 1.

[5] *Ibid.*, 5, 1 (p. 12, 1-3, Ziegler[1]; p. 60 s., 1-3, Pastorino): *Persae et Magi omnes qui Persicae regionis incolunt fines ignem praeferunt et omnibus elementis ignem putant debere praeponi.*

[6] F. Cumont, *Les religions orientales dans le paganisme romain*[4], p. 189: «Ce système est certainement emprunté aux théologiens païens. Dans le péril commun qui les menace, les cultes autrefois rivaux se sont reconciliés et se regardent comme les divisions d'une même église, dont leurs clergés forment, si j'ose dire, les congrégations. Chacun d'eux est consacré particulièrement à l'un des éléments dont la combinaison forme l'univers; leur ensemble constitue la religion panthéiste du monde divinisé». Cette hypothèse d'une «église» païenne pluraliste n'a aucun fondement positif. F. Cumont songeait sans doute à la réorganisation des cultes polythéistes par Julien, quelque quinze ans plus tard. Le *De errore* peut être daté de 346 environ: J. Geffcken, *Der Ausgang des griechisch-römischen Heidentums*, Heidelberg, 1929 (réimpr. anast., Darmstadt, 1963), p. 97 s.; A. Pastorino, éd. comm. de Firmicus Maternus, *De errore*, Florence, 1956, p. XX; K. Ziegler, dans *Reallex. f. Antike u. Christ.*, 7, col. 947, *s.v. Firmicus Maternus*.

de «monstrueux serpents»[7]. On songe évidemment à Hécate[8] dont le culte est attesté dans certains *Mithraea*[9]. Mais le nom d'Hécate n'apparaît pas dans ce qui nous est parvenu du chapitre 5, amputé de deux feuillets dans l'unique manuscrit connu du *De errore*, le *Vaticanus Palatinus Latinus* 165 (IXe-Xe siècle)[10].

Le dédoublement sexuel d'éléments bifides peut être une conception d'origine authentiquement persique. Elle peut avoir un rapport avec l'ambiguïté sexuelle des divinités iraniennes[11] ou avec ce que Diogène Laërce écrit des Mages : «ils condamnent les représentations des dieux, et surtout ceux qui disent que les dieux sont à la fois masculins et féminins»[12]. Dans la religion que réprouvaient ces Mages, l'idolâtrie avait partie liée avec la bisexualité des puissances divines. Or Firmicus définit l'hypostase féminine du feu comme une idole (*feminae simulacro*).

La doctrine valentinienne des Syzygies[13] s'apparente aussi quelque peu à celle des éléments bifides. Valentin était originaire d'Egypte, mais son gnosticisme intègre des notions stoïciennes et des représentations platoniciennes. Or selon le stoïcien Sénèque, la subdivision sexuelle des éléments serait de tradition égyptienne : *Aegyptii quatuor elementa fecerunt, deinde ex singulis bina, maria et feminea ... ignem vocant masculum qua ardet flamma, et feminam qua lucet innoxius tactu*[14]. La source de cette information est fort problémati-

[7] *De err. prof. rel.*, 5, 1 (p. 12, 3-7, Ziegler[1]; p. 62, 4 ss., Pastorino): *Hi itaque ignem in duas dividunt potestates, naturam ejus ad utriusque sexus transferentes, et viri et feminae simulacro ignis substantiam deputantes. Et mulierem quidem triformi vultu constituunt, monstrosis eam serpentibus inligantes.* L. A. Campbell (*op. cit.*, p. 15 et fig. 3) rapproche arbitrairement le serpent tricéphale de *Poetovio*.

[8] Cf. K. Ziegler, *Zur neuplatonischen Theologie*, ARW, 13, 1910, p. 265, qui cite des représentations de la triple Hécate radiée, comme Hélios, et coiffée du bonnet phrygien, comme Mithra; A.-J. Festugière, c.r. de G. Heuten, *Julius Firmicus Maternus, De errore profanarum religionum*, trad. et comm., Bruxelles, 1938, dans *RÉG*, 52, 1939, p. 645 s.; A. Pastorino, comm. cité, p. 62 s.

[9] *CIMRM*, I, p. 75 s., n° 84; p. 160, n° 356; p. 200, n° 486; p. 329, n° 992; II, p. 91, n° 1187; Th. Kraus, *Hekate*, Heidelberg, 1960, p. 170 s.; Vermaseren-Van Essen, *The excavations in the Mithraeum of the church of Santa Prisca*, p. 342, n° 20, pl. 77, 1.

[10] A. Pastorino, *op. cit.*, p. XXI.

[11] G. Widengren, *Les religions de l'Iran*, p. 144.

[12] Diog. Laert., *Prooem.*, 6 = Bidez-Cumont, *Mages hell.*, II, p. 67, 11 s.

[13] F. L. Sagnard, *La gnose valentinienne*, p. 348 ss.; éd.-trad. de Clément d'Alexandrie, *Extraits de Théodote*, dans la Coll. «Sources Chrétiennes», Paris, 1948, p. 21 s.; H. Leisegang, *La gnose*, trad. fr., Paris, 1951, p. 198 s.

[14] *N.Q.*, III, 14, 2. Cf. l'éd.-trad. P. Oltramare, dans la Coll. G. Budé, Paris, 1929, p. 129, n. 1.

que. Sénèque connaissait l'Egypte; il s'était intéressé aux cultes égyptiens[15], avait peut-être interrogé les prêtres ou fréquenté dans le Delta les milieux syncrétistes alexandrins. Mais ce stoïcien éclectique connaissait surtout les théoriciens grecs et leurs transcriptions philosophiques. L'idée qui remontait à Aristote de dédoubler les éléments et de supposer en chacun d'eux une dualité de principes, l'un actif, l'autre passif, était adoptée par le Portique[16]. De là à qualifier l'un de masculin, l'autre de féminin, il n'y avait qu'un pas. On aura trouvé sans peine dans la complexe théosophie nilotique de quoi illustrer et confirmer la théorie. Un autre stoïcien, Dion de Pruse, dans sa paraphrase de l'hymne des Mages, explique à propos du cheval le plus extérieur du quadrige cosmique qu'il incarne l'élément moteur et primordial du feu: or il porte les insignes du soleil et de la lune[17], luminaires masculin et féminin, représentatifs de la substance ignée dans le ciel.

La terminologie de Firmicus Maternus est de marque stoïcienne. Les deux *potestates* font penser à la doctrine des δυνάμεις. Il est vrai que cette terminologie a été reprise par les néoplatoniciens et notamment par Porphyre dans son traité allégorique *Des statues* (Περὶ ἀγαλμάτων)[18]. De fait, dans le *De errore*, Firmicus s'en prend bien à un défenseur du paganisme qui faisait l'exégèse symbolique des idoles, puisque le polémiste chrétien cite expressément une statue des deux déités hypostasiant l'élément-feu: *et viri et feminae simulacro ignis substantiam deputantes* (sc. *Persae et Magi*)[19]. Il évoque même l'idole de cette «femme au triple visage» en des termes qui supposent, chez l'auteur païen visé, une explication plus ou moins détaillée des attributs, comme celles qu'on trouve dans les extraits conservés par Eusèbe du Περὶ ἀγαλμάτων. Est-ce à dire que cet auteur combattu par Firmicus s'identifie avec Porphyre[20]? Certainement non d'après K. Ziegler[21] qui songeait plutôt à Jamblique, mais sans argument décisif.

En tout cas, il s'agit soit d'un néoplatonicien, soit d'un stoïcien

[15] M. Malaise, *Les conditions de pénétration et de diffusion des cultes égyptiens en Italie* (*ÉPRO*, 22), Leyde, 1972, p. 250.

[16] E. Bréhier, *Chrysippe et l'ancien stoïcisme*[2], Paris, 1951, p. 117 s.

[17] Dion Chrys., *Or.*, 36, 43 = Bidez-Cumont, *Mages hell.*, II, p. 145, 12 ss.

[18] J. Bidez, *Vie de Porphyre*, p. 7*, 6 et 8; 8*, 5-7; 9*, 2 (= *De imag.*, 4-7), etc.

[19] *Loc. cit.* (p. 12, 5, Ziegler[1]; p. 63, 6, Pastorino).

[20] Cf. H. Lewy, *Chaldaean Oracles and theurgy*, p. 363, n. 201; A. Pastorino, *op. cit.*, p. 68, à propos du *De err. prof. rel.*, 5, 3.

[21] *Art. cit.* (*ARW*, 13, 1910), p. 257.

platonisant. En effet, les trois «personnes» de la déesse-feu[22] correspondent approximativement aux trois parties de l'âme, telles que
les détaillait Platon dans la *République*[23] et le *Timée*[24]. L'une est
honorée sous l'aspect d'une déesse guerrière qui, armée du bouclier
et cuirassée, réside au sommet de la citadelle cérébrale (*in arcis summae vertice*): elle secrète l'ardeur de l'individu et personnifie donc le
thumos[25]. Une autre a en partage l'empire des forêts et des fauves;
elle personnifie la variété foisonnante des pensées, l'activité intellectuelle: c'est le *noûs* ou la *dianoia*[26]. La troisième enfin, qui correspond à l'*épithumétikon*, représente les désirs et la fécondité[27]. On
reconnaît dans ces trois fonctions celles qui caractérisent respectivement Athéna, Artémis et Aphrodite. Les précisions que transcrit
Firmicus, en particulier les données matérielles concernant les attributs de l'hypostase guerrière (*armata clypeo, lorica tecta*), s'appliquent à une représentation plastique méticuleusement commentée.

Apparemment, le théoricien de la religion persique dont Firmicus
dénonce l'erreur et l'inanité interprétait les trois aspects du feu féminin en fonction de la trichotomie platonicienne. Il faut souligner,
cependant, que si le polémiste du *De errore* la rapporte fidèlement,
cette théorie s'écarte de Platon quant à la localisation des trois acti-
vités de l'âme humaine. Le philosophe situait le *noûs* dans la tête,
le *thumos* dans le cœur, l'*épithumétikon* dans le foie. Ici, la partie de
l'âme qui s'identifie avec Athéna est «au sommet de la citadelle supérieure» (*in arcis summae vertice*), expression qui rappelle ce que

---

[22] *De err. prof. rel.*, 5, 3 (p. 13, 1 ss., Ziegler[1]; p. 68, 28 ss., Pastorino):
Quae (π₂: ut *Ziegler*[1]) *armata clypeo lorica tecta in arcis summae vertice* (texte
déchiffré par A. Müller et reproduit par A. Pastorino) *consecratur. Tertia
etiam pars est quae in asperis secretisque silvarum agrestium ferarum sortitur
imperium. Ultima pars tripertitae istius divisionis est quae libidinum vias, quae
prava desideria, quae praeposterae cupiditatis monstrat illecebras.*

[23] IV, 436 a ss.; IX, 580 d-e.

[24] 70 a-b. Cette trichotomie peut être d'origine pythagoricienne: Jambl.,
De an., ap. Stob., *Anthol.*, I, 49, 34 (I, p. 369, 10 ss., Wachsmuth); texte
traduit dans A.-J. Festugière, *La révélation d'Hermès Trismégiste*, III, p. 194.

[25] *De err. prof. rel.*, 5, 3 (p. 13, 6 ss., Ziegler[1]; p. 69, 35 s., Pastorino): *ideo
unam partem capitis* (P, Pastorino: *capiti* Ziegler[1] et alii) *adsignant, ut hominis
iram quodammodo <tene>re videatur.*

[26] *Ibid.* (p. 13, 8-10, Ziegler[1]; p. 70, 36 ss., Pastorino): *Aliam in corde
statuunt ut diversarum cogitationum varietatem, quas multiplici intentione concipimus, in modum silvarum tenere videatur.*

[27] *Ibid.* (p. 13, 10 ss., Ziegler[1]; p. 70, 39 ss., Pastorino): *Tertia pars constituitur in jecore, unde libido nascitur et voluptas. Illic enim genitalium
seminum collecta fecunditas naturalibus stimulis desiderium cupiditatis exa-
gitat.*

Cicéron[28] écrit de la *ratio* platonicienne (*in capite sicut in arce posuit*), d'après *Timée* 70 a et 90 a. Dans son *De statu animae*, Claudianus Mamertus se réfère au même *Timée* en usant de termes identiques à ceux de Firmicus: *Quid in Timaeo etiam arce quadam et quodam philosophiae vertice de anima pronuntiavit .. missum facio*[29]. Claudianus Mamertus peut dépendre ici de Porphyre[30] qui faisait d'Athéna une puissance solaire (*Solis virtus*)[31], issue de la tête de Jupiter, *id est de summa aetheris parte*[32]. Mais contrairement à la doctrine platonicienne, la déesse logée dans la tête représente chez Firmicus non pas l'intelligence, mais la fougue belliqueuse: *Ideo unam partem capitis adsignant, ut hominis iram quodam modo <tene>re videatur.* En revanche, Artémis, qui personnifie la diversité des pensées, réside dans le cœur: *aliam in corde statuunt ut diversarum cogitationum varietatem quas multiplici intentione concipimus.* Cette localisation est conforme aux idées de Chrysippe qui, comme Zénon, situait la *dianoia* dans le cœur, mais en l'identifiant avec Athéna[33]! Seule la localisation du désir génétique dans le foie coïncide rigoureusement avec la doctrine platonicienne: *Tertia pars constituitur in jecore, unde libido nascitur et voluptas.*

K. Ziegler[34] a rapproché de cette triade celle dont parle Proclus dans son commentaire du *Cratyle*[35]. A. Pastorino prétend même que «Le concezioni esposte da Proclo e da Firmico sono assai vicine»[36], au point de donner à penser que l'une et l'autre remontent à une source commune qui pourrait être Porphyre. Mais la triade de Proclus groupe dans l'ordre: Artémis, Perséphone, Athéna — et non pas

---

[28] *Tusc.*, I, 20. Cf. P. Boyancé, *Études philoniennes*, *RÉG*, 76, 1963, p. 110; Id., *L'Apollon solaire*, p. 167, n. 3.

[29] Claud. Mamert., *De statu an.*, p. 128, 1, Engelbrecht, dans *CSEL*, 11, Vienne, 1885.

[30] P. Courcelle, *Les lettres grecques en Occident, de Macrobe à Cassiodore*[2], Paris, 1948, p. 228 s.

[31] Macr., *Sat.*, I, 17, 70 (p. 100, 20 s., Willis).

[32] *Ibid.* (p. 100, 22 s., W.). Cf. Serv., *Ad Aen.*, IV, 201 (I, p. 500, 5, Thilo); Aug., *CD*, IV, 10 (P. Courcelle, *op. cit.*, p. 20); Mart. Cap., *De nupt.*, I, 39 (p. 24, 14 s., Dick-Préaux: *videbatur vertici Ioviali inhaerere*; 18: *O virgo, nostri pars melior*); VI, 567 (p. 285, 6 ss., D.-P.: *Virgo armata ... ingenium mundi*; 11: *rationis apex*; 13: *celsior una Iove*; 16: *hinc tibi dant clipeum*).

[33] M. Pohlenz, *Die Stoa*[3], Göttingen, 1964, I, p. 87; II, p. 51 s. Posidonius «exigea un retour à Platon» (E. R. Dodds, *Les Grecs et l'irrationnel*, trad. fr., Paris, 1965, p. 229); il reconnaissait trois «puissances» dans l'âme humaine: Edelstein-Kidd, *Posidonius*, I, p. 134 s., fr. 142-144.

[34] *Art. cit.*, p. 255 s.

[35] P. 94, 16 ss., Pasquali.

[36] *Op. cit.*, p. 68.

Athéna, Artémis, Aphrodite[37]. D'autre part, cette triade correspond
au schème jamblichéen πατήρ — δύναμις — νοῦς[38], comme le démontrent sans aucune ambiguïté le contexte et le commentaire de Proclus[39], et non pas à la trichotomie platonicienne. Il faut donc cher-
cher ailleurs une explication de cette déesse aux trois visages. Comment se fait-il que la théorie de Platon sur la triplicité de l'âme soit
aussi curieusement remaniée? Quelle adaptation philosophique[40] ou
religieuse a bien pu motiver ce remaniement?

Le feu masculin s'appelle Mithra: *Hunc Mithram dicunt*[41]. Quel
est le nom de son double féminin? Une lacune de deux feuillets interrompt le texte entre une diatribe contre les mystères de Mithra et la
description raisonnée de la triple déesse. Son nom figurait probablement dans l'un des feuillets perdus. A celui de Mithra devait corres-
pondre celui d'une autre déité iranienne. On ne peut que le conjecturer. Mais comme une seule conjecture peut entrer en ligne de
compte, et non pas deux, cette hypothèse confine à une quasi-certi-
tude.

D'une part, en effet, on ne connaît dans le panthéon persique
qu'une seule déesse couplée avec Mithra, et ce depuis Artaxerxès II
Mnémôn: c'est Anâhitâ[42]. D'autre part, on sait que cette ancienne
divinité des eaux[43] fut étroitement liée au culte du feu, depuis l'époque achéménide jusqu'à la chute de la dynastie sassanide[44]. S. Wi-

---

[37] P. 94, 25 ss., P.: ἔχει δὲ πρώτην τε καὶ μέσην καὶ τελευταίαν ἡγεμονίαν, καὶ
κατὰ μὲν τὴν ἀκρότητα ἑαυτῆς ''Αρτεμις καλεῖται παρ''Ορφεῖ (= *O.F.*, 188),
κατὰ δὲ τὸ μέσον κέντρον Περσεφόνη, κατὰ δὲ τὸ πέρας τῆς διακοσμήσεως 'Αθηνᾶ.
[38] W. Theiler, *Die chaldäischen Orakel und die Hymnen des Synesios*, Schr.
d. *Königsb. Gel. Gesellsch.*, 18, 1, Halle, 1942, p. 4 s.
[39] *In Crat.*, p. 94, 29/95, 1 ss., P.: κατὰ μὲν τὴν ὕπαρξιν (= πατήρ) ἡ τῆς
'Εκάτης ἀρχή ... κατὰ τὴν μέσην δύναμιν ... ἡ ψυχική ... κατὰ δὲ τὴν νοερὰν
ἐπιστροφὴν (= νοῦς) ἡ τῆς ἀρετῆς.
[40] Posidonius distinguait dans l'âme trois «puissances» (δυνάμεις), mais
d'une même essence: ἐκ τῆς καρδίας ὁρμωμένης (Edelstein-Kidd, *op. cit.*, fr.
146; K. Reinhardt, dans *RE*, 22¹, col. 743).
[41] *De err. prof. rel.*, 5, 2 (p. 12, 14, Ziegler¹; p. 65, 17, Pastorino).
[42] R. G. Kent, *Old Persian, Grammar, texts, lexicon²*, p. 154 s. (A² S a, S d,
H a); *CIMRM*, I, p. 46 s., nᵒˢ 7-8; G. Widengren, *op. cit.*, p. 144.
[43] G. Widengren, *op. cit.*, p. 35 («elle n'est pas pour autant une simple
déesse du fleuve ou de l'eau»), 146 s.; L. A. Campbell, *op. cit.*, p. 78, 154,
157, 239, 302; d'après C. Trever, *A propos des temples de la déesse Anâhitâ
en Iran Sassanide, Iranica Antiqua*, 7 (= *Mélanges R. Ghirshman*, II), Leyde
1967, p. 125, 127 ss., Anâhitâ restait, à l'époque sassanide, une divinité de l'eau.
[44] S. Wikander, *Feuerpriester in Kleinasien und Iran, Acta Reg. Soc.
Human. Litt. Lundensis*, 40, Lund, 1946, p. 52 ss.: *Die Göttin Anâhitâ und
der Feuerkultus*; G. Widengren, *op. cit.*, p. 215 s.

kander[45] a montré ce qui distingue le culte iranien du feu par rapport à d'autres religions indo-européennes: c'est qu'il est adoré comme l'élément pur par excellence, qui ne saurait être souillé par le contact d'aucun corps étranger. Aussi ce culte est-il solidaire de prescriptions rituelles très strictes. On s'explique alors en quelque mesure la conjonction religieuse de ce feu très pur et d'Anâhitâ dont le nom signifie la «Sans-Tache». Ce nom apparaît dans les sources approximativement à l'époque même où surgissent les premiers temples du feu[46], au temps des Achéménides, dans le Fârs. Anâhitâ est présente presque partout où sont attestés des sanctuaires du feu, en Perside, en Elymaïde comme en Arménie ou en Asie-Mineure[47]. En Akilisène, on consacrait à la déesse des génisses blanches qui portaient sur la tête une torche allumée[48], comme insigne de leur appartenance à Anaïtis. A Démétrias, près d'Arbèles, la déesse était honorée en relation avec une source de naphte et les feux émanant du sol[49]: en l'occurrence l'élément liquide dont Anâhitâ avait primitivement la responsabilité se confondait avec l'élément igné.

Les ancêtres des Sassanides exerçaient héréditairement le sacerdoce d'Anâhitâ à Istachr (Staxr)[50], à côté de l'ancienne Persépolis, déjà vouée au culte conjoint de la déesse et du feu aux temps post-achéménides[51]. Sassan, grand-père d'Ardashir Papakan, était prêtre du temple du feu-Anâhîd[52]. Ardashir fut un adorateur zélé de la déesse[53]. Une inscription de Shapuhr Ier gravée sur la Ka'aba de Zoroastre (que S. Wikander[54] considérait comme un temple du feu

---

[45] *Op. cit.*, p. 59.

[46] *Ibid.*, p. 60.

[47] *Ibid.*, p. 77; M. P. Nilsson, *Geschichte der griechischen Religion*, II², p. 674.

[48] Plut., *Lucull.*, 24, 4: Βόες ἱεραὶ νέμονται Περσίας Ἀρτέμιδος ... χαράγματα φέρουσαι τῆς θεοῦ λαμπάδα (éd.-trad. R. Flacelière-E. Chambry, dans la Coll. G. Budé, Plutarque, *Vies Parallèles*, VII, Paris, 1972, p. 92); S. Wikander, *op. cit.*, p. 92.

[49] Strab., *Geogr.*, XVI, 1, 4, 738 (III, p. 1028, 19 s., Meineke); S. Wikander, *op. cit.*, p. 77.

[50] *Ibid.*, p. 52; M. Chaumont, *Le culte d'Anâhitâ à Staxr et les premiers Sassanides*, RHR, 153, 1958, p. 155 ss.

[51] *Ibid.*, p. 160; J. Duchesne-Guillemin, *op. cit.*, p. 238; cf. S. Wikander, *op. cit.*, p. 65.

[52] *Ibid.*, p. 52, d'après Tabarî, éd. De Goeje, Leyde, 1879, I, p. 814: «*bait nâr Anâhîd*». Vers 280, le *mobad* Kartîr se qualifie de «maître des rites et seigneur du temple du feu d'Anâhît fondé par Artaxshêr à Istachr, et de sa seigneurie Anâhît» (S. Wikander, *op. cit.*, p. 67; M. Chaumont, *art. cit.*, p. 163 s., 171; G. Widengren, *op. cit.*, p. 292).

[53] S. Wikander, *op. cit.*, p. 53; M. Chaumont, *art. cit.*, p. 158 s.

[54] *Op. cit.*, p. 65.

consacré à Anâhitâ) nous informe qu'une fille du roi, devenue sa
femme, portait le nom d'Atur-Anâhît («Anâhitâ-feu») et qu'un
sanctuaire du même nom fut érigé en son honneur[55]. Jusqu'à l'effon-
drement de la dynastie, la «Sans-Tache» est restée solidaire du très
pur élément-feu. Au revers des monnaies frappées au nom de
Varhrân II, on voit le roi recevoir l'investiture d'Anâhitâ — la divine patronne des Sassanides — par dessus l'autel du feu[56]. Sur celles
de Chosrau II, le revers porte non pas l'autel du feu, mais le buste
d'une femme nimbée de flammes[57], que J. Duchesne-Guillemin[58],
comme R. Göbl, identifie avec Anâhitâ (on songe aux représentations d'Artémis-Anaïtis que portaient quelques siècles plus tôt les
monnaies d'Elymaïde[59]). Le savant belge[60] fait aussi valoir que, dans
les *Actes syriaques* de la martyre Hashu[61], la déclaration faite par la
sainte disant «le feu n'est pas fille de Dieu» paraît impliquer aussi
l'identification d'Anâhitâ et de l'élément igné. Le témoignage de
Firmicus Maternus sur une déesse persique du feu trouve donc des
éléments de confirmation dans le dossier iranien et gréco-romain
d'Anâhitâ-Anaïtis.

Anâhitâ était assimilée par les Grecs tantôt à Pallas-Athéna, tantôt à Artémis (en Asie-Mineure notamment), tantôt même à Aphrodite: trois noms qui correspondent très exactement aux trois personnes de la déesse-feu du *De errore*.

En ce qui regarde la première, le témoignage de Plutarque est
suffisamment explicite puisqu'il compare nommément à Athéna la
déesse guerrière (θεᾶς πολεμικῆς) dans le temple de qui, à Pasargade,
Artaxerxès II Mnémôn se fit consacrer roi[62]. Pareillement, plusieurs

[55] *Ibid.*, p. 53; M. Chaumont, *art. cit.*, p. 162.

[56] J. Duchesne-Guillemin, *La religion de l'Iran ancien*, p. 282.

[57] R. Göbl, *Aufbau der Münzprägung*, dans F. Altheim-R. Stiehl, *Ein
asiatischer Staat*, Wiesbaden, 1954, p. 72 et fig. 24; Id., *Sasanian Numismatics*, Braunschweig, 1971, p. 20, 53.

[58] *Op.cit.*, p.292, où est cité le texte de Firmicus Maternus, *De err. prof. rel.*, 5, 1.

[59] G. F. Hill, *BMC, Arabia, Mesopotamia, Persia*, Londres, 1922, p. 253
ss., n°s 1 ss. (pl. 39, 12-16); p. 261 s., n°s 4 ss. (pl. 40, 10-12); p. 267, n°s 64 ss.
(pl. 41, 1-3); p. 280 s., n°s 2 ss. (pl. 42, 2-4); 282 s., n°s 1 ss. (pl. 42, 7-12).
Cf. G. le Rider, *Suse sous les Séleucides et les Parthes*, Paris, 1965, p. 88,
n° 129; p. 92, n° 149, et 93, n° 151; p. 98, n° 178; p. 182, n° 404; p. 423 et
pl. 73, 15-17.

[60] *Op. cit.*, p. 292.

[61] L. H. Gray, *Zoroastrian material in the Acta Sanctorum, Journ. of the
Manchester Egyptian and Oriental Society*, 1913/4, p. 46.

[62] Plut., *Artax.*, 3, 1. Cf. S. Wikander, *op. cit.*, p. 68; M. Chaumont, *art.
cit.*, p. 161.

souverains sassanides recevront leur investiture d'Anâhitâ[63]. Cette fonction d'Anâhitâ a pu déjà se confirmer à l'époque arsacide, comme l'a montré M.-L. Chaumont[64]. Mais on n'a pas assez fait état de la documentation numismatique et archéologique. Des monnaies frappées sous Orodès Ier[65], Phraatès IV[66], Gotarzès[67], Vologèse Ier[68] et Vologèse II[69] portent au revers l'image de Pallas casquée, cuirassée, armée de la lance et du bouclier. Plus significatifs encore m'apparaissent les tétradrachmes de Phraatès IV (fig. 3) qui nous montrent Athéna présentant au roi le diadème[70], c'est-à-dire l'insigne qui le consacre en vertu d'une sorte de droit divin. Ce type monétaire nous prouve que les Arsacides sont restés fidèles à la tradition achéménide. L'Anâhitâ guerrière dont parle Plutarque continue d'introniser les souverains. Et le dernier des Sassanides, Yazdgard III, sera couronné dans la «maison du feu d'Ardashir», le grand pyrée d'Anâhitâ, en 632[71].

Un monument commenté quelque temps avant sa mort par le regretté H. Seyrig[72] illustre sans aucune ambiguïté l'identification

[63] *Ibid.*, p. 170; R. Göbl, *Investitur im sasanidischen Iran und ihre numismatische Bezeugung, Wiener Zeitschr. f. d. Kunde des Morgenl.*, 1960, p. 38 ss.; Id., *Sasanian Numismatics*, p. 42; J. Duchesne-Guillemin, *op. cit.*, p. 279, 282, 298 s.; G. Widengren, *op. cit.*, p. 353.

[64] *Art. cit.*, p. 161. C'est dans le temple d'Asaak que le premier roi arsacide fut couronné, d'après Isidore de Charax (*Stat. Parth.*, 11; S. Wikander, *op. cit.*, p. 76). Il existait à Ecbatane, longtemps résidence des rois parthes, un temple d'Anaïtis où l'on vouait au feu un culte permanent: Isid. Char., *Stat. Parth.*, 6; S. Wikander, *op. cit.*, p. 69; J. Duchesne-Guillemin, *op. cit.*, p. 232; G. Widengren, *op. cit.*, p. 215.

[65] W. Wroth, *BMC, Parthia*, Londres, 1903, p. 93, n° 209 (pl. 18, 1): tête casquée d'Athéna.

[66] *Ibid.*, p. 115, n°s 103 ss. (pl. 21, 7); A. von Petrowicz, *Arsaciden-Münzen*, Vienne, 1904 (réimpr. anast., Graz, 1968), p. 90, n° 64 (pl. 13, 9): Athéna debout à gauche.

[67] W. Wroth, *op. cit.*, p. 169, n°s 66 ss. (pl. 27, 10); A. von Petrowicz, *op. cit.*, p. 123, n°s 43 s. (pl. 18, 14): Athéna debout à gauche.

[68] W. Wroth, *op. cit.*, p. 187, n°s 73 ss. (pl. 29, 8); A. von Petrowicz, *op. cit.*, p. 90, n° 64 (pl. 13, 9): Athéna debout à gauche.

[69] *Ibid.*, p. 135, n° 10 (pl. 20, 3): Athéna debout à droite.

[70] W. Wroth, *op. cit.*, p. 105 s., n°s 34 ss. (pl. 19, 9); A. von Petrowicz, *op. cit.*, p. 84, n° 33 (pl. 12, 7); G. le Rider, *op. cit.*, p. 162, n° 340 (pl. 33, 340). Cf. D. Sellwood, *An introduction to the Coinage of Parthia*, Londres, 1971, p. 155.

[71] S. Wikander, *op. cit.*, p. 55 s.; M. Chaumont, *art. cit.*, p. 164.

[72] *Antiquités syriennes 90. Sur un bas-relief de Tang-i Sarvak, Syria*, 47, 1970, p. 113-116 («IIe siècle de notre ère») et pl. 9, 3. Cf. L. Vanden Berghe, *Archéologie de l'Iran ancien*, Leyde, 1959, pl. 88 a; R. Ghirshman, *Parthes et Sassanides*, Paris, 1962, p. 54 s., fig. 67, et dans *CRAI*, 1974, p. 41 et fig. 4; M. A. R. Colledge, *The Parthians*, Londres, 1967, p. 170 («around 200») et pl. 74.

de la déesse avec Anâhitâ, en même temps que la vitalité religieuse de la triade Ahura Mazda-Mithra-Anâhitâ, toujours honorée à l'époque parthe. Il s'agit du bas-relief de Tang-i-Sarvak (Elymaïde), qui représente le grand dieu du ciel Ahura Mazda-Bêl conférant son investiture au roi Vorod, en présence d'un dieu barbu et radié (qui ne peut être que Mithra) et d'une déesse coiffée d'un casque à cimier et armée d'une lance derrière laquelle on distingue l'orbe d'un bouclier (fig. 4). Dans cette Athéna on ne peut guère reconnaître, avec H. Seyrig[73], que la déesse Anâhitâ. Ajoutons que, sur un moule pour relief en terre cuite de l'époque parthe[74], figure dans un édicule, à côté d'un guerrier (peut-être un roi), une déesse qu'on a identifiée avec Anâhitâ.

A la seconde personne de la déesse triplice, Firmicus Maternus applique une expression qui la caractérise précisément comme πότνια θηρῶν: *ferarum sortitur imperium*[75]. En Asie-Mineure, Anaïtis avait d'étroits liens de parenté avec les Mères de la nature sauvage et les souveraines des fauves[76]. Nous savons qu'en Elymaïde Anâhitâ avait un sanctuaire où vivaient des lions apprivoisés[77]. L'identification de la déesse persique avec Artémis est la plus couramment attestée par la tradition littéraire et iconographique[78]. On la reconnaît munie de l'arc et du carquois au revers de monnaies frappées pour Gotarzès[79]

[73] *Art. cit.*, p. 115.

[74] S. Wikander, *op. cit.*, p. 61; R. Ghirshman, *Parthes et Sassanides*, p. 107, fig. 123; L. Ringbom, *Zur Ikonographie der Göttin Ardvî Surâ Anâhitâ, Acta Acad. Aboensis*, 23, 2, 1957, p. 11, fig. 6; M. A. R. Colledge, *op. cit.*, p. 107 et pl. 19.

[75] *De err. prof. rel.*, 5, 3 (p. 13, 3, Ziegler[1]; p. 69, 31, Pastorino).

[76] S. Wikander, *op. cit.*, p. 1 ss., 80 ss.; M. P. Nilsson, *op. cit.*, II², p. 672. Cf. en particulier les monnaies de *Hierocaesarea* qui portent soit au revers Artémis avec un cerf, soit à l'avers l'effigie de la déesse avec la légende ΠΕΡΣΙΚΗ, et le cerf au revers (Imhoof-Blumer, dans *Rev. Suisse de Num.* 5, 1897, pl. I, 1-3; 16-17; 22). Les lions et les fauves en général appartiennent à la symbolique du feu: F. Cumont, *Recherches sur le symbolisme funéraire des Romains*, p. 157 ss. Sur Artémis Tauropole = Anaïtis, cf. F. Cumont, dans *RA*, 1905, I, p. 27 ss. (dont certaines inductions sont aujourd'hui caduques).

[77] Aelian., *Hist. an.*, XII, 23 (p. 304, 10 ss., Hercher). Cf. S. Wikander, *op. cit.*, p. 70. Il s'agit probablement du sanctuaire que Pline l'Ancien appelle *Dianae templum augustissimum* (*NH*, VI, 135).

[78] Bidez-Cumont, *Mages hell.*, I, p. 5 s.; S. Wikander, *op. cit.*, p. 57, 71 s., 80 ss., 92; M. P. Nilsson, *op. cit.*, II², p. 672 s.; M. A. R. Colledge, *op. cit.*, p. 124. Dans l'inscription d'époque arsacide (?) trouvée auprès de la terrasse de Persépolis, à côté d'un temple du feu (E. Schmidt, *Persepolis I*, Chicago, 1953, p. 56; M. Chaumont, *art. cit.*, p. 160; J. Duchesne-Guillemin, *op. cit.*, p. 238), le nom d'Artémis transcrit celui d'Anâhitâ.

[79] W. Wroth, *BMC, Parthia*, p. 168, n°s 62 ss. (pl. 27, 9).

et Chosroès[80]. Mais on la trouve aussi radiée (donc avec un attribut qui en fait le double féminin d'Hélios-Mithra) en buste ou debout sur des pièces frappées pour les Arsacides à Suse, sous Mithridatès II, Arsace Théopator Evergète, Phraatès III[81]. Cette Artémis-Nanaia était l'interprétation gréco-parthe de l'antique déesse élamite Nana dont les attributs et les attributions s'étaient confondus avec ceux d'Anâhitâ[82]. La même déité persique figure au revers des monnaies émises à l'époque parthe (Ier-IIe siècles après J.-C.) par les princes d'Elymaïde, soit en buste et le chef radié, soit en pied avec l'arc et le carquois[83].

A l'exemple de maintes déesses mères et guerrières, Anâhitâ apparaissait ici et là comme une déesse de l'amour, une sorte d'Aphrodite[84]. Aussi la planète Vénus était-elle connue des Iraniens sous le nom d'Anâhitâ[85], quoique celle-ci s'identifiât ailleurs avec une déesse lune[86]. Certains vases typiques de la toreutique sassanide représentent peut-être Anâhitâ sous l'aspect et avec les attributs d'Aphrodite[87]. La troisième «personne» de la déesse aux trois visages, chez

[80] A. von Petrowicz, *op. cit.*, p. 150, n° 1 (pl. 21, 12).

[81] G. le Rider, *op. cit.*, p. 88, n° 129; p. 92, n° 149; p. 93, n° 151; p. 98, n° 178; p. 182, n° 409 et pl. 15-16.

[82] S. Wikander, *op. cit.*, p. 64, 68, 71.

[83] G. le Rider, *op. cit.*, p. 428 et pl. 73, 15-17, 23 s., 26 s.

[84] Clem. Alex., *Protr.*, 5, 65, 3 (Artaxerxès II Mnémôn érige le premier une statue τῆς Ἀφροδίτης Ἀναίτιδος); Agath., *De Just. reg.*, 2, 24 = Bidez-Cumont, *Mages hell.*, II, p. 84, 4 s. (Ἀναίτιδα τὴν Ἀφροδίτην); Phot., *Bibl.*, 94, 75 b (II, p. 39, 15, Henry, dans la Coll. Byzantine G. Budé). Hérodote (I, 131) identifie Aphrodite avec une déesse que les Perses appelleraient *Mitra*: il s'agit apparemment d'Anâhitâ. Cf. H. S. Nyberg, *Die Religionen des alten Iran*, Leipzig, 1938, p. 370; S. Wikander, *op. cit.*, p. 56, 211 ss. (qui refuse de croire à une confusion d'Hérodote); G. Widengren, *op. cit.*, p. 144. Le lexicographe Bar-Bahlûl compte Anâhîd parmi les équivalents d'Astarté (S. Wikander, *op. cit.*, p. 54). Sur Anâhitâ-Aphrodite: *ibid.*, p. 61, 63; C. Trever, *A propos des temples de la déesse Anâhitâ*, p. 122 («déesse qui personnifiait l'amour, la procréation et la joie d'engendrer et de renouveler la vie»); L. A. Campbell, *op. cit.*, p. 154, 302, 344. Sur la prostitution sacrée dans le culte d'Anâhitâ, voir G. Widengren, *op. cit.*, p. 65 et 206 s. Comme Anâhitâ, Aphrodite est liée originellement et mythiquement à l'élément humide.

[85] S. Wikander, *op. cit.*, p. 114; L. A. Campbell, *op. cit.*, p. 72, 78.

[86] Relief de Kula (Méonie): F. Cumont, *Un bas-relief votif consacré à Anaïtis*, CRAI, 1915, p. 270 ss.; M. P. Nilsson, *op. cit.*, II², p. 672, pl. 15, 1; S. Wikander, *op. cit.*, p. 80; R. Fleischer, *Artemis von Ephesos und verwandte Kultstatuen aus Anatolien und Syrien* (ÉPRO, 35), Leyde 1973, p. 22, E 71, pl. 39. Sur les monnaies de Zéla (Pont), Anaïtis porte le croissant lunaire: *ibid.*, p. 86; W.-H. Waddington, E. Babelon, Th. Reinach, *Recueil général des monnaies grecques d'Asie Mineure*, I², Paris, 1925, p. 159, n° 2.

[87] L. Ringbom, *art. cit.*, p. 14 s., fig. 9 (Vase Stroganoff); C. Trever, *art. cit.*, p. 125 s., 127 s.; R. Ghirshman, *op. cit.*, p. 215, 217, fig. 256, 258.

Firmicus Maternus, gouverne le plaisir et la fécondité[88]. Or, sur un relief en terre cuite de l'époque arsacide et qui provient de Suse — fief de Nana — on voit une déesse pressant son sein gauche et recueillant le lait dans une coupe[89]: L. I. Ringbom y a reconnu Anâhitâ[90].

Mithra et Anâhitâ figurent aussi comme équivalents du soleil et de la lune, Mithra en tant qu'Apollon, Anâhitâ en tant qu'Artémis. Sur les monnaies de Zéla, Anaïtis porte le croissant lunaire[91]. Nous savons qu'en Arménie certains mois, certains jours étaient consacrés au soleil et à la lune, «c'est-à-dire probablement à Mithra et à Anâhitâ»[92]. En Perse même, la tradition mazdéenne faisait des deux luminaires les premiers-nés d'Ahura Mazda[93]: transposition de la triade qui, depuis Artaxerxès II au moins, associait au dieu souverain Mithra et Anâhitâ[94]. Dans sa notice sur la religion des Perses, Strabon[95] leur attribue dans l'ordre: le culte du ciel qu'il identifie avec Zeus (= Ahura Mazda), puis celui du soleil «qu'ils appellent Mithra, et de la lune et d'Aphrodite et du feu et de la terre ..». Aphrodite et la lune correspondent ici à deux aspects d'Anâhitâ. On conçoit que, dans l'hymne des Mages commenté par Dion Chrysostome, le cheval igné de Zeus porte, avec les insignes d'Hélios et de Séléné, les deux symboles masculin et féminin du feu qui correspondent respectivement à Apollon-Mithra et Artémis-Anâhitâ[96].

Au total, on ne peut guère mettre tout simplement au compte d'un confusionnisme sommaire la triple équivalence d'Anâhitâ-Anaïtis

---

[88] *De err. prof. rel.*, 5, 3 (p. 13, 5 s., 11 s., Ziegler[1]; p. 69, 32 s.; 70, 40 ss., Pastorino): *libidinum vias ... prava desideria ... cupiditatis monstrat illecebras; ... unde libido nascitur et voluptas. Illic enim genitalium seminum collecta fecunditas ...* etc. Sur la relation d'Aphrodite aux «semences génitales», cf. Cornut., *Theol. Graec. comp.*, p. 45, 5 s., Lang: on l'appelle Aphrodite διὰ τὸ ἀφρώδη τὰ σπέρματα τῶν ζῴων εἶναι.

[89] R. Ghirshman, *op. cit.*, p. 103, fig. 117.

[90] *Art. cit.*, p. 7 s., fig. 3.

[91] *Supra*, p. 100, n. 86. Mais en Asie-Mineure, Anaïtis n'est pas couplée avec Mithra: S. Wikander, *op. cit.*, p. 211; Id., *Études sur les mystères de Mithra*, Lund, 1950, p. 6 s.; E. Will, *Le relief cultuel gréco-romain*, p. 153.

[92] J. Duchesne-Guillemin, *op. cit.*, p. 234.

[93] Bidez-Cumont, *Mages hell.*, I, p. 232; II, p. 98 et n. 5; p. 109 et n. 3. Les rois sassanides se disaient *Solis fratres et Lunae* (Amm. Marc., XVII, 5, 3; XXIII, 6, 5).

[94] *Supra*, p. 95.

[95] *Geogr.*, XV, 3, 13, 732 (III, p. 1021, 7-9, Meineke): ... τὸν οὐρανὸν ἡγούμενοι Δία· τιμῶσι δὲ καὶ ἥλιον, ὃν καλοῦσι Μίθρην, καὶ σελήνην καὶ Ἀφροδίτην καὶ πῦρ καὶ γῆν ... κτλ.

[96] *Supra*, p. 92.

avec Athéna, Artémis et Aphrodite. La documentation arsacide et sassanide confirme peu ou prou l'*interpretatio Graeca*. Nous savons certes que cette *interpretatio* reposait souvent sur des approximations artificielles. Mais si Anâhitâ est identifiée tour à tour avec les trois déesses helléniques, c'est en raison de sa polyvalence originelle[97]. Suivant les régions, les contextes ethniques, historiques ou socio-politiques, tel ou tel aspect de la déesse a pu s'accentuer aux dépens des autres. Mais, foncièrement, Anâhitâ couvrait les attributions des trois déités. Le grand intérêt du texte firmicien est qu'il nous atteste explicitement cette polyvalence. Mais puisqu'il est aussi tributaire d'une tradition platonicienne, ne s'agit-il pas d'une fiction philosophique greffée sur l'*interpretatio Graeca*? Ne sommes-nous pas victimes d'une illusion en coordonnant les apports disparates de l'érudition? Cette déesse aux trois visages n'est-elle pas une invention de néoplatonicien?

Le fait même qu'une déesse ait été conçue chez les Parthes mêmes comme triple (*triformi vultu*) nous est confirmé, me semble-t-il, par un témoignage numismatique dont on n'a pas fait état, celui de petites monnaies en bronze émises au nom de Phraatès IV[98] et dont le revers porte une tête à trois faces (fig. 5). On l'a tout naturellement — quoique dubitativement — décrite comme une représentation d'Hécate[99]. Il s'agit bien, en tout cas, d'un triple visage, et d'un triple visage *féminin*[100].

Le théologien que combat Firmicus Maternus n'a donc pas forgé de toutes pièces l'idée que les Perses adoraient une déesse *triformi vultu*. Tout au plus pourrait-on parler de la transposition grecque et philosophique de données iraniennes: ce théoricien a fort bien pu vouloir comprendre une croyance, une représentation de ce genre à la lumière du schème platonicien, il ne les a pas inventées.

On peut même se demander si le si curieux chapitre 5 du *De errore* ne repose pas sur l'interprétation de sources relativement anciennes.

[97] G. Widengren, *op. cit.*, p. 36: «Ce qui caractérise cette déesse, c'est sa «multivalence»: elle a des liens avec les trois fonctions».

[98] W. Wroth, *op. cit.*, p. 116, n°s 116 ss. (pl. 21, 11); A. von Petrowicz, *op. cit.*, p. 90, n° 69 (pl. 13, 12). Cf. S. Sellwood, *op. cit.*, p. 158, n° 52/28 («Hecate»).

[99] W. Wroth, *op. cit.*, p. LXXIII: «a triform youthful face, perhaps Hekate».

[100] *Ibid.*, n. 1, où W. Wroth rectifie une affirmation de P. Gardner qui parlait de «Janiform male head»: or il s'agit «undoubtly» d'un triple visage «and, being beardless, may be female». A. von Petrowicz (*loc. cit.*) écrit simplement: «Kopf einer dreigesichtigen Gottheit, ähnlich wie Trimurti».

En effet, la déesse-feu de Firmicus est à la fois guerrière (= Athéna), spirituelle et virginale (= Artémis), féconde et responsable des semences génitales (*genitalium seminum collecta fecunditas*) en même temps que de la volupté sexuelle, *libido .. et voluptas* (= Aphrodite). Or, depuis que G. Dumézil[101] en a fait la démonstration, on sait que la déesse du Yasht V de l'*Avesta*, sous ses trois noms Arǝdvî Surâ Anâhitâ — autrement dit «L'Humide, La Forte, La Sans-Tache» — résume en elle les trois fonctions de la société aryenne. En tant qu'«Humide» (Arǝdvî), elle accroît les troupeaux et la richesse, purifie la semence de tous les mâles, «donne bon enfantement à toutes les femelles»[102]. En tant que «Forte» (Surâ), elle donne la vigueur et la victoire aux héros; les «vaillants» lui sacrifient; elle met leurs adversaires en déroute[103]; rappelons aussi qu'au temple d'Anâhitâ, à Istachr, les rois sassanides envoyaient les têtes de leurs ennemis vaincus[104]. Enfin, en tant que «Sans-Tache» (Anâhitâ), elle purifie, elle «met rituellement en état»[105]; ce rôle religieux qui correspond à la première fonction (royale et sacerdotale) est souligné dans le Yasht V. Ahura Mazda l'implorait en disant: «Donne-moi cette faveur, ô bonne, bienfaisante Arǝdvî Surâ Anâhitâ, que j'amène le fils de Pourushata, le saint Zarathustra, à penser selon ma religion, à agir selon ma religion»[106]. C'est en vertu de cette première fonction qu'Anâhitâ investissait sacramentellement les rois sassanides.

La «trivalence» d'Anâhitâ, feu féminin que Firmicus Maternus couple avec Mithra, feu masculin, et qui figure peut-être au revers de certaines monnaies parthes, serait donc conforme au vieux schème tripartite indo-européen. Si le théoricien du culte persique visé par le *De errore* a transcrit à sa manière, en fonction de son idéologie stoïco-platonicienne, des éléments d'information qui s'accordaient

---

[101] *Tarpeia, Essais de philologie comparative indo-européenne*, Paris, 1947, p. 56 ss.; Id., *L'idéologie tripartite des Indo-Européens*, Bruxelles, 1958, p. 59 s.; *La religion romaine archaïque*, Paris, 1966, p. 298 s. Cf. J. Duchesne-Guillemin, *La religion de l'Iran ancien*, p. 180, et dans *Encyclopédie de la Pléiade, Histoire des religions*, I, Paris, 1970, p. 645.

[102] *Yasht* 5, 1-2.

[103] *Ibid.*, 15 («forte et brillante»); 37; 45; 49; 53; 57; 85.

[104] S. Wikander, *op. cit.*, p. 53; M. Chaumont, *art. cit.*, p. 158, 160; F. Altheim-R. Stiehl, *Geschichte Mittelasiens im Altertum*, Berlin, 1970, p. 700 et 720. Shapuhr II offrit à Anâhitâ les têtes des chrétiens exécutés dans le Fârs (M. Chaumont, *art. cit.*, p. 158; *Acta Martyrum et Sanctorum*, éd. Bedjan, II, p. 581 s.).

[105] G. Dumezil, *Tarpeia*, p. 59.

[106] *Yasht* 5, 18; trad. de J. Darmesteter, II, p. 371. Cf. M. Molé, *Culte, mythe et cosmologie dans l'Iran ancien*, p. 128 et 130.

de façon aussi frappante avec les données de l'*Avesta*, il faut croire qu'il tenait ses renseignements de bonne source[107]. On pourrait contester le principe même et la valeur de cette hypothèse, si l'on retrouvait exactement dans son exégèse philosophique le système trichotomique platonicien. Mais les inadéquations que nous avons relevées plus haut tendraient à prouver qu'il a voulu faire coïncider les deux schèmes (persique et platonicien), sans y réussir intégralement. Les défauts d'emboîtage de cette *interpretatio Platonica* pourraient s'expliquer en raison du fait que des éléments irréductiblement iraniens n'ont pu être qu'imparfaitement «platonisés»[108].

Le nom de cet exégète nous reste inconnu. Dans quelle mesure Firmicus Maternus a-t-il déformé cette théologie persique du double feu, en la simplifiant pour mieux s'en gausser? Il faudrait pouvoir comparer sa source pour en juger. Mais le peu qu'il en a transcrit autorise d'intéressants parallèles avec plusieurs données authentiquement orientales. Son témoignage mérite aussi d'être versé au dossier de la tripartition fonctionnelle dans la religion de l'Iran ancien, telle que l'ont vue et interprétée les philosophes grecs.

[107] Mais arbitrairement en 5, 2 (p. 12, 14 s., Ziegler[1]; p. 65 s., 17 s., Pastorino), Firmicus Maternus rattache la théorie du double feu au rituel initiatique des antres mithriaques: *Hunc Mithram dicunt, sacra vero ejus in speluncis abditis tradunt.* Or Anâhitâ n'apparaît nulle part dans les mystères gréco-romains (S. Wikander, *Feuerpriester*, p. 213 s.; E. Will, *op. cit.*, p. 153), du moins sous son nom persique. En revanche, le culte d'Hécate est attesté dans certains *Mithraea: supra*, p. 91.

[108] K. Ziegler (dans *Reallex. f. Antike u. Christ.*, 7, col. 951) considère la *dea triformis* de Firmicus Maternus comme une «Versinnbildlichung der platonischen Dreiteilung», et le polémiste tient vraisemblablement cette représentation d'une source néoplatonicienne. Mais cette source trahit le souci d'identifier la trichotomie platonicienne avec une triplicité d'origine étrangère, d'intégrer une donnée hétérogène.

JULIEN II, L'HÉLIOLÂTRE

«Il a existé un mithriacisme», écrivait J. Bidez; mais «chez les intellectuels du IVe siècle, il s'est rencontré plutôt des mithriacisants»[1]. Discrimination subtile, d'une subtilité toute verbale à première vue, car nous connaissons trop mal encore le mithriacisme pour savoir ce qui pouvait différencier fondamentalement ses adeptes convaincus des dilettantes païens intéressés par la religion persique, tentés d'y adhérer, mais sans dépasser le stade des syncrèses abstraites et nébuleuses — les «mithriacisants» de J. Bidez, fidèles marginaux et velléitaires.

En fait, sa distinction marque bien la difficulté qu'éprouve tout biographe de Julien, et singulièrement tout exégète de son hymne *Au Soleil-Roi*. La gêne de J. Bidez est d'autant plus significative que l'éminent historien belge voulait annexer le néoplatonisme de Julien au mithriacisme[2]. Il semble admis depuis longtemps que «l'Apostat» était mithriaste, d'après la révélation d'Hermès qui sert de conclusion aux *Césars*, 336 c[3]. Mais pour reprendre les termes de F. Cumont, «le dernier César païen semble avoir pris plaisir à dérouter nos recherches. Ce dévot scrupuleux a respecté, avec une fidélité que nous serions tentés de lui reprocher, le serment mystique qu'il avait prêté», tant sont «discrètes» ses allusions au mithriacisme[4]. A. Piganiol notait aussi que «le nom de Mithra n'apparaît jamais dans ses premiers écrits. Mithra n'est pour lui qu'une forme, et d'origine récente, de ce dieu solaire qu'il vénère tout aussi volontiers sous les noms de Sérapis ... ou d'Apollon de Didymes»[5].

Le plus récent éditeur-traducteur de l'hymne *Au Soleil-Roi*, Chr. Lacombrade, s'étonne aussi que Julien y demeure «si discret, alors qu'il s'exprimait sans ambages dans les *Césars*, où la consigne du secret mystérique eût dû être également respectée»[6] — ce qui est une

---

[1] J. Bidez, *La vie de l'empereur Julien*, Paris, 1930, p. 221.

[2] *Ibid.*, p. 222: «Lorsque, dans son hymne au Roi Soleil, Julien célèbre la puissance de Mithra, c'est le mysticisme de Jamblique qui l'inspire». Cf. déjà G. Boissier, *La fin du paganisme*[2], I, Paris, 1894, p. 113.

[3] «Σοὶ δέ», πρὸς ἡμᾶς λέγων ὁ Ἑρμῆς, «δέδωκα τὸν πατέρα Μίθραν ἐπιγνῶναι»; éd.-trad. de Chr. Lacombrade dans la Coll. G. Budé, Paris, 1964, p. 71. Cf. F. Cumont, *Lux perpetua*, p. 301 et 402.

[4] *MMM*, I, p. 27.

[5] *L'empire chrétien*[2], Paris, 1972, p. 131.

[6] Ed.-trad. citée de Julien, *Discours*, II, 2, p. 94.

façon de réfuter l'argument initiatique de F. Cumont, trop facilement et trop souvent invoqué en l'absence d'indices explicites. En effet, ce genre d'explication s'accorde mal avec le commentaire approfondi que Julien fait du mythe d'Attis dans son discours *Sur la Mère des dieux*. Pourquoi n'avoir pas consacré au Tauroctone, à la capture du taureau, à l'effusion du sang générateur et régénérateur la moindre «encyclique», si vraiment Julien était un fervent mithriaste? Porphyre n'avait pas été effleuré par la crainte de violer un serment initiatique en divulguant les exégèses de Numénius dans *L'antre des Nymphes*. Il est vrai que selon G. Rochefort[7], Julien n'en avait rien lu et, pour le prouver, il renvoie au discours *Sur la Mère des dieux*, 161 c[8]; mais dans ce passage, Julien avoue simplement tout ignorer d'ouvrages où Porphyre aurait traité précisément du mythe métroaque. En revanche, il connaît l'identification allégorique des Nymphes avec le principe humide de la matière[9]; il fait d'Héraclite la même citation[10] que Porphyre dans *L'antre des Nymphes*[11] et l'exploite à même fin; son symbolisme de la grotte où Attis a commerce avec la Nymphe[12] est parallèle à celui que Numénius et Cronius énonçaient en faveur d'un mithriacisme platonisant; la «catabase» du pâtre phrygien dans l'antre, image du séjour matériel, correspond à la descente des âmes dans le monde des corps; l'union avec la Nymphe représente la communication du divin avec le monde d'En-bas. Au vu de ces correspondances qu'on ne peut guère imputer ni au hasard des pensées qui se rencontrent, ni à l'exploitation d'un fonds commun d'allégories païennes, mais qui ressemblent étrangement à des résonances porphyriennes, on est d'autant plus surpris que Julien n'élucubre nulle part sur les antres mithriaques, pas même dans l'hymne *Au Soleil-Roi*! Hélios y est pourtant célébré comme un démiurge à l'égal du Mithra de Numénius.

En tout état de cause, le mutisme des mystes n'a que faire ici.

[7] Ed.-trad. de Julien, *Discours*, II, 1, Paris, 1963, p. 95.

[8] *Ibid.*, p. 106.

[9] *Ibid.*, p. 111 (165 c): τὸ δίυγρον αἰνιττόμενος τῆς ὕλης ... Cf. Sal., *De diis et mundo*, 4, 9 (αἱ δὲ Νύμφαι γενέσεως ἔφοροι, πᾶν γὰρ τὸ γινόμενον ῥεῖ), qui semble faire écho à Porph., *De antro Nymph.*, 12-13. Sur les Nymphes, l'eau et la matière dans le *De antro*, voir F. Buffière, *Les mythes d'Homère et la pensée grecque*, p. 430 ss.

[10] *Or.*, V, 165 d (p. 112 de l'éd.-trad. G. Rochefort = Julien, *Discours*, II, 1): ψυχῆσιν θάνατος ὑγρῆσι γενέσθαι (fr. 36, Diels).

[11] *De antro Nymph.*, 10 (p. 63, 17 s., N.).

[12] 165 c (p. 111 de l'éd.-trad. G. Rochefort): ὁ μῦθος αὐτὸν (sc. Ἄττιν) εἰς τὸ ἄντρον κατελθεῖν ἔφη καὶ συγγενέσθαι τῇ νύμφῃ, τὸ δίυγρον αἰνιττόμενος τῆς ὕλης.

Aussi Chr. Lacombrade[13] veut-il déceler ailleurs le motif de cette étonnante discrétion. Julien l'avouerait dans ce même hymne *Au Soleil-Roi* (155 b): «Si je déclare après cela que nous vénérons Mithra et qu'en l'honneur d'Hélios nous célébrons des jeux quadriennaux, on me jugera trop moderne», traduit Chr. Lacombrade[14] qui écrit: «un culte aussi *neuf* risquerait de ne pas entraîner l'adhésion des lecteurs». Sans doute, s'il s'agit du culte officiel de *Sol* qui n'avait pas cent ans en 362. Mais celui de Mithra était beaucoup plus ancien à Rome et dans le monde romain, outre qu'il avait le prestige de ces mystères persiques auxquels Pythagore passait pour s'être fait initier (*Or.*, VII, 237 a)[15]. Au demeurant, la scolastique du Syrien Jamblique, dont Julien se réclame dans son hymne solaire[16], était beaucoup plus «moderne» que le mithriacisme et risquait bien davantage de décourager «l'adhésion des lecteurs». En réalité, dans le passage visé, le comparatif νεώτερα n'a de sens que par rapport à ce qui précède, c'est-à-dire à l'œuvre de Numa (μετὰ τοῦτο). Or, c'est un fait que la religion de Mithra et du *Sol Invictus* n'avait pas à Rome l'antiquité vénérable et nationale des institutions sacrées du roi Numa. Mais Julien ne redoutait pas de heurter ses contemporains: tout son comportement politique et littéraire en fait foi. Son traditionalisme religieux et philosophique réprouvait d'autres nouveautés. Certes, le christianisme était beaucoup plus moderne à ses yeux que le culte persique. Mais la question n'est pas là, me semble-t-il.

Il y a, en vérité, deux questions qu'il importe de dissocier méthodiquement. La première est de savoir si, oui ou non, Julien se fit réellement initier aux mystères de Mithra. La seconde est d'apprécier la place que tient effectivement, expressément, dans sa pensée et notamment dans sa théologie solaire le mithriacisme, et quel mithriacisme: celui des mystères cultuels ou celui des philosophes? C'est l'un des problèmes auxquels nous ramènent constamment les présentes recherches.

Mais d'abord Julien fut-il vraiment consacré dans un antre myste de Mithra? Où et quand?

A en croire F. Cumont[17], l'adyton souterrain où Grégoire de Nazi-

---

[13] Ed.-trad. de Julien, *Discours*, II, 2, p. 94 s.

[14] *Ibid.*, p. 134.

[15] Cf. R. Cuccioli Melloni, *Ricerche sul Pitagorismo*, I, p. 110 s.

[16] *Or.*, IV, 146 a, 150 d, 157 c-d (p. 121, 128, 137 de l'éd.-trad. Chr. Lacombrade).

[17] *MMM*, I, p. 357 (mais F. Cumont y reconnaît que «l'histoire est bien suspecte»); *Die Mysterien des Mithra*⁴, p. 192: «ein mithrisches Konventikel».

ance[18] situe l'effroi de Julien se signant pour chasser les «démons» était un *spelaeum* de Mithra. Mais compte tenu de la double allusion à l'Hadès et à Maxime d'Ephèse[19], il s'agit bien plutôt d'un antre d'Hécate, comme le fameux *Hécatèsion* où les rites photagogiques du brillant sophiste éblouissaient Chrysante et Eusèbe[20]. En l'occurrence, l'idole, dont les torches s'allumaient théurgiquement, portait l'attribut du feu, et l'on est tenté de rapprocher le témoignage de Firmicus Maternus sur la personnification féminine du principe igné couplée avec Mithra; on a vu que la déesse décrite par le *De errore* offre quelque analogie avec la triple Hécate et que celle-ci était honorée dans certains *Mithraea*[21]. Ce que Pausanias[22] nous dit des sacrifices célébrés en Lydie rappelle aussi la mise en scène de Maxime: tandis qu'on psalmodiait une litanie, le bois sec déposé sur l'autel prenait feu mystérieusement. Mais dans l'*Hécatèsion* de Maxime la déesse n'est pas associée à Mithra: elle est non seulement au premier plan, mais seule en cause. On pourrait faire état de Prudence, *Apotheosis*, 460 ss., où le poète évoque un sacrifice de Julien à Hécate: l'empereur y fait susurrer les incantations de Zoroastre (*Zoroastreos .. susurros*)[23]. Mais il s'agit là de formules magiques (*Zoroastreos*) destinées à la reine du monde infernal, puisque Prudence l'identifie avec Perséphone[24]; Zoroastre n'intervient qu'au titre de patron légendaire de la nécromancie, et non pas en tant qu'initiateur — tout aussi légendaire — du culte mithriaque[25].

Dans les charlataneries de Maxime, J. Bidez[26] reconnaissait des «mystères néoplatoniciens», mais liait chronologiquement à l'histoire contée par Grégoire de Naziance l'initiation de Julien aux mystères persiques: «Simultanément, ou peu après, sans doute, l'abjuration du prince s'acheva dans une crypte mithriaque, devant l'image

---

[18] *Or.*, IV, 55 (= *PG*, 35, col. 577 c).

[19] *Ibid.*: τὴν εἰς Ἅδου φέρουσαν ... συμπάροντος αὐτῷ καὶ τοῦ πολλῶν ἀδύτων ἀξίου, τοῦ σοφοῦ τὰ τοιαῦτα, εἴτουν σοφιστοῦ ... Cf. J. Bidez, *op. cit.*, p. 79 s.; A. Piganiol, *op. cit.*, p. 127.

[20] Eunap., *V.S.*, p. 475, Boissonade (= p. 434 de l'éd.-trad. W. C. Wright dans la Coll. Loeb, Londres, 1952): συνεκάλεσεν ἡμᾶς ... εἰς τὸ Ἑκατήσιον.

[21] *Supra*, p. 91.

[22] V, 27, 5-6: Ἄνευ τε δὴ πυρὸς ἀνάγκη πᾶσα ἀφθῆναι τὰ ξύλα καὶ περιφανῆ φλόγα ἐξ αὐτῶν ἐκλάμψαι. Cf. Eunap., *V.S.*, p. 434, 16 s., Wright: καὶ τοὺς λόγους ἔφθανε τὸ φῶς ταῖς λαμπάσι περιφλεγόμενον.

[23] Bidez-Cumont, *Mages hell.*, II, p. 245 (O 100).

[24] *Apoth.*, 475 (*territa Persephone vertit vestigia retro*); 488 (*Pulchra reformatis redeat Proserpina sacris*).

[25] *Supra*, p. 24 s.

[26] *Op. cit.*, p. 79.

du dieu dont le couteau fait jaillir le sang fécond du taureau symbolique. On ne peut comprendre l'intrépidité du prince dans sa mission de défenseur des Gaules, sans tenir compte des serments qui, alors déjà, faisaient de lui un soldat fidèle de Mithra»[27]. Cette reconstruction est purement conjecturale et d'une logique arbitraire: l'intrépidité de Julien en Gaule ne procède pas nécessairement du serment initiatique. Plus loin, J. Bidez écrit plus dubitativement: «Il se peut qu'en Gaule déjà Julien fût affilié à la secte mazdéenne»[28], et de citer la *Lettre* 14 (17) où le César ne parle pas de Mithra, mais rappelle «l'alliance du dieu même à qui je dois le rang où je suis»[29]. Il s'agit évidemment du Soleil, saint patron de la deuxième dynastie flavienne, mais non pas nécessairement d'Hélios-Mithra.

On produit aussi le long témoignage autobiographique du discours *Contre Héraclios le Cynique* (*Or.*, VII, 228 c ss.), et tout particulièrement les passages où Julien se présente comme un soldat portant épée, lance et bouclier (230 c, 231 c)[30]. Est-ce assez pour autoriser l'hypothèse de ceux qui veulent y déchiffrer une allusion au *Miles* des mystères mithriaques[31]? A ce compte, il faudrait rapporter au mithriacisme les métaphores militaires de Sénèque et d'Epictète: pour les stoïciens aussi le sage est un soldat! Plus probant est le passage où Hélios dit au jeune homme (231 d): «Allons! tu es jeune et non initié. Va donc dans ta patrie (παρ' ὑμᾶς), afin que l'initiation t'y assure la sécurité de la vie» (ὡς ἄν μυηθείης ἀσφαλῶς τε ἐκεῖ διάγοις)[32]. A cet ἀσφαλῶς semblent faire écho précisément les termes dans lesquels, à la fin du *Banquet des Césars* (336 c), Hermès rappelle à Julien la sollicitude dont l'entoure le dieu Mithra: «Je t'ai donné de reconnaître en Mithra ton père. Observe ses commandements: tu ménageras à ta vie une amarre et un havre sûrs (ἀσφαλῆ), et à l'heure où il faudra quitter ce monde, avec Bon Espoir tu trouveras un guide en ce dieu bienveillant» (θεὸν εὐμενῆ). Mais ce qualificatif de «bienveillant» caractérise ailleurs (*Or.*, IV, 158 b) le Soleil-Roi, divin protecteur du philosophe couronné: εὐμενῆ γενέσθαι τὸν βασιλέα τὸν

---

[27] *Ibid.*

[28] *Ibid.*, p. 219.

[29] Julien, *Lettres*, éd.-trad. de J. Bidez dans la Coll. G. Budé, p. 22 (385 c) et n. 4.

[30] Julien, *Discours*, II, 1, éd.-trad. de G. Rochefort, p. 79 s.

[31] G. Ricciotti, *L'imperatore Giuliano l'Apostata secondo i documenti*, A. Mondadori, 1956, p. 86. Pour sa part, J. Bidez appelle «Hélios-Mithra» (*La vie de l'empereur Julien*, p. 61) le soleil sauveur d'*Or.*, VII, 228 b.

[32] Trad. G. Rochefort, p. 80. Cf. R. Asmus, dans *Wochenschr. f. klass. Philol.*, 1904, p. 234.

ὅλων Ἥλιον. Tout donc donne à penser que Mithra n'est pour Julien que le nom persique du *Sol Invictus* qui avait préservé son enfance et sa jeunesse. Le Bon Espoir du salut posthume n'est pas une croyance propre aux mystes de Mithra, et F. Cumont a bien montré qu'il s'agissait d'un article de la foi éleusinienne[33].

Julien aurait pu se faire initier dans un *Mithraeum* gallo-romain[34], à Vienne[35] par exemple, à *Argentoratum* même[36] ou non loin de là, à Koenigshoffen d'où proviennent les fragments d'un grand bas-relief cultuel admirablement restitué au Musée Archéologique de Strasbourg[37]. Mais à en juger par ce qu'en écrit Ammien Marcellin (XXI, 2, 4-5) le *Nobilissimus Caesar* semble avoir eu à cœur, en Gaule même, de se rallier les populations en feignant d'adhérer ouvertement à la religion nouvelle: *adhaerere cultui christiano fingebat*. Ainsi le 6 janvier 361, jour de l'Epiphanie, il pria le dieu des chrétiens dans la cathédrale de Vienne[38]. S'il a pris ses risques, c'est en Orient, dans cette Asie-Mineure où le paganisme gardait encore des racines vivaces, plutôt qu'en Gaule. On peut d'ailleurs douter que les *Mithraea* de Vienne et de Koenigshoffen fussent encore en service après 350.

Il reste que dans *Or.*, VII, 231 d, Julien parle d'une initiation qui devait lui garantir la «sécurité de la vie»[39]. On invoque alors la déclaration liminaire de l'hymne *Au Soleil-Roi* (130 b-c): «Je suis attaché au Soleil-Roi; j'en ai chez moi, personnellement, les garanties très précises, plus précises que je ne puis dire» (τὰς πίστεις ἀκριβεστέρας). Pour W. C. Wright[40], «He refers to his initiation into the cult of Mithras». Chr. Lacombrade[41] y voit également une «allusion à l'initiation mithriaque .. et sans doute au sanctuaire privé où, dans son

---

[33] *Lux perpetua*, p. 401 ss. Cf. R. Asmus, *art. cit.*, p. 236. F. Cumont (*op. cit.*, p. 402, n. 4) observe qu'«une relation intime s'établit à cette date entre les mystères de Mithra et ceux d'Eleusis» et cite l'exemple d'un *Pater* devenu hiérophante (Eunap., *V.S.*, p. 476, Boissonade = p. 436, 23, Wright). Mais cette «relation» occasionnelle (et personnelle) n'est point une raison d'annexer au mithriacisme l'*agathè elpis* éleusinienne.

[34] F. Cumont, *MMM*, I, p. 357; J. Bidez, *op. cit.*, p. 162 et 219; P. de Labriolle, *La réaction païenne*[9], p. 383; G. Ricciotti, *op. cit.*, p. 86: «probabilmente cio avvenne quando egli era al governo delle Gallie».

[35] Cf. R. Turcan, *Les religions de l'Asie dans la vallée du Rhône*, p. 4 s.

[36] *CIMRM*, II, p. 127, n°s 1326 (Aiôn)-1328.

[37] *Ibid.*, p. 129 ss., n°s 1335 ss., 1359 et fig. 365/6.

[38] Amm. Marc., XXI, 2, 5.

[39] *Supra*, p. 109.

[40] Ed.-trad. de Julien dans la Coll. Loeb, I, Londres, 1954, p. 353.

[41] Ed.-trad. de Julien, *Discours*, II, 2, dans la Coll. G. Budé, p. 100, n. 3.

palais de Constantinople (οἴκοι), il célébrait le culte d'Hélios». C'é-
tait approximativement l'opinion de G. Ricciotti: «Allude a una
capella dedicata a Helios nel palazzo imperiale di Costantinopoli;
ma forse anche alla sua iniziazione ai misteri di Mithra»[42]. Comme
on voit, G. Ricciotti dissocie deux hypothèses que Chr. Lacombrade
présente dans l'ordre inverse — l'ordre chronologique — pour les
fondre en une seule: Julien aurait conservé pieusement dans la chapelle hélio-mithriaque du palais impérial les *symbola* de sa consécration initiale au dieu persique. La phrase qui suit l'affirmation précitée de Julien pourrait alors se rapporter au respect impérieux du
secret mystérique: ὃ δέ μοι θέμις εἰπεῖν καὶ ἀνεμέσητον. D'autre part,
la mention de «gages» (πίστεις) que le fidèle garde précieusement par
devers soi ressemble à ce que nous dit Apulée (*Apol.*, 55, 8) des *signa
et monumenta* qu'il tient des prêtres ou des mystagogues et qu'il
conserve avec soin (*sedulo conservo*)[43]. A l'adresse des mystes de
Liber Pater, il a ces mots révélateurs: *Scitis quid domi conditum
celetis et absque omnibus profanis tacite veneremini!*

Mais Julien ne prononce pas le nom de Mithra. Puis il s'agit de
gages consacrant sa dévotion au Soleil. Il est attaché à Hélios comme
un «suivant» (ὀπαδός)[44] à son maître, voire comme un *comes* à son
empereur. Il est fils du Soleil[45] qui l'a sauvé du massacre en 337. Sa
famille s'est vouée au culte d'Hélios jusqu'à la conversion de Constantin l'inconstant, qui a trahi la vocation solaire des Seconds Flaviens. Zeus fait prier Hélios de veiller sur Julien, de le guider et de
soigner sa «maladie» (le christianisme)[46]. La guérison fut l'apostasie,
comme on dit, qui dut coïncider avec la révélation que le futur César
eut à Nicomédie, en 351, de son ascendance et de sa mission[47]. Nous
ignorons tout ou presque des modalités particulières de cette révélation. Mais les πίστεις ἀκριβεστέρας d'*Or.*, IV, 130 c pourraient bien
s'identifier avec les garanties oraculaires de 351, dont Julien aurait

[42] *Op. cit.*, p. 59.

[43] Cf. A. Abt, *Die Apologie des Apuleius von Madaura und die antike Zauberei, RGVV*, IV, 2, Giessen, 1908, p. 288; P. Boyancé, *Une allusion de Plaute
aux mystères de Dionysos, Mélanges A. Ernout*, Paris, 1940, p. 29 ss.

[44] *Or.*, IV, 130 b (καὶ γάρ εἰμι τοῦ βασιλέως ὀπαδὸς Ἡλίου); 157 a (ὀπαδὸν
ἀποφήνας αὐτοῦ). Cf. aussi *ibid.*, 131 c (τῷ θεῷ δουλεῦσαι) et d (τοῦ θεοῦ τοῦδε
θεράποντα ... τῇ θεραπείᾳ τοῦ δεσπότου); *Or.*, VII, 234 c (ἑπόμενός τε ἡμῖν).

[45] *Or.*, VII, 229 c (p. 77 de l'éd.-trad. G. Rochefort), où Zeus dit à Hélios en
lui montrant Julien: σόν ἐστιν ἔκγονον; 234 c (p. 84): ἔκγονον (sc. ψυχήν) ἡμετέραν.

[46] *Ibid.*, 229 c: ποιμανεῖν αὐτὸ καὶ θεραπεύσειν τῆς νόσου.

[47] Liban., *Or.*, XIII, 11; Socr., *H.E.*, III, 1 (= PG, 67, col. 369 b-c, 371
a-b); Sozom., *H.E.*, V, 2 (= PG, 67, col. 1216 b-c). Cf. J. Bidez, *op. cit.*,
p. 57; A. Piganiol, *op. cit.*, p. 127.

conservé religieusement par devers lui la transcription. Les secrets mystériques ne sont pas seuls concernés par les interdits de divulgation, mais également certaines interventions divines, songes, apparitions ou prophéties: on sait du reste aussi que le vocabulaire hellénistique assimile telle révélation onirique ou surnaturelle à une *télétè*[48]. Le récit autobiographique d'*Or.*, VII, 231 c-d transpose vraisemblablement quelque chose de l'aventure spirituelle vécue par Julien à Nicomédie. Tombé en extase, il voit Hélios et le supplie d'être son sauveur. Le dieu lui prescrit de retourner «là-bas». Mais Julien voudrait bien rester auprès de lui. C'est alors qu'Hélios lui dit gravement qu'il n'est pas initié (ἀμύητος) et qu'il doit regagner la terre des hommes pour y subir l'épreuve de la *muèsis*. Dans ce texte, le παρ' ὑμᾶς de Julien que G. Rochefort traduit «dans ta patrie» signifie littéralement «chez vous». Il pourrait s'agir précisément de Constantinople où Julien était né; mais ces paroles sont celles d'un dieu à un homme, et donc Hélios veut dire: «chez vous, les hommes». Julien doit faire ses preuves dans le dur monde d'En-bas pour mériter de vivre un jour avec les dieux. On sait que l'éducation, la formation intellectuelle et morale de l'individu sont souvent comparées à une initiation[49]. La philosophie assure la vie présente et future au même titre qu'une *télétè*[50].

En faveur du mithriacisme de Julien, on invoque alors l'histoire de cette chapelle impériale dont nous parlent les rhéteurs Libanius[51] et Himérius[52]. Julien voulait «rester en communication suivie avec les dieux». Aussi avait-il fait installer au milieu de son palais (ἐν μέσοις τοῖς βασιλείοις), dans une sorte de «panthéon» pourvu d'autels dédiés à différentes déités, un *hiéron* consacré «au dieu qui ramène le jour». «Tour à tour initié et initiateur», précise Libanius, «il participait et faisait participer aux mystères». Sur ces quelques mots, on a bâti tout un roman[53]. De ce *hiéron* consacré au Soleil, on a fait un

[48] A. D. Nock, *Early Gentile Christianity and its Hellenistic background*, New York, 1964, p. 118 ss.

[49] Diod. Sic., 4, 7; Phot., *Bibl.*, 279, 530 b-531 a. Cf. ma communication au *Xe Congrès International d'Archéologie Classique* (Ankara-Smyrne sept. 1973): *Les sarcophages pamphyliens de Rome (type Torre Nova)*.

[50] Sur la comparaison de la philosophie avec les mystères, cf. A.-J. Festugière, *La révélation d'Hermès Trismégiste*, II, p. 549; P. Boyancé, *Sur les mystères d'Éleusis*, RÉG, 75, 1962, p. 465, 468, 470 s.

[51] *Or.*, XVIII, 127 (= II, p. 290, 10 ss., Foerster).

[52] *Or.*, VII, 1 ss. = XLI, p. 168 s., Colonna (Rome, 1951).

[53] P. Allard, *Julien l'Apostat*, II, Paris, 1903, p. 158, 221; J. Bidez, *op. cit.*, p. 219 s.; G. Ricciotti, *op. cit.*, p. 235.

«sanctuaire de Mithra» où Julien aurait été «promu aux grades les plus élevés de l'initiation» pour y devenir «le grand maître des conventicules mithriaques»[54]. J. Bidez reconnaît que «le sanctuaire de Constantinople où Julien faisait ses dévotions quotidiennes a disparu», mais il ajoute que «les restes des cryptes mithriaques exhumées de tous côtés permettent d'en deviner l'ornementation ...»[55]. G. Ricciotti[56] qui lui emboîte le pas ne fait guère que transcrire en italien cette affirmation gratuite. Libanius ne dit rien d'un *Mithraeum*. Les chrétiens qui aimaient à dénoncer dans les antres mithriaques les ténèbres de l'enfer et l'idolâtrie des démons souterrains n'auraient pas manqué d'exploiter ce détail, s'il était vrai: un *Mithraeum* au cœur du palais, c'était une trop belle occasion de crier au scandale! En fait, il s'agissait d'un sanctuaire héliaque, sans plus, aménagé au centre du palais (ἐν μέσοις), comme le Soleil était au centre du monde. Quant à la terminologie initiatique (μυστηρίων, μυηθείς τε καὶ μυήσας), elle ne doit pas nous faire illusion. Au IVe siècle après J.-C., dans la littérature d'inspiration païenne comme dans les textes chrétiens, ces mots n'ont rien de spécifiquement mystérique. L'abus qu'en avait fait le style édifiant, ou simplement la prose d'art, leur avait fait perdre beaucoup de leur charge originelle[57]. Ils s'appliquent tout bonnement, le plus souvent, aux offices du culte. Le texte de Libanius signifie donc simplement que Julien officiait ou prenait part aux offices accomplis quotidiennement en hommage à l'astre du jour; il célébrait lui-même les sacrifices ou y assistait; tour à tour, il prenait sa part de la victime sacrifiée ou en faisait la distribution (μετέσχε, μετέδωκε).

Reste le témoignage suspect du rhéteur Himérius, *Or.*, VII (= XLI, Colonna). Dans les manuscrits de Paris (*R*) et d'Oxford (*B*), la notice du *titulus* précise qu'Himérius prononça ce discours de remerciement à l'empereur après avoir été «initié aux mystères de Mithra» (τελεσθεὶς τὰ Μιθριακὰ μυστήρια); son hommage s'adressait «et à la ville et au souverain, fondateur de la *télétè*» (τὴν τελετὴν ἱδρυσάμενον). Mais ces «précisions» sont tout simplement déduites du texte du discours, non sans le surinterpréter. Le nom de Mithra est

---

[54] J. Bidez, *op. cit.*, p. 219.

[55] *Ibid.*, p. 220.

[56] *Op. cit.*, p. 235: «un Mithreo analogo certamente nelle sue linee essenziali ai Mithrei di quel tempo giunti fino a noi».

[57] Sur l'usure des métaphores mystériques, cf. en général A. D. Nock, *Early Gentile Christianity and its Hellenistic background*, p 116 ss. (*The metaphorical use of mystery terminology*).

exprimé au début, mais en apposition à celui d'Hélios[58], identification commune à toute la tradition littéraire. Himérius loue Julien d'avoir dissipé l'obscurité qui empêchait «de tendre les mains vers Hélios», relevé les sanctuaires, fondé des «initiations» divines étrangères à la ville, de célébrer les mystères des dieux célestes[59], etc. ... L'équation initiale Hélios-Mithra d'une part, le vocabulaire mystérique dont le discours est émaillé d'autre part, suffisent à expliquer le contenu du *titulus*, mais non pas à prouver qu'il s'agit d'une consécration mithraïque. Les redondances flagornantes de cette rhétorique piétiste et du lyrisme dévot qu'affectionne Himérius ne doivent pas nous faire oublier qu'à basse époque τελεταί et μυστήρια sont de beaux et grands mots pour désigner certains rites païens, sans doute un peu particuliers, comme les hommages de Julien à son très saint patron, mais non point précisément initiatiques. On ne décèle d'ailleurs dans cette *oratio* aucune référence spécifique au rituel des antres persiques, rien sur la tauroctonie ni sur les différents grades — pourtant caractéristiques — de l'initiation mithriaque.

Faute d'arguments explicites et décisifs, on veut discerner dans le comportement de Julien les indices d'une «foi» mithriaque. Mithra est le dieu de la lumière; et la reconnaissance que Julien voue à Hélios comme à un dieu sauveur qui l'a tiré des brumes a pu sembler marquée au coin du dualisme persique[60]. Mithra est dieu de la justice et de la vérité, deux vertus solidaires dans la morale mazdéenne. Or, pour Julien la plus éminente de toutes les vertus est la justice[61]: «Un chef doit avoir pour première qualité l'équité, puis la bonté et l'humanité envers ceux qui en sont dignes»[62]. Il atteste la justice divine, en même temps que son propre sens de la confraternité[63]. Sa *philanthropia*[64] est à l'image de la bienveillance et de la providence du dieu qui observe tout[65], *Sol justitiae*.

Ses vertus militaires d'endurance et de chasteté, de vaillance et

---

[58] 1, p. 168, 1, Colonna: Ἡλίῳ Μίθρᾳ ψυχὴν καθάραντες.

[59] *Ibid.*, 8-9, p. 172, 84 ss., Colonna: αὐτὸς τὸν κωλύοντα ζόφον ἀνατείνειν χεῖρας εἰς Ἥλιον ἀρετῇ καθήρας ... τελετὰς δὲ θείας καθιδρύων τῇ πόλει ξένας, τῶν δ'εἰς αὐτὴν θεῶν οὐρανίων μυστήρια θεοποιῶν ... ἔδει γὰρ αὐτὸν ἡλίῳ φύσιν συνάπτοντα ὁμοῦ τε λάμψαι καὶ φῆναι βίον τὸν κρείττονα.

[60] J. Bidez, *op. cit.*, p. 61 s., d'après *Or.*, VII, 229 d, 231 d, 233 d.

[61] *Ep.*, 17 b, 11 (p. 24 de l'éd.-trad. Bidez).

[62] *Ep.*, 89 a, 453 a (p. 153, Bidez).

[63] *Ep.*, 8, 441 d (p. 15, Bidez): τὴν θείαν δίκην.

[64] *Ep.*, 89 b, 289 a-b, 290 d (p. 156 et 158, Bidez); J. Bidez, *op. cit.*, p. 163.

[65] *Ep.*, 11, 425 b (p. 18, Bidez); 89 b, 299 b (p. 167, Bidez).

de loyauté, son ascétisme et sa religion du devoir ont été mis au compte du mithriacisme. «Il a voulu, écrit J. Bidez[66], penser et agir en soldat fidèle à son dieu et fermement attaché au poste où ce dieu l'avait placé .. C'est bien une morale mithriaque qu'il a réalisée dans sa vie». Dans le même sens, on a interprété ce qu'il aurait dit à Hélios et Athéna, quand Zeus le prédestinait à l'administration de l'Empire (Or., VII, 232 c-d): «Employez-moi au dessein qu'il vous plaira»[67]. Mithra ne demandait-il pas à ses initiés de rester fidèles à leur poste? C'est ce qu'Hermès, dans les Césars, prescrit à Julien: «Observe ses commandements»[68]. Mais l'idée que l'homme, que le sage doit demeurer à son poste est platonicienne et d'origine pythagoricienne[69]. Quant à la stricte moralité de Julien, sa philanthropia, son souci de l'Etat et des responsabilités souveraines, pourquoi ne pas les mettre au crédit de la philosophie grecque ou, pour parler comme Julien, de l'hellénisme?

Déterminantes aussi durent être ses années d'enfance, rigoureusement disciplinées par l'eunuque scythe Mardonius qui, avec le goût d'Homère et le sens de la beauté, lui inculqua une règle de vie[70]. Le sens moral va presque toujours de pair avec le culte du beau.

Il n'est pas jusqu'à son refus de porter en guise de diadème un collier de perles[71], lorsqu'à Paris les Gaulois le proclamaient Auguste, qu'on n'ait assimilé au geste rituel du Miles mithriaque écartant la couronne[72]! En l'occurrence, outre le respect du serment, outre le loyalisme impérial et militaire, des raisons de prudence humaine semblent avoir commandé les premières réactions du prince héri-

---

[66] Op. cit., p. 221, 224.

[67] Ed.-trad. G. Rochefort, p. 81, n. 3, qui renvoie à J. Bidez, Julien l'Apostat, Rev. de l'Instr. Publ. en Belgique, 57, 1914, p. 108: «A ses initiés Mithra demandait avant tout du courage — pour rester sans trembler, ni reculer jamais, fidèles au poste où ils étaient placés —; ensuite ... une obeissance aveugle à chacun de ses appels». Cf. G. Ricciotti, op. cit., p. 86, 159 (à propos de la lettre à Oribase, Ep., 14, p. 22, Bidez): «convinzione di essere soldato spirituale del dio Mithra».

[68] 336 c: σὺ δὲ αὐτοῦ τῶν ἐντολῶν ἔχου.

[69] Cic., Cat. Maj., 73; De rep., VI, 15. Cf. P. Boyancé, Études sur le Songe de Scipion, p. 126. Sénèque compare volontiers la vie à l'exercice du devoir militaire: Ep., 37, 1; 96, 5; 120, 12, et passim; D. Steyns, Etude sur les métaphores et les comparaisons dans les œuvres en prose de Sénèque, Gand, 1906, p. 5 ss., 35 ss. Cf. Epict., Diss., I, 14, 15-17; III, 24, 112 s.; J. le Hir, dans Lettres d'Humanité (Bull. de l'Assoc. G. Budé), 13, 1954, p. 91.

[70] J. Bidez, La vie de l'empereur Julien, p. 17 s.

[71] Ibid., p. 184.

[72] Ibid., p. 224.

tier[73]. Sur ce point d'ailleurs, ni Ammien[74] ni Libanius[75] ne suggèrent la moindre référence au mithriacisme, qui n'y est pour rien.

On fait valoir aussi que Julien se contenta d'infliger aux païens d'Alexandrie de paternelles remontrances quand, le 24 décembre 361 — veille même du *Natalis Invicti* — ils eurent lynché l'évêque Georges, coupable d'avoir fait bâtir une église sur les ruines d'un *Mithraeum* abandonné[76]. Mais, dans sa *Lettre* «au peuple des Alexandrins»[77], Julien n'évoque nulle part cette profanation chrétienne du *spelaeum*; il ne fait aucune allusion ni à Mithra, ni au *Natalis Invicti*; il ne prononce pas d'autre nom divin que celui de Sérapis[78]. Si l'événement eut vraiment pour les mithriastes d'Alexandrie une signification retentissante (?), la *Lettre* de Julien n'en laisse rien transpirer — du moins telle qu'elle nous est parvenue.

Est-il passé par les différents grades de l'initiation? A-t-il seulement jamais pénétré dans un antre mithriaque? Nous n'en savons rien. L'hypothèse d'un sacrifice humain auquel Julien aurait présidé dans le *Mithraeum* de *Scarbantia* (Pannonie), le 28 septembre 361[79], n'a aucun fondement sérieux: la sépulture découverte sous le bas-relief cultuel atteste seulement que le sanctuaire désaffecté a servi de nécropole aux habitants des environs[80].

Supposons cependant que Julien ait été sacramentellement *Miles* de Mithra. Peut-on prétendre avec J. Bidez, G. Ricciotti et Chr. Lacombrade que sa pensée et ses écrits portent la marque de cette consécration?

D'après Ammien Marcellin, Julien vouait un culte particulier à Mercure qu'en Gaule il priait secrètement *nocte dimidiata*; Mercure que les enseignements de la théologie, précise l'historien, identifient avec l'intelligence motrice du monde et des esprits[81]. De fait, Hermès

---

[73] C. Martha, *Etudes morales sur l'Antiquité*[3], Paris, 1896, p. 276 s.

[74] XX, 4, 17 s.

[75] *Or.*, XVIII, 99 (= II, p. 278, 16 ss., Foerster).

[76] P. Allard, *op. cit.*, II, p. 280 ss.; F. Cumont, *Die Mysterien des Mithra*[4], p. 192 s.; J. Bidez, *op. cit.*, p. 234 s.; E. Stein, *Histoire du Bas-Empire*, trad. fr., I, Paris, 1959, p. 164 s.

[77] *Ep.*, 60 (p. 69-72, Bidez).

[78] Sur la dévotion de Julien à Sérapis, cf. L. Budde, *Julian-Helios Sarapis und Helena-Isis*, *AA*, 1972, 4, p. 630-642.

[79] N. Massalsky, *Sacrificio umano offerto dall'Imperatore Giuliano in Ungheria*, *Boll. del Mus. dell'Impero Romano*, 12, 1941, p. 159 ss.

[80] *CIMRM*, II, p. 205, n° 1647; M. J. Vermaseren, *Mithra, ce dieu mystérieux*, p. 137 s., et dans *Hermeneus*, 22, 1950, p. 70 ss.

[81] Amm. Marc., XIV, 5, 5. Cf. P. Allard, *op. cit.*, II, p. 212; J. Bidez, *op. cit.*, p. 166.

apparaît assez souvent dans l'œuvre de Julien soit comme *Logios*, dieu du Verbe[82], soit comme un guide et un gardien qui le gratifie de sa baguette d'or[83]. En tant que tel, il joue dans la vie du César païen un rôle qui interfère avec celui d'Hélios. Quand, à la fin du *Banquet des Césars*, il dit à Julien qu'il lui a donné de reconnaître en Mithra son père, on peut entendre que le Logos lui a révélé son ascendance solaire et la vocation héliolâtrique des Seconds Flaviens, ou que ce même Logos lui a inspiré le désir de se faire initier, en ménageant providentiellement l'occasion de cette consécration. Quoi qu'il en soit, ce Mercure-Hermès qui coopère si étroitement à l'action d'Hélios semble lié à Mithra[84] qu'on trouve identifié tant avec *Sol Invictus* qu'avec Mercure, médiateur des deux mondes[85], comme le dieu de l'hymne *Au Soleil-Roi*. On peut certes gloser hypothétiquement sur ces assimilations. Mais Julien n'en fait nulle part état. Hermès n'est qu'un intermédiaire d'Hélios, divin protecteur du philosophe couronné.

Autre dieu des antres mithriaques: Aiôn, le Temps léontocéphale qu'on identifie avec Zervan Akarana. Le *Banquet des Césars* porte le titre secondaire de *Kronia*. La scène est censée se passer durant les Saturnales à la mi-décembre 362[86]. Comme il se doit, Kronos-Saturne préside à la fête, et l'importance de son rôle n'a pas de quoi surprendre. Chr. Lacombrade[87] veut reconnaître en lui le Temps Infini des *spelaea* et, pour étayer cette opinion, il nous renvoie à Saloustios, *De diis et mundo*, IV, 2, lequel écrit simplement: «Certains ont pensé que Kronos était le Temps (*Chronos*)», sans aucune référence au Temps Infini de la tradition persique. L'approximation est ancienne et banale dans la littérature gréco-romaine: elle n'a rien de spécifiquement mithriaque. Il est d'ailleurs notable que le catéchisme païen de Saloustios, ami et collaborateur intime de Julien, ne contient pas la moindre allusion au mithriacisme. L'hypothèse de Chr. Lacombrade ne s'impose donc pas. Certes, l'hymne *Au Soleil-Roi* (156 b)[88] nous rappelle que les *Kronia* précèdent le *Natalis Invicti*; mais Julien n'en souffle mot dans les *Césars*, et l'on en est d'autant plus

---

[82] *Or.*, IV, 132 a; VII, 237 c. Cf. Synes., *Ep.*, 101, p. 699 d, Hercher; W. Theiler, *Die chaldäischen Orakel und die Hymnen des Synesios*, p. 24, n. 4.

[83] *Or.*, VII, 234 b. Cf. 230 b-c, 233 d; *Caes.*, 336 c. Sur Hermès *Hégémôn*, cf. F. Cumont, *Les religions orientales dans le paganisme romain*[4], p. 265, n. 90; Id., *Lux perpetua*, p. 300 s.

[84] J. Bidez, *op. cit.*, p. 382 s., n. 7 du chap. VII.

[85] *Supra*, p. 18 s.

[86] Ed.-trad. de Julien, *Discours*, II, 2 (Coll. G. Budé), p. 28.

[87] *Ibid.*, p. 22.

[88] *Ibid.*, p. 136.

surpris qu'Hélios l'Invincible («mon maître», écrit Julien, οὑμὸς δεσπότης)[89] y intervient pour défendre Aurélien qui avait inscrit la fête
de *Sol Invictus* au calendrier romain!

Si le Kronos des *Césars* a bien sa place dans la théologie de Julien,
c'est en fonction du système de Jamblique, dans la triade des dieux
«intellectuels», où il correspond à la première personne (πατήρ), Rhéa
à la deuxième (δύναμις) et Zeus à la troisième (πατρικὸς νοῦς)[90]. Pour
Chr. Lacombrade, si Julien dans les *Césars* n'accable ni Commode
(312 c), ni Elagabal (313 c), c'est parce qu'il s'agissait de «sectateurs
convaincus de Mithra»[91]. En fait, le mépris de prétérition qui leur
est infligé n'apparaît guère comme un traitement de faveur aux yeux
d'un lecteur non prévenu. On ne voit pas que le polémiste ait pour
eux des «ménagements» tendancieux.

On serait tenté de déchiffrer plutôt dans le discours *Sur la Mère
des dieux* des éléments de théologie mithriaque. Sans doute (on l'a
vu), le fait que Julien ne dise rien de la tauroctonie étonne-t-il d'autant plus qu'il paraît avoir lu *L'antre des Nymphes*[92]. Ce n'était pas
son sujet, mais le discours traite aussi de la génération et d'Hélios
qui coopère à la démiurgie[93]. Comme Porphyre[94], Julien souligne
l'importance des équinoxes (171 c), singulièrement du Bélier (172 a),
dont le lever héliaque coïncide avec les fêtes d'Attis en mars. Mais
contrairement à la doctrine du *De antro*, l'équinoxe de printemps,
au lieu de marquer l'entrée des âmes dans la génération[95], correspond
au moment où le Soleil les en affranchit (172 a-c). Julien invoque
alors la mystagogie du Chaldéen divinement inspiré, à propos de
l'*heptaktis*, le dieu aux sept rayons[96]. Or, d'après le scoliaste de Platon (*Alcib.*, I, 211 e)[97], le nombre sept appartient en propre à Mithra;
sur les monuments du culte persique, *Sol Invictus* est quelquefois
aussi septuplement radié[98]. Mais Julien se réfère à la doctrine des

---

[89] *Ibid.*, p. 42 (*Caes.*, 314 a).
[90] W. Theiler, *op. cit.*, p. 4.
[91] *Op. cit.*, p. 16.
[92] *Supra*, p. 106.
[93] *Or.*, V, 165 a (p. 111 de l'éd.-trad. G. Rochefort); 167 b (p. 114).
[94] *Supra*, p. 83 s.
[95] *Supra*, p. 85 ss.
[96] 172 d. Cf. Bidez-Cumont, *Mages hell.*, II, p. 285, n. 2; W. Theiler, *op. cit.*, p. 35.
[97] C. Clemen, *Fontes historiae religionis Persicae*, p. 96, 4 s. (= F. Cumont, *MMM*, II, p. 54): ὡς τῷ Μίθρᾳ οἰκεῖον τὸν ζ'ἀριθμόν, ὃν διαφερόντως οἱ Πέρσαι σέβουσι.
[98] *CIMRM*, I, fig. 47 (n° 172), 49 (n° 174), 91 (n° 334), 101 (n° 354), 122 (n° 435), 126 (n° 458).

Oracles Chaldaïques dont le P. Festugière veut qu'elle s'apparente à la théologie de Numénius[99]; mais on n'a pas démontré que lesdits *Oracles* aient eu partie liée avec le mithriacisme. L'hypothèse d'une relation entre leur doctrine et celle que Firmicus Maternus expose au chapitre 5 du *De errore* (théorie du double feu et d'Hécate mère des âmes) ne tient guère non plus[100].

Pour revenir au discours *Sur la Mère des dieux*, Julien y associe à «Corybas, le grand Hélios qui partage le trône de la Mère et crée tout de concert avec elle», le Lion, «principe igné, donc la cause qui préside à la chaleur et à la combustion» et qui «assista la Prévoyance démiurgique des êtres» ($τῇ$ $δημιουργικῇ$ $προμηθείᾳ$ $τῶν$ $ὄντων$)[101]. Plus loin (168 b), on apprend qu'Attis règne sur les lions qui partagent avec leur chef — Lion par excellence — «la substance calorique et ignescente»[102]. Ce que Julien dit des lions de Cybèle s'applique très exactement aux Lions de Mithra dont Tertullien écrit : *sicut aridae et ardentis naturae sacramenta leones Mithrae philosophantur*[103]. Mais, ne fût-ce qu'au titre de signe caniculaire, le lion symbolisait le feu ailleurs que dans les antres mithriaques[104]. Quand Julien précise que le Lion assista la *Prométheia* démiurgique des êtres, on songe à un passage du discours *Contre les Cyniques ignorants* (182 c-d) : «Le don que les dieux firent aux hommes, par l'entremise de Prométhée, du feu éclatant issu du Soleil et d'une parcelle d'Hermès n'est pas autre chose que le partage de la raison (*logos*) et de l'entendement : en réalité, Prométhée, la Providence .. qui insuffle, comme cause efficiente, un esprit calorique ($πνεῦμα$ $ἔνθερμον$) dans la nature, a communiqué à tous une raison incorporelle»[105]. Le monde de la généra-

---

[99] *La révélation d'Hermès Trismégiste*, III, p. 53 ss.; IV, p. 132 ss.

[100] F. Cumont, *MMM*, I, p. 29 et n. 7; K. Ziegler, éd. de Firm. Mat., *De err. prof. rel.*[1], Leipzig, 1908, p. XXXV; F. Cumont, *Die Mysterien des Mithra*[4], p. 102 s., n. 3.

[101] *Or.*, V, 167 b-c : Τί δὲ ὁ Λέων; Αἴθωνα δήπουθεν ἀκούομεν αὐτὸν ... κτλ (p. 114 de l'éd.-trad. G. Rochefort).

[102] *Ibid.* (p. 115) : ἄρχει δὲ καὶ τῶν Λεόντων, οἳ τὴν ἔνθερμον οὐσίαν καὶ πυρώδη κατανειμάμενοι ... αἴτιοι τῷ πυρὶ μὲν πρώτως, διὰ δὲ τῆς ἐνθένδε θερμότητος ἐνεργείας τε κινητικῆς αἴτιοι καὶ τοῖς ἄλλοις εἰσὶ σωτηρίας.

[103] *Adv. Marc.*, I, 13, 5 (I, p. 455, 26 s., des œuvres de Tertullien dans le *Corpus Christianorum* de Brépols). Sur les Lions mithriaques et le feu, cf. M. J. Vermaseren, *Mithra, ce dieu mystérieux*, p. 121 ss.; Vermaseren-Van Essen, *The excavations in the Mithraeum of the church of Santa Prisca in Rome*, p. 229 s.

[104] F. Cumont, *Recherches sur le symbolisme funéraire des Romains*, p. 157 ss.

[105] Ed.-trad. G. Rochefort de Julien, *Discours*, II, 1, p. 146. Cf. R. Asmus, dans *Wochenschr. f. klass. Philol.*, 1904, p. 238. L'expression correspond à une

tion est gouverné par la Prévoyance (προμηθείας) d'Hélios (cf. *Or.*,
IV, 135 a). Sans mentionner ces textes, J. Bidez[106] a cité le témoignage d'un papyrus sur Mithra-Prométhée. Si Julien avait eu conscience de cette identification, il n'aurait pas manqué de l'exploiter,
car elle s'accordait opportunément avec son idéologie du Soleil démiurge et générateur des intelligences. G. Ricciotti[107] n'a pas tort
d'affirmer que, dans le discours *Sur la mère des dieux*, la figure de
Cybèle finit par s'estomper au profit d'Attis, mais on ne voit pas que
«i suoi attributi si fondono in gran parte con quelli di Mithra». Non
moins vaguement et arbitrairement, W. C. Wright écrit: «Attis had
been endowed with the attributes of Mithras»[108].

A l'examen donc, rien de spécifiquement mithriaque ne se décèle
dans l'hymne à Cybèle.

Reste l'hymne *Au Soleil-Roi*, fameux bastion auquel s'agrippent
volontiers les tenants d'un Julien mithriaste. Tout a été dit ou presque sur ce texte ardent et difficile qu'on ne peut lire sans éprouver
des éblouissements.

Selon J. Bidez, «Lorsque, dans son hymne au Roi Soleil, Julien
célèbre la puissance de Mithra, c'est le mysticisme de Jamblique qui
l'inspire»[109]. A côté de cette influence avouée de Jamblique, G. Ricciotti[110] n'y voit que «des amplifications fumeuses et fluctuantes
élaborées sous l'influence de l'astrologie et des cultes mystériques,
specialmente di quello di Mithra». Chr. Lacombrade[111] croit même
que ce qui, dans l'hymne, donne un «accent chaleureux, un dyna-
misme réel» aux allégories abstraites de la scolastique jamblichéenne
«dérive, comme certains l'ont déjà supposé[112], de l'enseignement

théorie stoïcienne que Diogène Laërce (VII, 1, 157) attribue à Zénon, à Anti-
pater et à Posidonius: cf. R. M. Jones, *Posidonius and Solar eschatology*,
p. 118.
[106] *Op. cit.*, p. 392, n. 11 (*Oxyrr. Pap.*, n° 1802, l. 64). Le mythe grec veut
que Prométhée ait fabriqué le corps; mais ce sont les dieux qui l'animent
(R. Turcan, *Note sur les sarcophages au Prométhée*, Latomus, 27, 1968, p. 630-
634). Il est vrai qu'en dérobant le feu à Zeus, Prométhée faisait descendre
l'ardeur du Logos dans le genre humain (F. Cumont, *Recherches sur le symbolisme funéraire des Romains*, p. 324). Or Mithra en sacrifiant le taureau
donne aussi la vie au monde créé (*supra*, p. 87 s.). Mais Julien ne fait pas la
moindre allusion à cette analogie de fonction.
[107] *Op. cit.*, p. 276.
[108] Ed.-trad. de Julien dans la Coll. Loeb, I, p. 440.
[109] *La vie de l'empereur Julien*, p. 222.
[110] *Op. cit.*, p. 275.
[111] Ed.-trad. de Julien, *Discours*, II, 2, p. 93.
[112] Par exemple W. C. Wright, *op. cit.*, p. 349 s. Cf. P. Allard, *op. cit.*, II,

ésotérique reçu par l'Empereur, myste et prosélyte de Mithra».
Myste, peut-être; mais «prosélyte», il n'y paraît guère ni dans ses
écrits, ni dans l'imagerie monétaire de son règne[113]. Toutefois, il faut
bien reconnaître que sur plusieurs points, par son essence et sa fonction, le Soleil-Roi de Julien présente certaines affinités frappantes
avec le Mithra des platoniciens.

Hélios est le fils authentique du Bien (γνήσιος ἔκγονος τἀγαθοῦ)[114],
comme le Deuxième Dieu de Numénius[115]. Comme lui aussi, il est
démiurge[116]. Julien ne cite pas le philosophe apaméen. Il se réclame
naturellement de Platon (*Resp.*, VI, 508 c-d)[117], dont Numénius
avait fait son miel. Mais, comme Porphyre, Jamblique avait lu le
Περὶ τἀγαθοῦ, et le discours de Julien en porte indirectement la marque. On a vu que Numénius avait fait de Mithra un démiurge en
l'assimilant pratiquement à son Deuxième Dieu[118]. A certains é-
gards, ce dieu «en mouvement» (ὁ δὲ δεύτερος ... κινούμενος)[119] s'apparente au Soleil de Julien μέτρῳ κινούμενος (137 d). Indirectement
aussi, ce Soleil-Roi a peut-être une hérédité posidonienne[120]. Il est
l'*hégémonikon*[121] du monde, créateur et générateur des êtres vivants,

p. 225, 242 («Mithra, le dieu préféré de Julien, celui sous les traits duquel il
aimait surtout à se représenter le soleil ...»); P. de Labriolle, *La réaction
païenne*[9], p. 422.

[113] Les seules déités gréco-orientales célébrées par les monnaies de Julien
sont Isis et Sérapis (L. Budde, *Julian-Sarapis Helios und Helena-Isis*, *AA*,
1972, 4, p. 633-635), ainsi que le bœuf Apis: P. V. Hill-R. A. G. Carson-J. P.
C. Kent, *Late Roman bronze coinage*[2], Londres, 1965, pl. IV, n° 2058; cf.
A. Stein, *Histoire du Bas-Empire*, I, p. 163; A. Piganiol, *L'empire chrétien*[2],
p. 327. F. Cumont avait déjà noté la «vénération de Julien l'Apostat pour
Isis et Sérapis» (*Les religions orientales dans le paganisme romain*[4], p. 236,
n. 38).

[114] 144 d (p. 119 s. de l'éd.-trad. Chr. Lacombrade). Cf. 133 b (p. 104):
τἀγαθοῦ γεγονὼς ἔκγονος. Corrélativement, Julien est fils du Soleil-Roi: *Or.*,
VII, 229 c (p. 77 de l'éd.-trad. G. Rochefort) et 234 c (p. 84).

[115] *Supra*, p. 49, 79.

[116] 135 c (p. 107 de l'éd.-trad. Chr. Lacombrade); 137 d (p. 110); 140 a-b
(p. 113); 143 d-144 c (p. 118 s.). Hélios partage avec Apollon l'unité et l'identité dans l'Essence, comme avec Dionysos la «démiurgie divisée» (144 a, 144 c;
Or., V, 179 b; *Or.*, VII, 222 b-c). Cf. Firm. Mat., *De err. prof. rel.*, 7, 8 (p. 23,
2-3, Ziegler[1] = p. 109, 107-108, Pastorino): τὸν ἀμέριστον καὶ τὸν μεμερισμένον
νοῦν (théorie de Porphyre? Cf. G. Heuten, éd.-trad. comm. de Firmicus
Maternus, Bruxelles, 1938, p. 161; A. Pastorino, comm. *ad loc.*, p. 108 s.).

[117] 133 b (p. 104 de l'éd.-trad. Chr. Lacombrade).

[118] *Supra*, p. 79 ss.

[119] E. des Places, *Numénius*, p. 56, fr 15,4.

[120] K. Reinhardt, *Kosmos und Sympathie*, p. 372 s., 383, et dans *RE*, 22[1],
col. 697.

[121] 134 c (p. 106: τὴν τοῦ φωτὸς ἡγεμονικὴν βοηθείαν); 138 b-c (p. 111);
151 a (p. 128).

Noûs de l'univers[122]. Comme Mithra, c'est un dieu de la lumière et de la vérité; la lumière est au monde visible ce que la vérité est au monde intelligible (133 a). Il est démiurge et sauveur: équation inconcevable aux gnostiques, mais authentiquement hellénique et platonicienne. Surtout, Hélios personnifie divinement la *mésotès*[123]. Dieu mitoyen, médiateur entre les dieux intelligibles et le monde sensible, il rassemble et unifie, il unit les êtres à l'Être dans l'harmonie du Kosmos[124], comme l'âme du monde dans le moyen platonisme[125]. Le Mithra du *De Iside* était lui aussi μεσίτης, intermédiaire et médiateur entre les deux mondes d'En-haut et d'En-bas, entre la lumière et les ténèbres, le Bien et le Mal — tout comme la μεσότης qui caractérisait le démiurge chez Ptolémée le valentinien. Il y a pourtant des différences.

Sans doute le monde sensible est-il pour Julien, comme pour les gnostiques, lieu de corruption[126]. Comme chez Porphyre, l'âme est divine, le corps est ténébreux (142d) [127]; l'homme est le lieu d'un combat entre deux natures. Mais le Kosmos reflète aussi la perfection du modèle: Hélios donne à tout l'univers apparent une part de la beauté intelligible (156 d)[128]. Le monde de Julien est donc aussi ambigu que celui de Numénius[129]. L'Apaméen et l'«Apostat» restent fidèles à l'esprit de Platon, au moins dans une large mesure. La *mésotès* de l'hymne *Au Soleil-Roi* ne s'identifie ni avec celle de Ptolémée, ni avec le *Mésitès* de l'univers dualiste décrit par Plutarque dans le *De Iside*. Hélios est «l'agent unificateur qui rapproche les extrêmes, un peu comme l'Harmonie d'Empédocle qui bannit toute discordance» (138 d); «il rassemble dans l'unité les derniers avec les premiers (des dieux); il détient le pouvoir médiateur de parfaire, de rassembler, d'infuser la vie, de sublimer l'essence» (142 a). Comme l'âme cosmique d'Albinus et le démiurge de Numénius, il maintient le monde lié à lui-même dans l'être.

En tant que tel, il ressemble fort au Mithra du *De antro Nympharum*. Il n'est pas seulement démiurge; il ne cesse de créer la vie, de

---

[122] 134 b (p. 105).

[123] 138 c-d (p. 111).

[124] 138 d (Μεσότητα ... τὴν ἑνωτικὴν καὶ συνάγουσαν τὰ διεστῶτα); 139 b-c (p. 112): τῆς ἐν τῷ νοητῷ πάντα ἐν ἑνὶ συνεχούσης καὶ τῆς ... συναγομένης ἑνώσεως ... συνοχή τίς ἐστιν συντάττουσα ...; 139 d (p. 113): τὴν συνεκτικὴν δύναμιν.

[125] *Supra*, p. 87.

[126] 140 d: γένεσιν καὶ φθοράν.

[127] ψυχῆς καὶ σώματος, τῆς μὲν θείας, τοῦ δὲ σκοτεινοῦ τε καὶ ζοφώδους.

[128] μεταδιδοὺς τῷ φαινομένῳ παντὶ τοῦ νοητοῦ κάλλους.

[129] *Supra*, p. 66, 81.

l'infuser, d'animer totalement le Kosmos. Comme Mithra, il préside à la génération (137 d-138 a, 140 b). Plus tard, dans une invocation au Soleil dont l'inspiration est puisée aux mêmes sources jamblichéennes que l'hymne de Julien, la Philologie de Martianus Capella donnera à l'astre roi «premier-né du Père Inconnu» les noms de Phoebus, de Sérapis, d'Osiris, d'Hammon, d'Attis et de Mithra[130]. On retrouve aussi le nom du dieu persique dans l'énumération disparate que Nonnos de Panopolis[131] fait déballer à son Dionysos en l'honneur du dieu solaire *Astrochitôn*, l'Héraclès de Tyr. Le Mithra de Claudien (*De cons. Stilic.*, I, 63) n'est aussi qu'un nom du Soleil qui guide le cours des planètes: *vaga ... volventem sidera Mithram*[132]. Quand donc Julien identifie pour finir, et comme en passant, son Hélios démiurge et médiateur avec Mithra[133], il ne fait rien de plus que reprendre une équation banale et qui reste d'ailleurs étrangère à la définition encore mal élucidée des rapports de Mithra avec le Soleil dans le culte persique.

On ne saurait soutenir non plus sérieusement que les trois Soleils de Julien (intelligible, intellectuel et sensible) correspondent au triple Mithra (τοῦ τριπλασίου Μίθρου) de Denys l'Aréopagite[134]: l'expression s'applique évidemment aux trois *pileati* des bas-reliefs cultuels, c'est-à-dire à Mithra flanqué de Cautès et de Cautopatès.

Tels éléments particuliers du discours peuvent donner l'impression que Julien transcrit certaines allégories astrologiques liées chez Porphyre (autrement dit chez Numénius et Cronius) à la tauroctonie. Ainsi, à propos d'Aphrodite, il écrit qu'elle est «associée au pouvoir créateur de notre dieu»[135]. On songe évidemment à l'Aphrodite du *De antro* dont Mithra «chevauche le taureau»[136]. Mais Julien se réfère aussitôt aux «sages de Phénicie»[137]. Elle coopère à l'œuvre d'Hélios, mais sans rapport avec le taureau mithriaque.

[130] Mart. Cap., *De nupt.*, II, 185 (p. 73, 10, Dick-Préaux): *Ignoti vis celsa patris vel prima propago*; cf. Julian., *Or.*, IV, 144 d. Voir aussi *De nupt.*, II, 190-192 (p. 74, 8-13, D.-P.); R. Turcan, *Martianus Capella et Jamblique*, *RÉL*, 36, 1958, p. 249-252.

[131] *Dionys.*, XL, 400 (= F. Cumont, *MMM*, II, p. 26)

[132] C. Clemen, *op. cit.*, p. 88, 24; L. A. Campbell, *Mithraic iconography and ideology*, p. 91.

[133] 155 b (p. 134 de l'éd.-trad. Chr. Lacombrade): τὸν Μίθραν τιμῶμεν καὶ ἄγομεν Ἡλίῳ τετραετηρικοὺς ἀγῶνας.

[134] *Ep.*, 7 (= *PG*, 3, col. 1081 b). Cf. F. Cumont, *MMM*, I, p. 19; *Die Mysterien des Mithra*[4], p. 117; M. J. Vermaseren, *Mithra, ce dieu mystérieux*, p. 61.

[135] 150 b (p. 127); cf. 154 a (p. 132).

[136] *Supra*, p. 77, 83.

[137] 150 b: Φοινίκων ὁμολογοῦσιν οἱ λόγιοι.

A propos des Dioscures qui appartiennent, comme on sait, à l'iconographie des antres persiques[138], Julien se pique de proposer une interprétation «révolutionnaire» (καινοτομεῖν)[139], bien loin de s'autoriser des dogmes mystériques. Il ne se réclame pas, en tout cas, du mithriacisme.

Quant aux «hypothèses mystiques» invoquées pour confirmer que le Soleil s'élève bien au-dessus des Etoiles Fixes[140], il s'agit d'une théorie conforme à l'ancienne cosmographie mazdéenne[141] et que Johannès Lydus attribue à Zoroastre[142]. Mais Julien en est redevable aux *Oracles Chaldaïques* par l'intermédiaire de Jamblique[143], et non pas aux enseignements de l'initiation mithriaque. Il est remarquable, d'ailleurs, que dans son hymne Julien fasse état non pas des cultes iraniens, mais syriens et phéniciens[144]: on pouvait s'y attendre dans un écrit inspiré par Jamblique de Chalcis. Les dieux d'Edesse Monimos et Azizos représentaient Hermès et Arès, «d'après l'exégèse de Jamblique chez qui j'ai pris tous ces menus détails», écrit l'empereur[145]. On sait que, dans le culte de Mithra, Monimos et Azizos étaient identifiés avec Cautès et Cautopatès[146]: apparemment Jamblique n'en disait rien, puisque Julien n'en souffle mot. Les deux parèdres de Mithra avaient pourtant une signification solaire, qui n'était pas étrangère au propos de Julien, puisque le Tauroctone est, comme son Hélios-Roi, maître de la génération[147]. Qu'un mithriaste ait omis d'en parler, c'est quasiment impensable. Mais Jamblique ne paraît pas avoir fait grand cas du culte persique. Son livre *Des mystères* qui exalte la religion des Egyptiens et la théosophie hermétique, mais invoque aussi le témoignage des Chaldéens et des cultes anatoliens, ignore les mystères de Mithra.

Il faut donc se résigner à constater que le mithriacisme à proprement parler ne joue aucun rôle dans l'hymne *Au Soleil-Roi*. Certaines idées du discours peuvent être indirectement tributaires de

---

[138] F. Cumont, *MMM*, I, p. 85; *Die Mysterien des Mithra*⁴, p. 112; *CIMRM*, I, p. 159, n° 350; p. 311, n° 902; II, p. 63, n° 1079.
[139] 147 b (p. 123).
[140] 148 a-b (p. 124).
[141] Bidez-Cumont, *Mages hell.*, II, p. 229 s., n. 2.
[142] *De mens.*, II, 6 (p. 23, 16 s., Wuensch).
[143] W. Theiler, *op. cit.*, p. 24.
[144] 134 a (p. 105); 150 b (p. 127); 150 c-d (p. 128); 154 b (p. 133).
[145] 150 c-d (p. 128).
[146] F. Cumont, dans *RE*, 2, col. 2644, *s.v. Azizos*; *Etudes syriennes*, p. 353, add. à la p. 200.
[147] *Supra*, p. 86 ss.

Numénius, par l'intermédiaire de Jamblique, mais rien d'authentiquement mithriaque n'y affleure, même entre les lignes.

Le mithriacisme n'a pas non plus exercé sur la pensée religieuse de Julien l'influence que l'on a crue. On s'est trop contenté d'approximations illusoires et d'équations verbales. Ecrire Hélios-Mithra au lieu d'Hélios tout court fait impression sur le lecteur, mais ne démontre rien ou ne rappelle rien de plus qu'une identification courante à l'époque impériale, en dehors même des *spelaea*. Quoi qu'on affirme et postule, que l'empereur ait été initié ou non à leurs mystères, il faut bien reconnaître que le mythe central du mithriacisme gréco-romain — capture et mise à mort du taureau, incarnation des militants du Bien — n'apparaît nulle part dans l'œuvre de Julien. On peut certes s'aventurer à en déchiffrer une allusion dans un passage de la *Lettre* au grand prêtre Théodore: «Lorsque Zeus ordonnait l'univers, des gouttes d'un sang sacré tombèrent du ciel et donnèrent naissance au genre humain …»[148]. Mais Julien impute la révélation de ce mythe cosmogonique aux «anciens théurges», c'est-à-dire vraisemblablement aux Orphiques: ces «gouttes de sang» ne seraient pas celles du taureau mithriaque, mais de Dionysos Zagreus[149].

Curieusement, les tenants d'un Julien mithriaste ne paraissent pas avoir exploité un argument (de mince portée, à vrai dire): le fait que Julien ait voulu se faire inhumer à Tarse[150], dont les monnaies avaient porté sous Gordien III l'effigie du Tauroctone[151]. Nous ne saurons jamais les raisons profondes — s'il y en eut — qui ont pu motiver ce choix. On a seulement relevé que la sépulture de l'«Apostat» faisait face à celle de Maximin Daïa, autre persécuteur des chrétiens[152].

En définitive, les paroles d'Hermès, à la fin des *Césars*, constituent la seule donnée indiscutable qu'on puisse invoquer en faveur du mithriacisme de Julien. Mais le Mithra des *Césars* n'est que le nom persique d'Hélios[153] — identification traditionnelle — et si

---

[148] *Ep.*, 89 b, 292 a (p. 159, Bidez).

[149] *Ibid.*, n. 6, où J. Bidez renvoie à *Or.*, VII, 219 a-b.

[150] Amm. Marc., XXV, 5, 1, et 10, 5; Zos., *H.N.*, III, 34, 4 (p. 156 s., Mendelssohn): ἔν τινι Ταρσοῦ προαστείῳ βασιλικῇ ταφῇ παρεδίδοτο.

[151] *CIMRM*, I, p. 52, n° 27 et fig. 4. Cf. E. Will, *Le relief cultuel grécoromain*, p. 165 s. et n. 1; M. P. Nilsson, *Geschichte der griechischen Religion*, II², p. 671 et pl. 16, 2.

[152] Abbé de La Blétérie, *Vie de l'empereur Julien*, Paris, 1735, p. 492; J. Bidez, *op. cit.*, p. 330.

[153] P. Allard, *op. cit.*, II, p. 224 s.

Julien lui donne ce nom, c'est apparemment pour scandaliser les chrétiens. Toute la fin de ce pamphlet est délibérément provocatrice et blasphématoire[154].

Julien a voulu agir sur l'opinion de ses contemporains, réagir sur son temps. Il lui importait de toucher à la fois les masses en restaurant ou revivifiant le polythéisme populaire — le folklore païen — et le grand public cultivé, en montrant que les rites et les mythes étaient non seulement solidaires de la culture traditionnelle, mais fondés en raison, *philosophiquement*. Religion de petits groupes, le mithriacisme était resté en marge du paganisme populaire. Religion d'hommes, ses mystères excluaient la grande moitié du genre humain. Religion d'une élite exigeante et continente, il n'était pas fait pour conquérir le monde, quoi qu'en ait dit E. Renan[155] dans une phrase fameuse et faussée sans doute par une irrépressible sympathie. «Aucune religion au monde n'a jamais été aussi complètement asservie à un idéal cathartique» (L. R. Farnell). Pareil idéal n'est jamais majoritaire.

Julien en eut peut-être conscience car, malgré sa nature enthousiaste et ses illusions, il n'était pas le fanatique aveugle que veulent nous portraiturer certains historiens modernes. Quoiqu'en juin 362 son pélerinage à Pessinonte ait dû lui causer quelque déception[156], il a bien vu ou senti que, dans les milieux païens, l'impact du phrygianisme était beaucoup plus fort que celui du mithriacisme. Il est significatif que les polémistes chrétiens du IVe siècle s'attaquent beaucoup plus violemment à l'isiasme et surtout au culte métroaque. En donnant au mythe et donc aux rites répugnants d'Attis leurs lettres de noblesse «néoplatoniciennes», le discours *Sur la Mère des dieux*, comme le catéchisme de Saloustios, visaient à régénérer la sève d'un rameau toujours vivace. Mais à plus long terme, Julien rêvait sans doute de refaire l'unité religieuse de l'Empire romain. Il s'agissait de reprendre la tentative d'Aurélien en ralliant les cultes classiques et orientaux autour du commun dénominateur solaire[157].

---

[154] Chr. Lacombrade, éd.-trad. de Julien, *Discours*, II, 2, p. 24 s. Mais avec les injures burlesques du pamphlet contraste la gravité religieuse, édifiante et quelque peu dévote de la déclaration finale : G. Ricciotti, *op. cit.*, p. 274 s.

[155] *Marc-Aurèle et la fin du monde antique*³, Paris, 1882, p. 579: «On peut dire que, si le christianisme eût été arrêté dans sa croissance par quelque maladie mortelle, le monde eût été mithriaste».

[156] P. Allard, *op. cit.*, II, p. 334 ss.; J. Bidez, *op. cit.*, p. 275; éd.-trad. de Julien, *Lettres*, p. 82 s.

[157] G. H. Halsberghe, *The cult of Sol Invictus* (ÉPRO, 23), Leyde, 1972, p. 130 ss.. 151.

Julien pensait revenir à l'hénothéisme héliaque de Constance Chlore et du premier Constantin. Abstraction faite des mentions relatives aux dieux païens, le langage de l'hymne *Au Soleil-Roi* pouvait être compris des universitaires galiléens. Cette théologie de la création par la lumière médiatrice et salvatrice avait un sens pour les chrétiens. Ainsi s'explique, me semble-t-il, que dans les scintillements confus du Soleil néoplatonicien on ait cru voir papilloter quelques étincelles du Logos johannique[158].

La conception mithriaque du temps, de la création et de la réintégration finale s'apparentait davantage aux dogmes chrétiens[159]. L'hellénisme de Julien ne pouvait s'en accommoder. Mais si Mithra le préoccupait autant qu'on s'est plu à l'imaginer, pourquoi n'a-t-il pas tenu compte des adaptations néopythagorisantes attestées par Porphyre ou par Celse, dont Julien a dépouillé attentivement le *Discours véridique*[160]?

Mais le mithriacisme ne répondait aucunement aux desseins de l'«Apostat». Il n'était pas du tout propre à réunifier les esprits, même en 275, et même si des mithriastes ont alors collaboré à l'œuvre religieuse d'Aurélien, comme l'a pertinemment supposé J. Gagé[161]. A plus forte raison en 361 et quoiqu'à Rome même quelques sénateurs païens aiment encore à faire valoir épigraphiquement leurs promotions dans la hiérarchie mithriaque[162]. En dehors de l'*Urbs*, la plupart des antres étaient abandonnés ou désaffectés. Le défenseur de l'hellénisme savait que Mithra n'avait guère fait d'adeptes en Grèce propre, non plus que sur les rives orientales de la mer Egée[163]. Aussi

[158] P. Allard, *op. cit.*, II, p. 237; G. Negri, *L'imperatore Giuliano l'Apostata*[5], Milan-Varese, 1954, p. 190 ss.; A. Piganiol, *L'empire chrétien*[2], p. 131: «Dans son *hymne au Roi Soleil*, Julien est très préoccupé de la relation qui existe entre Zeus et Hélios; c'est exactement le problème qui tourmente les chrétiens au sujet de la relation entre le Père et le Fils». Le Christ n'est-il pas qualifié de μεσίτης dans la Ière à Timothée (2, 5)? Cf. M. P. Nilsson, *op. cit.*, II[2], p. 577.

[159] *Supra*, p. 54 ss.

[160] J. Geffcken, *Zwei griechische Apologeten*, Leipzig-Berlin, 1907 (réimpr. anast., Hildesheim, 1970), p. 305 s., et dans *Neue Jahrb. f. Philol.*, 21, 1908, p. 188 ss.; P. de Labriolle, *op. cit.*, p. 399, n. 8; 400, n. 4.

[161] «*Basileia*». *Les Césars, les rois d'Orient et les Mages*, Paris, 1968, p. 327 ss. Mais G. H. Halsberghe, tout en notant que des *pontifices Solis* appartiennent à la hiérarchie mithriaque (*op. cit.*, p. 147), souligne très justement tout ce qui différenciait les deux cultes (*ibid.*, p. 157 s.), contre P. Habel qui considérait la religion solaire d'Aurélien comme un «official appointment of Mithraism as state cult».

[162] L'hymne *Au Soleil-Roi* était destiné, semble-t-il, à Rome et aux Romains: P. Allard, *op. cit.*, II, p. 242 ss.

[163] *Ibid.*, p. 242; E. Will, *op. cit.*, p. 394; M. P. Nilsson, *op. cit.*, II[2], p. 668 s.

les monnaies frappées sous son règne ne portent-elles aucun symbole, aucun indice publicitaire en l'honneur du culte persique[164].

Quant au mithriacisme personnel de Julien, c'est une extrapolation d'historiens modernes.

[164] *Supra*, p. 121, n. 113.

CONCLUSIONS

Le propos de ce livre n'était pas commandé *a priori* par une problématique des origines. Il ne s'agissait pas de savoir sous l'inspiration de quelle idéologie le mithriacisme était né, mais de définir aussi
objectivement que possible ses contacts avec le platonisme et les
philosophes grecs platonisants. Cependant, même une série de recherches menées en ce sens et dans cet esprit ne pouvait manquer
d'aboutir à des constatations qui ne seraient pas étrangères aux
questions d'origine.

Il apparaît qu'aucun témoignage n'assure l'intérêt des philosophes
grecs pour Mithra et le mithriacisme avant l'époque où Posidonius
analysait les facteurs ou les aspects religieux de plusieurs mouvements anti-romains, en relation peut-être avec l'étude des tempéraments nationaux et nationalistes. Alors justement s'élaborait en
Commagène une théologie dynastique d'Apollon-Mithras-Hélios-
Hermès qui n'était pas directement liée aux futurs mystères gréco-
romains, mais qui préludait aux syncrèses attestées ultérieurement
dans (ou en rapport avec) le mithriacisme.

La parenthèse de Plutarque sur Mithra *Mésitès* n'est pas homo-
gène au contexte extrait de Théopompe et ne prouve donc pas que
le dieu perse avait dès le IVe siècle attiré l'attention des penseurs
grecs en tant que «médiateur». On ne sait trop à quelle époque et
d'après quelle documentation (directe ou indirecte? cultuelle ou his-
toriographique?) Eubule a rédigé son *Enquête sur Mithra*; mais cet
ouvrage doit être antérieur au règne d'Hadrien. C'est sous les Antonins, au IIe siècle de notre ère — le «Siècle d'Or de l'Empire romain» — qu'on voit plus précisément des platoniciens néopythagorisants — Pallas, Celse, Numénius et Cronius — attester la projection
de doctrines grecques sur un mithriacisme déjà fortement occiden-
talisé. Mais les approximations, les disparates et les incohérences de
l'interprétation numénienne démontrent que le mithriacisme authentique n'a rien à voir en fait avec le platonisme. Jusqu'aux trou-
vailles de S. Prisca, on pouvait être tenté de faire confiance aux
informations numéniennes du *De antro Nympharum*. Certes, Porphyre transcrit quelques données de grande valeur sur le rituel de
l'initiation mithriaque. Mais les reconstructions théologiques et allégoriques de l'Apaméen procèdent manifestement d'un annexionnisme

platonicien qui fausse le sens même du culte persique. Le déchiffrement des inscriptions métriques de S. Prisca nous permet aujourd'hui de vérifier que Numénius a repensé à sa manière et dans l'optique de son propre système la théologie du Tauroctone. Corrélativement, ces textes excluent l'hypothèse suivant laquelle Platon aurait influencé les initiateurs de la religion mithriaque.

Dans le cas même de la déesse-feu du *De errore*, dont la triplicité fonctionnelle est analogue, mais non pas identique à la trichotomie platonicienne de l'âme, on peut s'interroger sur la question de savoir si l'exégète païen anonymement mis en cause par Firmicus Maternus n'a pas eu connaissance de conceptions bien antérieures à Platon et même à Zoroastre. A une représentation iranienne du vieux schème tripartite indo-européen s'adaptait approximativement une formulation platonicienne qui avait la même lointaine hérédité: *pares cum paribus congregantur*, et le comparatisme ne date pas du XXe siècle !

Enfin, Mithra n'a peut-être pas tenu dans le néoplatonisme déjà scolastique de l'empereur Julien, ni surtout dans sa politique religieuse, la place prépondérante qu'on a supposée.

Le temps est passé des grandes synthèses où, dans l'enthousiasme des rapprochements multiples et souvent illusoires, on finissait par avoir des courants religieux gréco-romains une vision quasiment aussi confuse que celle des syncrétistes néoplatoniciens. Il faut désormais comparer pour distinguer, afin de mieux dégager l'originalité foncière du mithriacisme — même, voire *surtout* par rapport aux idéologies qui ont cru un moment se reconnaître en lui.

A. D. Nock[1] a sobrement marqué tout ce qui le différencie des autres religions orientales ou d'origine orientale. Mais il apparaît surtout que l'optimisme dynamique et militant qui animait les mithriastes, leur conception du sacrifice primordial comme incarnation des soldats du Bien engendrés pour le salut étaient assez loin des théories d'un Porphyre sur la chute des âmes dans le monde des corps. Un courant optimiste s'exprime, certes, dans le néoplatonisme[2], mais les doctrines professées dans ce sens par Plotin et Jamblique s'inspirent du *Timée*, sans rapport aucun avec le mithriacisme. Sans doute aussi, la philosophie orphico-pythagoricienne de l'existence comme expiation faisait-elle des épreuves terrestres un moyen de salut, mais personnel, et non pas le moyen de participer au grand combat mené par Mithra au nom d'Oromazdès.

[1] *The Genius of Mithraism*, *JRS*, 27, 1937, p. 108 ss.
[2] A.-J. Festugière, *La révélation d'Hermès Trismégiste*, III, p. 73 ss.

Voici plus de cent ans, avec cette fougue péremptoire qui voulait en imposer au lecteur, Th. Mommsen[3] présentait le mithriacisme comme un zoroastrisme dégénéré: «au cours de sa migration vers l'ouest, le culte oriental avait perdu tout ce qu'il renfermait primitivement d'éléments moraux et de spiritualisme élevé: ce qui le prouve, c'est que la plus grande divinité de la pure doctrine de *Zarathustra*, *Ahouramazda*, demeura inconnue aux occidentaux. Leurs adorations se tournèrent de préférence vers le Dieu qui, dans l'ancienne religion populaire des Perses, avait pris la première place, *Mithra*, fils du *Soleil*». Le mithriacisme n'a évidemment presque rien de commun avec «la pure doctrine de Zarathustra». Il est bien vrai aussi qu'Ahura Mazda n'est pas au premier plan de la religion pratiquée dans les *spelaea*. L'imagerie cultuelle y exalte Mithra, comme dans les églises le Christ en croix prévaut (ou prévalait naguère) sur les représentations du Père céleste, puisqu'il est l'image visible du Dieu invisible (*Col.* ,I, 15)[4]. Mais Oromazdès n'est pas absent du mithriacisme figuré. Il y compte sous l'aspect de Zeus, là notamment où le roi du ciel écrase les Géants[5]. Cette scène traduit en mythologie grecque l'histoire d'Ahriman et des forces ténébreuses montant à l'assaut de la Lumière. Les rares dédicaces connues «au dieu Arimanius» (*Deo Arimanio*)[6] n'autorisent pas non plus à minimiser l'importance du dualisme dans le culte mithriaque; elles la confirmeraient au contraire, s'il s'agit de consécrations apotropaïques, comme le rituel que décrit Plutarque dans le *De Iside*[7]. Le problème se poserait tout autrement si le nom d'Ahriman se trouvait constamment lié dans les *Mithraea* au culte du Tauroctone. Il n'en est rien. On n'a aucune raison sérieuse non plus d'identifier Ahriman sous les traits de l'*Aiôn* léontocéphale[8]. Le foudroiement des Géants

[3] *Histoire romaine*, trad. fr. d'A. Alexandre, VIII, Paris, 1872, p. 197.
[4] On a vu tout ce qui apparentait Mithra *Mésitès* au démiurge de Ptolémée comme au deuxième dieu de Numénius, image du dieu suprême. Le Christ aussi est *Mésitès* (*I Tim.*, 2, 5; M. P. Nilsson, *Geschichte der griechischen Religion*, II², p. 577 s.), mais dans un tout autre sens: *supra*, p. 17, n. 20.
[5] *CIMRM*, I, fig. 17 (n° 42, 2-3); II, fig. 355 s. (n° 1359); 360 (n° 1400); 366 (n° 1430). Cf. F. Cumont, *MMM*, I, p. 157 s. et 296; E. Will, *Le relief cultuel gréco-romain*, p. 372.
[6] *CIMRM*, I, p. 164, n° 369; II, p. 234, n°s 1773 et 1775; cf. I, p. 116, n° 222 (*signum Arimanium*). L'inscription d'*Eburacum* (E. et J. R. Harris, *The Oriental cults in Roman Britain*, p. 43 et pl. XI) est d'interprétation incertaine. Cf. L. A. Campbell, *op. cit.*, p. 353 s.
[7] Bidez-Cumont, *Mages hell.*, II, p. 71 ss.
[8] G. Widengren, *Les religions de l'Iran*, p. 260 ss.; R. Turcan, *Le serpent mithriaque à Lyon, Mélanges A. Bruhl*, dans *RAE*, 25, 1974, p. 166.

révoltés contre Zeus préfigurait la victoire d'Oromazdès sur les forces d'En-bas, puissances du désordre et du mal.

Cette psychomachie est étrangère aux néoplatoniciens, pour la bonne raison que le mal n'est pour eux que non-être, absence de Dieu. Ils envisagent le drame passionnel de l'âme déchue dans la chair et son salut personnel par l'ascèse purificatrice, mais non pas le drame collectif de la création. Surtout, ils ne conçoivent pas la vie de cette création comme une histoire unique et irrévocable, aboutissant à une fin irréversible, mais comme un cycle éternel d'aller et retour entre ciel et terre.

Alors, comment expliquer que des platoniciens aient éprouvé pour le mithriacisme intérêt et sympathie, au point de croire y déchiffrer leur propre philosophie de l'âme et du monde?

Il n'est pas exclu que dans tels *Mithraea* de l'Orient grec certains adeptes de formation platonicienne aient élucubré les adaptations d'où dérivent les témoignages de Pallas et de Celse[9]. Mais cette hypothèse ne fait que reculer le problème.

Plusieurs raisons peuvent cependant rendre compte de cette *interpretatio Platonica*. D'abord, les platoniciens, de Plutarque à Proclus, ont toujours eu la conviction que, sous le couvert symbolique des mythes ou des liturgies les plus étranges, les religions à mystères des Grecs et des Barbares recélaient au fond la même sagesse[10]. Ce postulat facilitait et légitimait toutes les confusions. Dans cet esprit, les différences qu'on a relevées plus haut pouvaient passer pour secondaires et contingentes. La légende de Pythagore initié à la théosophie des Mages et, dans l'Ecole même de Platon, le prestige traditionnel de Zoroastre et des prêtres iraniens devaient la confirmer dans ce pieux apriorisme dogmatique. D'ailleurs, le mythe fondamental des *spelaea* n'était pas sans rappeler celui de l'orphisme. L'incarnation des hommes procédait du démembrement d'un dieu-taureau, Dionysos-Zagreus, tout comme selon les mithriastes les âmes «nées du bœuf» (*bougeneis*) étaient mises au monde par l'égorgement du taureau et sourdaient de sa substance vitale, de son *sang*. Le mythe de Dionysos-Zagreus représentait pour les platoniciens depuis Xénocrate le drame de l'individuation. Plutarque et Celse[11]

[9] *Supra*, p. 41, 46.
[10] F. Cumont, *Lux perpetua*, p. 343; A.-J. Festugière, *La révélation d'Hermès Trismégiste*, I, p. 19 ss. En ce qui concerne Numénius, cf. H. De Ley, *Macrobius and Numenius*, p. 11 s.
[11] P. Boyancé, *Écho des exégèses de la mythologie grecque chez Philon*, dans *Philon d'Alexandrie*, Colloque de Lyon (sept. 1966), Paris, 1967, p. 183.

connaissaient cette exégèse, et l'on sait le parti qu'en ont tiré les néoplatoniciens tardifs. Aucun texte ancien ne fait le rapprochement avec la tauroctonie mithriaque, mais F. Cumont a fait valoir certaines interférences entre *Mithra et l'orphisme*[12].

Dans ces conditions, le dualisme que des platoniciens ont peut-être durci sous une influence iranienne directe, à en juger par une page célèbre du *De abstinentia* sur les démons (que J. Bidez et F. Cumont[13] étaient tentés d'imputer à Numénius et à Cronius), l'allégorie de la Caverne, les spéculations astrologiques même (si bien accueillies dans l'Ecole) devaient inévitablement encourager des esprits confus et comparatistes comme l'Apaméen à considérer la religion des antres comme une sorte de platonisme persique. Davantage, la doctrine d'une création utile au Bien s'accordait authentiquement avec celle du *Timée* (29 a): le monde est beau, le démiurge est bon[14]. De toutes les religions orientales, celle de Mithra était la plus foncièrement optimiste et peut-être la plus logique, optimiste et rigoriste à la fois, mystique et rationnelle. On conçoit que le monde ne soit pas devenu mithriaste. Mais on comprend que le mithriacisme ait séduit les platoniciens.

[12] *RHR*, 109, 1934, p. 63 ss.; Bidez-Cumont, *Mages hell.*, I, p. 97.
[13] *Ibid.*, p. 179: «Mais cette conjecture reste très fragile». Sur ce texte (*ibid.*, II, p. 275 ss.), cf. aussi H. Lewy, *Chaldaean Oracles and theurgy*, p. 388.
[14] Εἰ μὲν δὴ καλός ἐστιν ὅδε ὁ κόσμος ὅ τε δημιουργὸς ἀγαθός, ... κτλ.

INDEX DES TEXTES CITÉS

INDEX GÉNÉRAL

ADDENDA

P. X, n. 3. Cf. aussi H. Sichtermann, *Die Flügel der Psyche, Studies in Class. Archaeology, Acta Univ. Stockholm,* 5 (= *Festschr. K. Kerenyi*), Stockholm, 1968, p. 49-58 (il n'est pas certain du tout que le bas-relief ait été conçu et réalisé pour le *Mithraeum* de Capoue).

P. 1 ss. Sur Plut., *Pomp.,* 24,7, cf. E. D. Francis, dans *Mithraic Studies, Proc. of the First Internat. Congress of Mithraic Studies,* Manchester, 1975, I, p. 207 ss.; R. Gordon, *ibid.,* p. 245, n. 119; C. M. Daniels, *ibid.,* II, p. 250; C. Colpe, *ibid.,* p. 398, n. 80-81.

P. 11. Sur le soleil comme *hégémonikon* et coeur du monde, voir encore A. Ronconi, *Cicerone, Somnium Scipionis, Introduzione e commento,* Florence, 1961, p. 100 ss.

P. 14 ss. Sur Plut., *De Is. et Os.,* 46, 369 e, cf. R. Gordon, dans *Mithraic Studies,* I, p. 228 s.; A. D. Bivar, *ibid.,* II, p. 278.

P. 25. Sur les deux Mages de Doura, cf. F. Cumont, *ibid.,* I, p. 183 s. et II, pl. 25.

P. 47 ss. Sur Orig., *C. Cels.,* VI, 22, cf. U. Bianchi, *ibid.,* II, p. 463 s.

P. 69. Sur Porph., *De antro Nymph.,* 15, cf. J. R. Hinnells, *ibid.,* II, p. 302.

P. 72. Sur les abeilles, M. J. Vermaseren me signale l'étude de H. Wagenvoort, dans *Med. Kon. Ned. Ak. Wet.,* NR, 29,8, Amsterdam, 1966.

P. 77. M. Richard Gordon veut bien m'annoncer une note de R. Beck sur *De antro Nymph.,* 24, à paraître dans le premier numéro du *Journal of Mithraic Studies.* Après ἐποχεῖται δὲ ταύρῳ ᾽Αφροδίτης, R. Beck propose de lire: <ὁ δέ ζυγὸς ᾽Αφροδίτης> ὡς καὶ ὁ ταῦρος. L'haplographie par saut du même au même (᾽Αφροδίτης) s'explique ainsi vraisemblablement, Vénus étant domiciliée à la fois dans le Taureau et dans la Balance. Mais il n'est pas sûr qu'on doive à toute force retrouver une cohérence logique et astrologique dans ce texte numénien de Porphyre.

P. 82 s. On a beaucoup glosé sur le sens de la physionomie douloureuse qui caractériserait Mithra dans l'accomplissement de la tauroctonie. «En mettant à mort son compagnon, écrit F. Cumont, Mithra se soumettait à la volonté divine et il remplissait à contre-coeur une mission qui lui était imposée...» Sa souffrance «rappelait aux fidèles émus l'abnégation dont il avait fait preuve en accomplissant un sacrifice exigé de lui sans qu'il en connût peut-être la portée...» (*MMM,* I, p. 193). Cette dernière affirmation est singulièrement paradoxale et confine même à l'absurde. Un regard tendu vers le ciel n'implique pas nécessairement souffrance et regret. Cumont a rapproché des figures de Mithra celles d'un prétendu «Alexandre mourant», tel l'exemplaire du Musée Barraco (C. Pietrangeli, *Museo Barraco di scultura antica*[3], Rome, 1963, p. 114, n° 157 et pl. XV, 1), reconnu comme un Mithra (*CIMRM,* I, p. 217, n° 559). C'est ce regard levé au ciel qu'on a abusivement, *arbitrairement* interprété comme une expression douloureuse. Mais les études de H. P. L'Orange ont démontré que cette expression est celle des souverains (*kosmokratôres,* comme Mithra: *supra,* p. 78, n. 127), qui puisent l'inspiration de leurs actes dans la volonté divine. Mithra reçoit du ciel l'ordre de sacrifier le taureau. La chasse, la poursuite et la capture de l'animal aboutissent logiquement à la tauroctonie. Il s'agit d'un acte providentiellement délibéré (*supra,* p. 83). D'ailleurs, beaucoup d'exemplaires nous montrent un dieu confiant, serein et conscient de la finalité salutaire du sacrifice. La geste mithriaque est foncièrement optimiste.

P. 86 ss. Sur le sens de la tauroctonie, voir les conclusions de J. R. Hinnells, dans *Mithraic Studies*, II, p. 309 ss.

P. 101 s. Sur Anâhitâ-Aphrodite, cf. N. Egami, dans *Acta Iranica*, I, *Hommage Universel*, Téhéran-Liège, 1974, p. 221 ss., 224; sur les représentations d'Anâhitâ comme déesse de la fertilité dans la vaisselle d'argent sassanide, cf. M. L. Carter, *ibid.*, p. 182, 198 s.

P. 123. Sur l'hymne de Philologie au soleil, voir maintenant le commentaire de L. Lenaz, *Martiani Capellae, De nuptiis Philologiae et Mercurii, Liber secundus*, Padoue, 1975, p. 46-61.

P. 131. Sur *Deus Arimanius*, cf. U. Bianchi, dans *Mithraic Studies*, II, p. 458 ss.

TABLE DES PLANCHES

Fig. 1

Fig. 2

Fig. 3

Fig. 5